성공의 비결

독서 습관

성공의 비결

독서 습관

오창환 지음

머리말

인간은 누구나 여러 가지 욕구들을 가지고 태어난다. 욕구는 사람의 생명, 안녕, 성장 등에 필수적인 어떤 조건이다. 에이브러햄 매슬로는 욕구의 발전 단계에서 자기존중 욕구를 상위 단계에 두고 있다. 자기존중 욕구는 우리 스스로에 대한 존중감, 성취감, 유능감, 독립성에 대한 욕구이며 또한 타인으로부터 인정과 존중을 받고자 하는 욕구이다.

사람은 자신으로부터뿐만 아니라 특히 타인으로부터 인정받는 사람을 성공한 사람이라고 여긴다. 사람은 누구나 자신의 성공을 위해 목표를 세우고 이를 달성하기 위한 갖가지 노력을 아끼지 않는다. 오늘날 부모들은 자식의 인생 성공을 위해서라면 아무것도 모르는 갓난아기 때부터 주입식 교육을 서슴지 않는다. 모두 다 앞으로 성인이 되어 사회에 진출할 자식을 위해서라는 핑계로 말이다.

그러나 성공은 기계적으로 짜인 틀 속에서의 애씀만으로는 결코 이룰 수 없는 것이다. 사람은 외부 세계, 즉 자연환경과 인간사회 속의 수많은 객체들과 상호작용을 통해 삶을 영위한다. 성공의 비결은 이러한 상호작용을 어떻게 끌고 가느냐에 달려 있다. 우리 주변의 모든 객체는 시간과 공간의 흐름에 따라 변화하기 마련이다. 따라서 외부 세계와 원활히 상호작용하기 위해서는 이들의 변화에 능동적으로 대처할 수 있는 슬기로움이 필요조건으로 대두된다.

환경변화에 대한 슬기로운 적응은 바로 독서에서 출발한다. 독서야말로 선천적 성취욕구인 성공을 달성할 수 있는 길과 에너지를 제공한다. 길은 나아가야 할 방향이요, 에너지는 그 힘이다. 독서는 우리의 성취 목표지점으로 안전하게 안내해주는 나침반이다. 책을 읽지 않은 채 먼 길을 나서면 어려움에 봉착할 때에 이를 헤쳐 나갈 수 있는 지혜가 부족하여 중도에서 포기하고 만다. 설사 끝까지 걷는다고 해도 생각지도 않은 엉뚱한 지점에 도달해버린다.

학창 시절의 학습은 대부분 지식 습득 활동에 해당한다. 지식은 감각과 지각을 통해 축적된다. 주변 환경의 관찰, 대인관계, 교과서 학습 등을 통해 얼마든지 지식을 얻을 수 있다. 이제는 인터넷 검색을 통해 언제 어디서든지 새로운 정보나 관심 있는 지식을 습득할 수 있는 세상이 되었다. 특히 스마트폰 사용으로 식당에서나 지하철 내에서나 심지어 길을 걸으면서도 정보를 읽을 수 있다.

그러나 글자를 읽어 내려간다고 독서는 아니다. 의미와 가치를 나타내는 글자들을 읽어야 진정한 독서인 것이다. 단순히 글자 묶음들을 읽기만 한다고 독서라 말할 수 없다. 책을 통해 저자의 뜻을 이해하고 대화하며 깨달음을 통해 실천할 수 있는 지혜를 얻는 것이 올바른 독서이다. 학창 시절을 통해 얻은 지식은 정치, 경제, 사회, 문화, 공학, 예술 분야를 보다 깊게 이해함으로써 습득될 수 있었다. 이 세상에 이미 존재하고 널리 적용되어 오고 있는 지식 정보를 획득하고 암기하는 것으로 충분하였다.

각양각색으로 시시각각 변화하는 이 세상의 거친 폭풍우에 쓰러지지 않고 우리가 세운 목표 지점에 안전하게 도달하기 위해서는 지식이 아닌 지혜가 필요하다. 지혜는 틀에 박힌 지식 습득 과정이 아니라 독서 과정을 통한 깨달음으로부터 출발한다. 역사적으로 훌륭한 성현의 가르침, 저자의 경험과 의견, 저자의 사상 등에 관한 책을 읽고 깨우침으로써 자연 세상의 이치를 받아들일 수 있고 인간 세상의 참모습을 여러 각도로 바라볼 수 있게 된다. 독서를 통한 이러한 지혜의 습득이야말로 성공의 비결이요, 지름길인 것이다.

'우리가 생각의 씨앗을 뿌리면 행동의 열매를 얻게 되고, 행동의 씨앗을 뿌리면 습관의 열매를 얻는다. 습관의 씨앗으로는 성품을 얻게 되고 성품은 우리의 운명을 결정짓는다.'라는 격언이 있다. 이처럼 습관은 우리 인생에서 엄청난 영향력을 가진 요소이다. 위대한 교육자 호레이스 만은 "습관은 우리가 매일 짜고 있는 밧줄과 같아서 절대로 파손되지 않는다."라고 말했다.

그러나 습관은 학습을 통해 습득할 수도 있고 버릴 수도 있는 것 아니겠는가? 독서 습관도 마찬가지이다. 비록 지금까지는 책을 읽어 오지 않았다고 해도 우리는 굳은 의지로 독서 습관을 형성할 수 있다. 스티븐 코비는 우리의 습관이 인식, 기량, 욕구 등의 혼합체로 구성되어 있다고 주장한다. 우리가 독서를 습관화하기 위해서는, 첫째로 독서란 무엇이며 왜 해야 하는지를 인식해야 하고, 둘째로 독서를 어떻게 해야 하는지에 관한 기량을 습득해야 하며, 셋째로 독서를 통해 자신의 목표를 이루겠다는 욕구, 즉 동기부여가 강화되어 있어야 한다.

그런데 독서 습관화를 위한 이들 세 가지 구성 요소는 어떻게 확립해야 하는 것일까? 부모, 선생님, 친구 등으로부터의 조언을 통해 독서 습관을 향상시키는 방법이 가장 간단할 것이다. 또 다른 방법으로는 혼자 스스로 깨우침으로써 책 읽는 습관을 기르는 것이다. 나머지 방법 하나는 바로 책 읽기를 통해 독서 습관화를 위한 세 가지 구성 요소를 확립해 나가는 것이다.

습관은 대부분의 사람이 인정하고 있는 것보다 더 큰 중력을 가지고 있다. '세 살 버릇 여든까지 간다.'라는 속담은 우리의 습관이 얼마나 지독한 중력을 가지고 있는지를 말해준다. 어렸을 적의 나쁜 습관이 우리들의 평생에 걸쳐 나쁜 영향을 미칠 것이지만 반대로 좋은 습관은 우리들의 인생을 더욱 풍요롭게 만들 수 있는 핵심 요소인 것이다. 어릴 때의 습관이 평생까지 간다는 말만 믿고 체념한 나머지 습관을 바꾸려 하지 않으면 안 된다.

독서 습관도 하루아침에 바꿀 수 있는 것은 아니다. 책은 곧 공부요, 공부는 지루하고 재미없다는 고정관념으로 가득 찬 우리들로 하여금 새삼스럽게 책 읽기 습관을 기르게 하는 것은 결코 쉬운 일이 아니다. 그러나 힘없는 물방울이 바위를 향해 떨어지고 또 떨어져서 언젠가는 그 바위를 갈라놓듯이 우리들도 매일 조금씩 책 읽기를 반복하다 보면 그 거대한 중력으로부터 벗어나서 훨훨 날아 우리의 꿈과 이상을 실현할 수 있다.

이 책은 독서를 습관화하기 위한 세 가지 구성 요소인 인식, 기량, 욕구 등을 다루고 있다. 독서 습관의 인식을 위해 독서의 대상인 책의 정의, 책의 필요성, 책의 역사 등을 서술한다. 책은 인류의 위대한 발명품으로서 변화의 해결사이다. 이어서 독서의 정의, 독서의 효과, 독서에 관한 인식 등을 설명한다. 독서는 멘토이며 투자이고 행복의 원천이다. 또한 독서는 끊임없는 대화이며 성찰이다. 독서 습관의 기량을 위해 독서 계획 및 독서 활동에 관한 방법 등을 제시한다. 독서는 계획적이어야 하고, 우리 자신의 삶의 방향을 확 바꾸어줄 수 있는 운명의 책을 만나도록 노력해야 한다.

끝으로 독서 습관의 욕구를 위해 독서와 성공의 관계, 독서 교육, 독서를 통한 성공인 소개 등을 서술한다. 독서는 리더의 길이며 혼자서 책 읽는 것이 성공의 지름길이다. 아무리 바쁠 때라도 책을 읽어야 한다. 독서는 마라톤처럼 해야 하며 피곤하거나 우울할 때에도 책을 읽어야 하는 것이다. 독서는 자기 발견을 통해 글짓기로 마무리된다.

이 책을 통해서 많은 독자들이 독서에 관한 학습을 체득함으로써 독서 습관을 형성해 나갈 수 있기 바란다. 이 책에 부족한 점이 많아 독자의 기대에 못 미칠 우려도 있다고 생각하며 앞으로 많은 조언과 충고를 받아들여 그야말로 훌륭한 독서 관련 자기계발 서적으로 오래도록 활용될 수 있기를 바란다.

2015. 10.

오창환

5 독서 활동 단계

6 성공으로 이끄는 독서 습관

01_
책은 무엇인가?

책은 옷이다

옷은 우리 인간이 살아가는 데 없어서는 안 되는 필수적인 요소들 중의 하나이다. 언뜻 생각하면 우리들의 의식주 중에서 먹는 것이 제일 먼저 나올 성싶은데 옷이 그 자리를 차지한 것을 보면 사람에게는 입는 것이 먹는 것보다 더 중요한 것 같다.

옷은 인간의 연약한 피부를 바람, 추위, 더위, 오염 등의 열악한 환경으로부터 보호해줌으로써 인간의 삶을 안전하게 지속할 수 있도록 해준다. 옷은 또한 자신의 알몸이 다른 사람들에게 드러날 때 느끼는 강한 수치심으로부터 해방시켜 주는 것에서 출발하여 남들에게 자신을 뽐내려는 겉치레로 발전하였다. 역사적으로 볼 때에 옷은 인간의 삶에 있어서 반드시 필요한 물품으로서 인식되어 왔을 뿐만 아니라 각 시대의 사회상과 문화상을 반영하며 발전되어 왔다.

회사원이 출근할 때의 옷과 친구들을 만날 때의 옷이 다르기 마련인데 이는 옷의 사회성을 의미한다. 기술의 발전에 따라 옷의 기능과 디자인이 달라져 오는데 이는 옷의 문화상을 나타낸다고 말할 수 있다.

책도 옷과 마찬가지로 그 시대의 사회상과 문화상을 반영해오고 있다. 자신의 직업에 따라 입는 옷이 달라야 하듯이 자신의 전공에 따라 중점적으로 대하는 책도 다르기 마련이다. 엔지니어는 기술서적을 자주 접하게 되고 행정원은 행정서류들을 참고하게 되며 법률가들은 법 관련 서적들을 늘 대하게 된다. 책은 직업뿐만 아니라 자신의 취미와도 연관된다. 패션 감각이 뛰어난 사람들이 옷으로 즐거움을 찾듯이 다양한 책들을 가까이하는 사람들은 책으로부터 많은 흥미와 보람을 느낀다.

유행에 맞추어 옷을 입듯이 시대 흐름에 적응하려면 우리들은 늘 책을 가깝게 두어야 한다. 새로운 지식을 책으로부터 받아들여야 한다. 책을 읽지 않는 것은 오래전에 입었던 옷을 아무 생각 없이 반복적으로 걸치고 다니는 것과 다를 바 없다. 철마다 비싼 옷을 입는 것으로 자신을 뽐내는 것보다 자신에게 알맞은 책을 조용히 읽는 것이 우리들을 행복으로 이끌게 해준다.

옷이 우리들의 겉모습을 아름답도록 도와주듯이 책은 우리들의 속마음을 예쁘게 만들어준다. 철 따라 다양한 옷을 입는 사람은 주변 사람들에게 바라보는 즐거움을 주듯이 늘 책을 가까이 두고 사는 사람은 주변 사람들에게 무례하지 않은 안정하고 평안한 말소리를 전달해준다. 옷이 풍우한서(風雨寒暑)의 환경으로부터 우리 몸을 보호해주듯이 책은 변화무쌍(變化無雙)의 사회로부터 우리의 정신을 곧추세워 준다. 이와 같이 책은 우리의 정신을 감싸주는 옷임에 틀림없다.

책은 디자인이다

책은 인류 역사에서 문자가 만들어진 이후부터 세상에 나타나기 시작했다. 한때 인기 절정으로 방영되었던 '주몽'이라는 TV 사극에서 보면 주몽은 대나무에 써진 한문을 읽어서 외적의 정보를 입수했다. 종이가 발견되기 전에는 문자 정보를 담는 그릇으로 대나무를 활용했다. 대나무로 엮은 자그마한 발이 책이었다. 대나무 외에도 동물의 가죽이나 뼈, 나무껍질 등이 책의 역할을 대신하였다. 고대 이집트 사람들은 나일 강변에서 야생하던 파피루스라고 하는 갈대와 비슷한 식물을 저민 후 서로 이어서 기록하는 재료를 만들어 사용했다고 한다. 영어의 paper는 파피루스에서 연유되었다고 하니 종이에 상당히 가까웠다는 사실을 짐작할 수 있다.

종이는 서기 105년에 후한의 채륜이 발명하였다고 전해진다. 종이 발명 이후 책의 형태가 중국에서 유럽으로 퍼져 나갔다. 책은 일정 크기의 종이를 끈으로 묶은 모습으로 발전하게 되었고 이러한 책들은 멀리 떨어져 있는 사람에게 정보를 전달하는 매개체 역할과 함께 후세 사람들에게 옛사람들의 지식, 지혜, 정보 등을 물려주는 이음새 기능도 갖추게 되었다.

일일이 손으로 글자를 써넣어 꾸몄던 책은 인쇄술이 발달하면서 대량으로 만들어지게 되었고 이는 인류 문화발달에 커다란 공헌을 하게 되었다. 오늘날에는 책 외에도 녹음기, 카메라, 영상 장치 등 다양한 정보 매체기가 널리 활용되고 있지만 불과 100년 전만 해도 공간과 시간 영역을 넘나들 수 있는 정보 매체는 오로지 책뿐이었다. 책이 없었다면 인류의 모든 지식과 경험들은 구전으로만 전해져

왔을 것이므로 새삼 책의 존재에 대한 고마움이 소록소록 솟아나는 심정이다.

인쇄술과 함께 출판 기술이 발달하면서 책은 단순히 정보 매체의 기능을 넘어서 디자인도 세심하게 창출되어야만 많은 독자를 확보할 수 있는 조건이 되었다. 서가에 꽂혀 있는 책들은 모양도 크기도 제각각이라서 진열장에 올려 있는 작품들처럼 보인다. 복사용지 크기는 규격화되어 있는데 책은 여전히 제멋대로의 크기인 것을 보면 책은 단순히 종이 묶음이 아니라 독자가 자신을 펼쳐주기를 기다리는 디자인 작품인 것이다.

책을 단순히 디자인 작품이라고 생각하기 때문에 읽지도 않은 책들을 서가에 진열해놓는 사람들이 많은 것일까? 그와 같은 사람들은 유명한 대하소설집뿐만 아니라 고서들은 물론이고 알록달록하게 치장된 영문 원서들도 자신의 서가에 자랑하듯 장식해놓는다. 이는 책을 정보 매개체로 여기는 것이 아니라 종이 묶음에 겉표지가 붙어 있는 자랑 매개체로 삼는 행위에 불과하다. 독자들로부터 읽히기를 꼼꼼히 기다릴 양으로 설계된 책의 디자인을 진정으로 알아줘야 한다.

현대는 디자인 시대이다. 아무리 기능이 훌륭한 제품이라고 해도 사람들의 눈에 미적으로 보이지 않으면 관심 밖의 평범한 상품에 지나지 않게 된다. 책도 마찬가지이다. 책 내용이 아무리 유익하다고 해도 겉표지의 디자인과 책 페이지의 편집 구성이 좋지 않으면 누가 그 책을 펼쳐보기라도 할 것인가? 이제는 책도 여느 제품들과 마찬가지로 디자인이 좋아야 한다.

책은 미디어이다

우리가 살고 있는 이 세상은 무한대의 개체들로 이루어져 있다. 눈앞에 펼쳐져 있는 개체들만 해도 이루 헤아릴 수 없는데 보이지 않는 곳의 개체들까지 생각하면 셀 엄두가 나지 않고 머리만 아파올 지경이다.

지구 밖으로 나가보자. 우주에는 별이 몇 개나 있을까? 우주의 별의 개수는 지구 상의 모래 개수보다 더 많다고 한다. 우리가 두 손으로 한 움큼 잡은 모래 개수가 800만 개 정도라고 하니 지구의 모래 개수가 얼마나 많은가? 그런데 우주에는 이 개수보다 더 많은 별이 존재한다고 하니 우주의 크기를 상상하는 것 자체가 실제로 불가능한 일이다.

태곳적에 인간은 언어를 사용하면서부터 주변의 모든 개체에게 이름을 붙여 나갔다. 바다나 강가에서 볼 수 있는 수많은 알갱이 개체들을 일반화시켜서 '모래'라고 불렀고 모래보다 큰 물질들을 '자갈'이라 하였으며 이들과 특성은 비슷하면서 크기가 큰 물질들을 '돌'이나 '바위'라고 불렀던 것이다. 개체에는 외형적 모습을 띠는 것들뿐만 아니라 추상적 개념만을 가지는 개체들도 많이 있는데 사랑, 미움, 행복, 지식, 경험 등이 여기에 해당한다.

인간이 문자를 사용하면서부터 보고 듣고 느꼈던 개체들을 나무, 돌, 바위, 가죽 등에 기록하기 시작했다. 인류 문화가 발달하면서 인간이 거론하는 개체들의 범위가 외형적 개체뿐만 아니라 사유(思惟)의 대상인 무형적 개체들까지 확장됨에 따라 이들을 기록으로 남겨두기 위한 미디어, 즉 책을 필요로 하게 되었다.

책은 오랜 시간에 걸쳐서 세상의 모든 것을 담아온 미디어이다. 단군신화부터 6·25전쟁까지, 라면에서 건축까지, 금융 위기부터 축구까지, 철학에서부터 공학까지 그 모든 것이 책 안에 들어 있다. 이와 같이 책은 시간과 공간을 초월하여 그 어떠한 것들도 수용할 수 있다.

우리가 살아본 적이 없는 태고의 사람들과도 책을 통해 만나볼 수 있고 가볼 수도 없는 지구의 구석구석에서 살고 있는 사람들과도 책을 통해 대화할 수 있다. 인간이 동물과 구분되는 결정적인 근거는 바로 언어이다. 언어를 문자로 표현한 책은 이 세상에서 오직 인간만이 가지고 있는 문화적 개체이다. 따라서 우리는 책 속에 담긴 개체들을 인식하면서 오랜 세월과 넓은 세상의 온갖 이야기들을 읽어야 한다. 짧은 생애를 길게 늘어뜨리고 울타리 안의 거처를 온 세계로 확대시켜 주는 좋은 친구는 모든 것을 삼켜온 미디어, 바로 책이다.

책의 역사

티그리스 강과 유프라테스 강 사이의 지역에서 인류 4대 문명 발상 중의 하나인 메소포타미아문명이 발생하였다. 이 메소포타미아 지방에서는 질이 좋은 점토가 많아서 사람들이 납작한 점토판에 글씨를 새겨 가지고 다녔는데 이것이 인류 최초의 책으로 보인다고 한다. 다음으로 파피루스(papyrus)로 만든 종이가 등장하였다. 영어 'paper'라는 철자는 파피루스에서 유래되었다. 파피루스는 나일 강가에서 많이 자라는 갈대의 일종이다. 고대 이집트인들은 파피루스

껍질로 갈대배를 제작하였으며 껍질 안에 든 하얀 속은 얇게 잘라 직물을 만들어서 갈대나 새의 깃으로 그 위에 글씨를 썼다. 중국의 한자 册(책)은 나무 조각을 끈이나 꼬챙이 같은 것으로 꿰어놓은 형상인데 실제로 과거의 책은 대나무 조각 위에 글자를 써서 이를 꿰어서 만들었다고 한다.

한편 영어의 'book'은 'biblos'에서 유래되었다고 한다. 비블로스(biblos)는 그리스어로 동서 교역의 중계항 지명 이름이었다. 그리스인들은 동방에서 수입하는 파피루스를 비블로스라는 중계항 지명 이름에서 따와 비블로스라고 불렀으므로 'biblos'는 'bible'이나 'book'의 어원이 되었다.

그런데 어느 때부터 이집트는 파피루스의 수출을 금지하였고 이에 그리스는 기원전 190년경에 파피루스를 갈음할 재료를 만들기로 하였다. 그 결과 양, 소, 염소 등의 가죽을 얇게 벗겨내어 털을 뽑고 말린 양피지를 발명해냈다. 양피지는 파피루스보다 훨씬 내구성이 강했으나 값이 비싸고 부피가 크며 너무 무거웠기 때문에 종이가 발견되고부터는 모든 책이 종이를 재료로 하여 제작되었다.

종이는 후한(後漢)의 채륜이 나무껍질, 마, 창포, 어망 등 식물 섬유를 원료로 하여 만들었다고 한다. 그러나 채륜은 새로운 종이 제작 기술을 개발했다기보다는 앞사람들의 경험을 잘 정리해놓았다고 보는 것이 타당하다. 중국에서 발명된 종이는 중동을 거쳐 서유럽으로 전파되었으며 14세기에는 서유럽 각지에 종이 공장이 생겨났다.

이승철 교수는 그의 저서 『우리가 정말 알아야 할 우리 한지』에서 종이는 대개 '식물성 섬유를 재료로 만든 얇은 것', '섬유 물질을 개개의 섬유로 분리시킨 다음에 그것을 물속에 담그고 다시 모아 습지

(mat)를 만든 후에 이를 건조시켜 만드는 섬유 물질의 얇은 층(sheet)'이라고 정의한다. 현재 쓰고 있는 '종이'라는 말은 '저피(楮皮)'에 어원을 둔다. 저(楮)는 닥나무를 말하며 저피란 닥나무 껍질을 뜻한다. 저피가 조비→조해→종이로 변한 것이므로 '종이'라는 말 속에 한지의 성격이 고스란히 들어 있다는 것이다.

종이의 발명은 인류의 문명 발전에 가속도를 붙게 했다. 선조의 사상, 지식, 경험 등이 종이에 기록되어 책으로 꾸며지고 후대에 전달되면서 민족의 전통이 유지되고 문명이 이전보다 훨씬 빠른 속도로 발달하여 외부 국가로 퍼져 나가기 시작했다. 인쇄술의 발명으로 책은 더욱 손쉽게 제작될 수 있었으며 지식인들을 중심으로 많은 책들이 발간 보급되었고 각 나라에서 가장 많은 장서를 보유하고 있는 왕립도서관도 세워졌다.

현대에 와서 책에 대한 수요가 늘어나자 출판기술은 다양한 분야의 기술에 동반성장을 가져오게 되었다. 그러나 그 결과로 책은 다시 홀대받는 운명에 처해 있는 실정이다. 책으로 전파해주었던 각종 전자기기와 영상기술에 관한 지식이 이들 분야의 산업 발전으로 이어졌고 이들 분야의 제품들이 실제 현실에 등장함에 따라 책을 사랑하던 대중의 눈과 귀를 차지해버렸다. 오늘날 책의 기능은 컴퓨터 화면이나 단말기, 휴대폰 등으로 전달되는 전자책 혹은 앱북으로 옮아가고 있다. 종이 책의 권위를 전자책과 각종 영상물이 잠식하고 있는 것이다. 초고속으로 지식을 전파하는 속도, 휴대성, 접근성의 편리함 등으로 볼 때에 종이 책은 이들 미디어들에게 한참 뒤처진다.

그러나 연구결과에 의하면 종이 책으로 얻는 지식이 컴퓨터나 단말기 화면을 통해 얻는 지식보다 대뇌의 발달을 가져오는 데 훨씬 효과가 크다고 한다. 종이 책은 시각을 통해 책의 내용을 이해할 뿐만 아니라 책장 넘기는 촉각을 통해서도 책의 감각을 느낄 수 있어 좋다. 정보기술의 발달로 편리한 전자책과 앱북이 쏟아진다고 해도 독자들의 사랑 덕택으로 전통적인 종이 책이 앞으로도 계속 유지 발전할 것이다.

책 시계

임표량이 엮은 『아주 쉽고도 재미있는 과학이야기』에 '책 시계' 이야기가 소개되어 있다. 그 이야기는 목회자들이 일찍 일어나서 기도를 할 수 있도록 매일 아침 종 치는 일을 맡았던 오스쿠틴이라는 사람에 관한 내용이다. 시계가 없던 시절에 그는 밤마다 성경을 읽는 것으로 시간을 짐작하였다고 한다. 책으로 시간을 쟀으니 그의 독서 분량은 곧 책 시계였던 것이다.

그는 어둠이 깃들기 시작하면 어김없이 촛불을 켜놓고서 성경의 '시편'을 읽었다. 시편 83장의 맨 끝 절인 18절의 '여호와라 이름 하신 주(主)만 온 세계의 지존자로 알게 하소서'까지 읽고 나면 날이 환하게 밝아오기 때문에 그는 매일 '시편'의 그 부분까지 읽고는 밖으로 나가 종을 쳤다. 목회자뿐만 아니라 그 주변의 사람들은 그 종소리를 듣고 잠자리에서 일어나 하루 일과를 시작했다.

어느 날 오스쿠틴은 하루 종일 중노동 일을 했기에 몹시 피곤했다. 그는 저녁때가 되어 성경을 펼쳐 들었지만 피곤이 몰려와서 단한 구절도 읽지 못하고 그만 잠이 들어버렸다. 다음 날에 해가 중천에 떠오르도록 잠에서 깨어나지 못했기에 교장으로부터 엄한 훈계와 힐책을 받아야 했다. 그러나 목회자들은 속으로 은근히 기뻐했는데 이는 그들도 처음으로 잠을 실컷 잘 수 있었기 때문이었다.

서양의 오스쿠틴뿐만 아니라 동양의 수많은 선비들도 자그만 방안에서 촛불 하나에 의지한 채 밤새워 책을 읽었다. 명나라 양천상은 밤낮없이 책만 읽었는데 겨울밤에 졸음을 쫓기 위해 얼음물에 발을 담가놓고 읽다가 결국 동상에 걸려 한쪽 발을 잃고 절름발이가 되었다. 그는 소리를 내서 읽으면서 귀로 그 소리를 들었다. 입으로 줄줄 외는 데는 신경 쓰지 않았다. 깊은 뜻을 굳이 가려서 따지지도 않았다. 오로지 마음을 모아 읽고 들으며 페이지당 1백 번씩 되풀이하여 읽었다.

그는 자신을 한나라 때 상자평이라는 사람과 비교하며 이렇게 말했다. 상자평은 자식들 혼사가 끝나자 집안일에 완전히 손을 떼고 자유의 유람인이 되어 오악(五岳)을 두루 돌며 삶을 마쳤지만 자신은 집 안에서 한 발짝 나가지 않고서도 천지만물의 이치와 지상의 동천복지(洞天福地), 즉 온갖 낙원들을 두루 다 다녀보았다고 뿌듯하게 생각했다. 상자평은 힘들게 산에 올라 통쾌함을 맛보았으나 자신은 책 한 권을 뗄 때마다 마음이 툭 트이고 정신이 한없이 맑아져서 세상이 문득 낯설어지고 새로워지는 경이를 맛보곤 했다고 한다. 손도 안 들고 힘도 들지 않으며 다만 기쁘고 즐거울 뿐이니 어찌 독서를 하지 않겠는가 하며 독서의 은혜를 극찬했다.

오스쿠틴 때의 저녁 시간이나 지금의 저녁 시간은 같을 터이므로 우리도 저녁부터 독서삼매경에 빠져 새벽에 동이 틀 때까지 책으로부터 깊은 감명을 받아야 하지 않겠는가? 이제는 책 시계가 아니라

진짜 시계를 옆에 두고 라디오 음악을 들으며 두꺼운 소설책 읽기의 즐거움을 맛볼 수 있을 것이다.

책은 마음을 지켜준다

중국 송나라 때의 시인 황산곡은 선비가 사흘 동안 책을 읽지 않으면 그의 말이 무미건조하고 그의 얼굴이 스스로 부끄러워진다고 말했다. 옛날에는 일반 서민들은 글을 읽을 줄 모르고 오직 선비들만이 글을 깨우쳤기에 책 읽기는 으레 선비들의 몫이었다. 그러나 선비들 중에는 친구들과 함께 잘 빚어진 술을 마시며 유흥을 즐기는 것에 흠뻑 빠진 나머지 책을 멀리한 사람들도 있었을 것이다.

요즘에는 어떠한가? 옛날의 선비는 오늘날의 학자에 해당한다. 선비들은 오로지 책을 통해서 고인의 문장과 사상을 배우고 익혔으나 요즘의 학자들은 책만 읽어서는 안 되고 최신 논문을 읽고 토론을 하며 자신의 논문을 작성해야 한다. 이제는 결코 학자들만이 책을 읽는 세상이 아니다. 책을 사랑하고 책 읽기를 좋아하는 독서 마니아는 오히려 일반인들 중에 훨씬 많다.

송나라의 장횡거는 '책은 마음을 지켜주고 잠시라도 놓으면 그만큼 덕성이 풀어진다. 책을 읽으면 마음이 항상 있고 책을 읽지 않으면 의리를 보아도 끝내 보이지 않는다.'고 말했다. 책을 읽는 일은 단지 즐거움을 채우려고 취하는 행위가 아니다. 옛 성현들의 지혜가 전해 내려오는 책들을 읽음으로써 그대로 행하려고 노력하였기에 그 시절의 선비들에게 책 읽기는 곧 마음 수련이었던 것이다.

14세기 영국의 리처드 드 베리(1287~1345)는 책에 대한 사랑과 집념이 대단하였다. 그는 책 읽기뿐만 아니라 책 수집도 좋아하여 여행할 때에는 항상 20명의 서기와 36명의 향토사학자를 대동하고 다니면서 책을 사 모으고 읽었다고 한다. 그는 황금보다 책을 더 좋아했고 은화보다는 피지(皮紙)를 더 사랑했으며 살찌고 튼튼한 말보다는 바싹 마르고 부서지기 쉬운 작은 책을 소중히 여겼다.

박연폭포, 황진이 등과 함께 송도삼절(松都三絶)로 잘 알려진 서경덕(1489~1546)은 책을 읽음으로써 천하 경륜을 모두 깨우치게 되고 청빈한 삶 속에서도 모든 유혹을 후련히 풀면서 안빈낙도(安貧樂道)의 평안하고 즐거운 인생을 보냈다.

우리들의 삶이 어렵고 힘들 때라도 책을 읽으면 깜깜하고 복잡한 미로의 출구가 보일 것이다. 특히 산나물이나 물고기로 배를 채우고 맑은 바람 밝은 달에 상쾌한 마음을 가지면서 살았다는 옛 선비들의 글을 읽으면 복잡하게 얽히고설킨 우리들의 삶이 여유 있는 모습으로 변화할 것이다.

우리 주변의 모든 상황들은 가만있지 않고 시시각각 변화하기 마련이다. 운 좋게 기분 좋은 일들이 생겨나기도 하지만 스스로 감당해내기에 힘겨운 고통스러운 사건들도 늘 일어난다. 이럴 때에 우리의 마음을 꼿꼿하도록 지켜주는 것이 바로 책이다.

책은 인류의 위대한 발명품이다

김삼웅은 『독서독본』에서 오스트리아의 전기 작가 슈테판 츠바이크(1881~1942)가 쓴 '책과 수레바퀴'라는 글을 소개했다. 츠바이크는 우리 인간의 활동이 두 가지, 즉 수레바퀴와 책의 발명으로 비약적인 발전을 이루었다고 말했다. 공간의 활동은 수레바퀴를 따라서 움직이고 정신의 활동은 글자(책)에 의존하고 있다는 것이다. 수레바퀴는 마을과 마을, 나라와 나라, 민족과 민족 사이에 가로놓인 거리를 극복하는 수단을 제공해주었다. 화물을 운반해서 교역을 하는 사람들이 서로 왕래하여 견문을 넓힐 수 있게 되었다.

수레바퀴는 사람이 끄는 수레를 시작으로 소나 말이 끄는 수레, 기관차 바퀴, 자동차 바퀴, 배의 스크루를 돌리는 바퀴, 비행기 프로펠러를 돌리는 바퀴 등의 형태로 기술적인 발전을 거듭해왔다. 인터넷의 발달로 온 세상이 하나의 지구촌으로 가까워졌다고는 하지만 사물, 식물, 동물, 사람 등이 공간을 이동하기 위해서는 여전히 바퀴의 힘을 빌려야 한다.

수레바퀴가 여러 형태로 발전되었듯이 책도 글자에서 시작하여 다양하게 발전을 거듭해왔다. 가죽에 쓴 글자, 대나무 발 형태의 책 등으로 시작하여 종이 두루마리에 문서를 기록하였고 몇백 장씩 앞뒤에 인쇄하여 묶은 오늘날의 책이 널리 퍼지게 되었다. 이제는 컴퓨터와 통신 기술의 발달로 이북(ebook)이 등장하여 온 세상의 책들을 지구 어느 곳에서라도 마음만 먹으면 읽을 수 있게 되었다.

책이라는 물건이 등장하면서 인류는 비로소 자신의 눈으로만 보는 시야의 한계에서 벗어나서 모든 과거를 현재로 끌어올 수 있게 되었고 인류 전체의 사유와 정감을 서로 전달할 수 있게 되었다. 옛 선비들은 좋은 책을 만나면 몇 권씩 필사해서 자신이 읽기도 하고 후손에게 물려주기도 했다. 그들은 책의 귀중함을 인식하였기에 무엇보다도 더 소중히 다루었던 것이다.

오늘날 우리는 유치원 때부터 자기 옆에 늘 책을 가질 수 있게 되었다. 이제는 책이 지극히 평범한 일상 물건이 되었기 때문에 여간 특별한 순간이 아니고는 책에 대해 새삼스럽게 감사의 마음을 갖는 일이 없다.

자동차, 버스, 지하철 등을 탈 때마다 수레바퀴의 길고 긴 역사를 회고하지 않는 것과 마찬가지로 책을 만질 때마다 책의 은혜를 느끼지 않는다. 그러나 책이라는 이 가벼운 물건이 우리 인간 생활에 마술적으로 영향을 미치는 것을 생각한다면 저절로 머리가 숙여지지 않을 수 없다.

옛날에 그러했듯이 수레바퀴는 오늘날에도 우리들에게 공간 이동의 편리함을 제공해주고 있다. 마찬가지로 오늘날의 책은 옛날처럼 우리 인간에게 시간적 제약을 풀어주었다. 고전을 읽으면 그 시절의 훌륭한 성현이 우리 앞에 나타나 인간으로서 갖추어야 할 도리와 덕을 이야기하는 것 같은 느낌을 가지게 된다.

책은 변화의 해결사이다

우주 탄생 이래 세상의 만물은 늘 변화한다. 햇볕이 쨍쨍 내리쬐다가도 어느새 먹구름이 몰려오면서 바람이 거세지고 폭풍우가 온 세상을 물바다 속에 빠트려버리기도 한다. 인류의 조상들도 세상의 변화에 대해 오랜 세월 동안 관심을 가졌을 것이다. 자연의 변화에 대한 두려움을 절대자에게 의지하려는 사람들은 신을 믿었을 것이고 자연의 변화를 점쳐보려는 자들은 점술가가 되었을 것이며 자연의 변화 원리를 알아내려는 부류들은 자연철학자가 되었을 것이다. 자연이 시시각각 변화하므로 그 속에 살고 있는 우리들의 삶도 변화하는 것은 당연하다. 변화는 어느 상태에서 머물러 있지 않고 다른 상태로 바뀌는 것을 의미한다. 현재 상태에서 더 좋은 방향으로 바뀌는 것을 긍정적 변화라 하고 원하지 않는 나쁜 상태로 옮겨가는 것을 부정적 변화라고 한다. 인간의 상태가 예측하기 어려울 정도로 바뀔 때에 우리는 이를 운이라고 부른다. 옛날 사람들은 미래의 나쁜 일들을 막아주고 좋은 일들만 생겨나도록 자신의 운을 신들에게 빌었다. 그러나 불확실한 미래를 운에게 맡길 수는 없다. 얼마든지 우리 자신의 노력으로 세상의 변화와 자신의 변화에 대해 적극적으로 대처해 나갈 수 있는 힘을 길러야 한다.

책은 변화의 해결사 역할을 톡톡히 해준다. 우리의 미래는 크게 세 가지, 즉 좋은 일, 보통 일, 나쁜 일 등으로 이루어진다. 좋은 일을 +1, 보통 일을 0, 나쁜 일을 −1이라고 할 때에 현시점보다 상향하는 변화는 능동적 변화이고 하향하는 변화는 부정적 변화이다. 책은 능동적 변화의 에너지를 제공해주고 부정적 변화에 대한 대처방안을 깨우쳐준다.

변화는 크게 3단계, 즉 준비→진행→결과 단계로 수행된다. 준비 단계는 과거부터 현재까지의 모든 상황을 의미하며 진행 단계는 상향하는 중이든가 혹은 하향하고 있는 중을 나타내고 결과 단계는 변화가 발생한 후 다시 안정적 상태를 유지하는 것을 말한다. 우리가 긍정적 변화를 맞이할 때에 가장 즐거운 시간은 바로 진행 단계이다. 엘리베이터를 타고 오를 때에 오르는 순간은 제일 잘 느낄 수 있지만 목적지에 도달하여 엘리베이터가 멈추면 아무런 변화를 느끼지 못한다. 엘리베이터가 내려갈 때에도 마찬가지로 움직일 때에 가장 확실하게 감지할 수 있고 정지하고 나면 어떠한 변화도 느껴지지 않는다.

결과 단계는 엘리베이터가 오르거나 내린 후에 멈춘 상태를 말한다. 우리 자신이 원하는 위치에 올라가면 얼마 동안은 만족하며 행복하다고 느낄 것이지만 시간이 지날수록 이 단계에 익숙해짐에 따라 다시 준비 단계로 되어버린다. 우리 자신에게 고통을 수반하는 어려움이 닥칠 때에도 하향적 변화의 순간에는 뼈와 살을 깎는 것 같은 아픔을 느끼지만 세월이 흐름에 따라 곤혹적인 결과를 어느 정도는 받아들이고 다시 준비 단계로 시작하게 된다.

책은 변화의 단계를 알게 해준다. 우리 삶 속의 어떠한 결과도 갑자기 툭 뛰어나온 것은 없다. 우리들이 알건 모르건 우리의 미래는 지나온 시간 동안에 우리들이 행한 준비로 결정된다. 책을 읽지 않는 사람은 변화로 나타나는 현상이 아무 이유 없이 갑자기 나타나는 것으로만 생각한다. 그러나 실제로는 그가 감지하지 못하는 사이에 과거 언제부터인가 준비 단계가 시작되었던 것이다. 책을 읽는 사람은 삶의 원리를 터득하고 자신의 준비 단계를 관찰함으로써 미래의 결과를 예측할 수 있다. 이것이 바로 책을 통하여 얻은 상상력을 바탕으로 쌓여서 나타나는 지혜의 산물인 것이다.

책은 긍정적 변화를 이끌 수 있는 길을 제시해준다. 준비 단계에서 우리가 목표로 세운 결과 단계로 오르기 위해서는 수많은 길들이 존재하지만 안정적으로 목표에 도달할 수 있는 길은 단지 몇 개일 뿐이다. 오르는 길을 찾을 수 있는 능력은 책을 통해서 획득할 수 있다.

길을 찾았다 해도 목표지점에 오르는 과정에서 길을 잃어버린 채로 오도 가도 못하는 상황이 일어날 수 있지만 이때 책은 우리의 나침반 역할을 함으로써 목표 지점을 향하는 이정표를 발견하게 해준다.

책은 부정적 변화를 맞이할 때에 섬광 같은 지혜를 준다. 책은 미처 생각하지도 못한 상황에서 도저히 믿어지지 않을 정도의 훌륭한 방안을 찾게 해주는 도우미이다. 준비 단계에서 안정적으로 머물러 있다가 갑자기 하향 방향으로 떨어지는 변화를 당하면 우리들은 겁에 질려 어찌할 줄 모르고 왜 하필 우리한테 이런 일이 터지느냐며 억울해하는 것이 사실이다. 이때에 책은 우리를 안심시켜 준다. 책을 통해 우리는 이미 온갖 고통을 참고 이겨냈던 현인들을 만나서 그들과의 대화를 통해 낭떠러지로 떨어지는 처절함 속에서도 우리의 길을 찾을 수 있는 분별력을 찾을 수 있다.

책은 변화의 단계마다 우리가 어떻게 해야 할지를 지시해준다. 준비 단계에서는 현재의 우리 위치를 깨닫게 해주고 우리를 포함한 주변 삶을 돌아볼 수 있는 혜안을 준다. 진행 단계의 오르는 변화에서는 힘차게 오를 수 있도록 발전 에너지를 쌓도록 해주고 떨어지는 변화에서는 우리의 마음을 진정시킬 수 있도록 수용 에너지를 보태준다. 결과 단계에서도 다음 단계로 이어지기 위한 필요사항을 알려준다. 이와 같이 책은 우리의 불확실한 미래에서 일어날 여러 가지 변화에 대한 해결사 역할을 자청하고 있는 것이다.

책은 커뮤니케이션 미디어이다

커뮤니케이션은 송신자와 수신자 사이에 메시지를 서로 주고받는 동작이다. 미디어는 이러한 커뮤니케이션이 가능하도록 중간에서 매개 역할을 담당하는 툴(tool)에 해당한다. 그런데 미디어는 여러 계층으로 구분된다. 예를 들어서 두 사람이 마주 앉아서 한국말로 커뮤니케이션을 할 때에 한국말이 미디어 역할을 하지만 공기 또한 이들 사이의 미디어인데 이는 공기가 없다면 두 사람의 말소리를 상대방에게 전달할 수 없기 때문이다. 두 사람이 전화로 대화를 한다면 커뮤니케이션 미디어는 공기 대신에 전화망으로 대체되는 것이다.

책은 저자와 독자 사이에 존재하는 커뮤니케이션 미디어이다. 저자는 책이라는 커뮤니케이션 미디어를 통해 자신이 말하고자 하는 의미를 독자에게 전달한다. 엄밀히 말하면 책은 표지, 면지, 페이지 등의 하드웨어와 그림 및 활자의 소프트웨어로 이루어져 있다. 결국 저자는 자신의 경험, 지식, 의견, 느낌, 사상 등을 책 속의 소프트웨어를 통해 독자에게 올바르게 전달하기 위해 글을 쓴다.

정보 커뮤니케이션에서도 에러(error)가 발생하듯이 책 커뮤니케이션에서도 에러가 생겨난다. 정보 커뮤니케이션에서는 통신 자원 부족이나 혹은 잡음 때문에 보내는 메시지에 오류와 손실이 발생하는데 이들 중에는 인간의 노력으로도 피할 수 없는 것들이 있다. 그러나 책 커뮤니케이션에서는 오자 및 탈자 등과 같이 편집 과정에서 얼마든지 극복할 수 있는 에러들이다.

그런데 오자나 탈자 등과 같은 단순한 에러와는 달리 저자의 의미를 전달함에 있어서 에러가 생긴다면 이는 커뮤니케이션 미디어인 책의 책임 범위를 넘어서 양측, 즉 저자와 독자의 책임인 것이다. 즉 저자가 자신의 의미를 제대로 표현하지 못했든지 혹은 독자가 저자가 말하려는 바를 올바르게 해석하지 못했기 때문에 양측 사이에 의미 전달 에러가 발생한다.

글을 쓰는 저자는 독자가 쉽게 이해할 수 있도록 문단, 문장, 단어 등의 편집에 심혈을 기울여야 하고 독자는 저자의 의미를 빠르고 정확하게 받아들일 수 있도록 평소에 독서력을 키워놓아야 한다. 커뮤니케이션 미디어인 책을 통해 에러 없이 의미를 교환하기 위해서는 저자나 독자 양측 모두 글쓰기와 글 읽기 능력을 확충해두어야 할 것이다.

책은 편집 모델의 요소이다

마쓰오카 세이고는 그의 저서 『독서의 신』에서 우리들이 일상생활에서 다양하게 인지하고 해석하며 표현하는 행위들은 나름대로 정보를 편집하는 과정이라고 말한다. 예를 들어서 길을 걷다가 처음으로 본 꽃의 정보는 우리들의 뇌 속에 이미 저장되어 있는 정보 틀을 새롭게 편집시킨다는 것이다. 그는 정보를 편집할 때에 교환하는 모듈을 편집 모델이라고 이름 붙였다.

사용자 정보를 신속하고 정확하게 전달해야 하는 정보 커뮤니케이션 모델에서는 메시지가 기호화되더라도 통신 네트워크를 이동하는 동안에 약해지거나 변질되지 않아야 한다는 사항이 필수적인 요구사항이다. 데이터 메시지의 경우에는 한 비트(bit)만 틀려도 전혀 다른 내용의 메시지가 전달되는 위험을 초래한다. 비디오 메시지의 경우에는 한 비트의 에러로 인하여 눈의 피로를 느낄 정도로 화질이 급격하게 나빠지는 상황도 발생한다.

책은 저자와 독자 사이에 '의미의 교환'을 완성시키는 편집 모델의 요소에 해당한다. 물론 책에서도 정보 커뮤니케이션 모델에서와 같이 의미가 기호화 된 문자들에서 오류가 일어날 수는 있지만 그 확률은 무시할 정도로 지극히 작은 수치에 불과하다. 책 커뮤니케이션이란 정보 커뮤니케이션과는 달리 메시지를 전달하는 것이 아니라 의미를 교환하기 위해서 편집 모델을 작동하는 것이다.

그렇다면 책의 저자는 창작자가 아니라 편집자란 말인가? 아무리 훌륭한 작가라고 해도 이 세상에 존재하지 않던 것을 만들어낼 수는 없다. 다른 작품들을 통해 자신의 관심 분야를 배우고 익혀서 또 다른 작품을 출품하는 것이니 순수한 창작은 없다고 말해도 과언이 아니다. 설사 정말로 어떠한 작품도 참고하지 않았다고 말해도 자신도 모르게 입력되어 있는 무의식 데이터가 작품을 만들어내는 기본 틀로 작용한다. 따라서 책의 저자는 자신의 뇌 속에 기억되어 있는 데이터를 편집하여 독자에게 전달하고 이를 읽은 독자는 자신의 기억 데이터를 바탕으로 하여 저자의 의미를 찾아내고 공감하거나 혹은 반감하게 되는 것이다. 이와 같이 책 커뮤니케이션은 편집을 매개로 서로 연결되어 있다.

사람의 기억은 단어 하나하나씩을 독립적으로 저장하는 것이 아니라 다른 여러 연관 단어들과 복잡하게 연결 구성되어 있다. 예를 들어서 호랑이라는 단어를 떠올리면 호랑이 모습, 호랑이 사냥, 호랑이 동물원, 호랑이 영화, 호랑이와 사자와의 싸움 등등 그야말로 헤아릴 수 없을 정도로 수많은 기억들이 엉켜져서 다양한 패턴으로 나타난다.

저자가 자신의 의미를 패턴으로 구성하여 문장을 써서 책을 통해 독자에게 전달하면 독자는 책의 문장을 읽고 패턴을 재구성하여 저자의 의미와 자신의 생각을 비교 탐색하게 된다. 바둑 고수가 소위 정석이라는 바둑 패턴들을 많이 기억하고 있듯이 글을 잘 쓰기 위해서나 글을 잘 읽기 위해서는 정확한 의미를 패턴화시킬 수 있도록 끊임없는 독서 노력이 요구되는 것이다.

우리나라 책의 10가지 수난

김삼웅은 『독서독본』이라는 그의 저서에서 조선 후기의 실학자 이규경이 소개한 우리나라 책의 수난 10가지를 아래와 같이 소개하였다.

첫째, 당나라의 이적이 고구려를 침략하여 그 당시의 서적을 모두 평양에 모으게 하여 불태웠는데 이는 고구려 문물이 중국의 그것에 뒤지지 않은 것을 시기하여 그리했다고 한다.

둘째, 신라 말기에 견훤이 삼국시대에 전해지던 모든 책을 완주에 옮겨두었는데 그가 패망하자 모조리 불태웠다.

셋째, 고려시대에는 수차례 전쟁 때마다 책이 소진되었다.

넷째, 조선 명종 때에 경복궁의 화재로 역대의 고전들도 함께 불타버렸다.

다섯째, 임진왜란과 정유재란 당시에 왜적이 전래의 고서들을 불태우거나 귀국할 때에 가져갔다.

여섯째, 임진왜란과 정유재란 때에 일본 장수들이 민가와 사찰의 고서들을 샅샅이 뒤져서 훔쳐갔다.

일곱째, 병자호란 때에 청나라 군사가 고서들을 불태우고 빼앗아 갔다.

여덟째, 인조 때에 이괄이 군사를 일으켜서 궁궐을 침범하여 난을 일으키니 그나마 남아 있던 서적들마저 불타 없어졌다.

아홉째, 우리나라 사람들이 책을 귀하게 여길 줄 몰라서 책을 뜯어 종이로 쓰거나 벽을 발라 차츰 없어졌다.

열째, 취미로 책을 모으는 사람들이 깊숙이 감추어놓고 자기도 읽지 않고 남들한테도 빌려주지 않은 채 무심하게 놔두었다. 이렇게 되니 책에 좀이 슬고, 쥐가 갉아 먹고, 그 집의 종들이 몰래 팔아먹기도 하여 전질이 제대로 남지 않게 되었다.

생활이 어려운데도 책 사는 일을 멈추지 않았던 송나라 시대의 허비라는 사람이 있었다. 그는 재물도 없으면서 책에 대한 욕심 때문에 고생한다고 다른 사람들로부터 비난을 받을 때에도 가난을 비천하게 여기지 않고 부귀를 탐내지 않도록 책으로부터 받은 은혜를 잊지 않고 살았다.

요즘에는 옛날과 같지 않아서 종이가 없어서 책을 못 만들어내지 않는다. 종이 자원뿐만 아니라 헤아릴 수 없을 정도로 많은 콘텐츠로 인해 우리 주변에는 수십만 권의 책들이 우리를 기다리고 있다. 아무리 책이 많다고 한들 책을 가까이하지도 않고 소중한 마음으로 읽지도 않는다면 그 많은 책들은 재활용 쓰레기에 불과한 것이다.

책장 안의 책 배열

우리들은 책을 책장에 꽂아둔다. 가끔 TV 프로그램을 통해 유명 작가들의 서재가 소개되기도 하는데 이때 책장 안에 배열된 엄청난 양의 책들을 보고 놀라기도 한다. 작가가 글을 쓰려면 그렇게 책을 많이 읽어야 한다는 사실을 실감하게 된다. 빽빽이 꽂혀 있는 책들 속에 파묻혀 앉아서 글을 쓰는 작가가 행복하게 보이기도 한다.

그러나 거실 벽면에 고급 책장을 설치하여 장식용 책들을 꽂아두는 사람들도 많이 있다. 이들은 책의 소프트웨어보다 하드웨어에 관심을 가지는 사람들이다. 이 사람들의 책장 안에는 소프트커버 책보다 하드커버 책들이 훨씬 더 많이 눈에 띈다.

책을 읽기만 하면 되지 하는 생각에 책장의 필요성을 인식하지 못하는 사람도 있지만 책에는 책장이 반드시 필요하다. 책장은 단순히 책을 보관하는 기능을 넘어서 비슷한 내용의 책들끼리 서로 연결시켜 주기도 한다. 마쓰오카 세이고는 서점에서 책들을 책장 안에 배열할 때에 '세 권의 나열'이라는 원리를 따른다고 말한다. 즉, 한 권의 책을 중심으로 그 좌우에 있는 세 권의 책들은 모두 비슷한 콘텐츠로 구성되어 있다는 것이다. 우리들도 서점에서와 같이 동일한 종류의 책들을 그룹핑 하여 책장에 보관한다면 읽고자 하는 책을 손쉽게 찾을 수 있을 뿐만 아니라 책장만 둘러보아도 이미 책을 읽는 것과 마찬가지의 효과를 기대할 수 있다.

그렇다고 도서관에서 채택하는 도서 분류에 따라 책을 배열할 필요는 없다. 그보다는 시내 대형서점의 책 분류를 참고하는 것이 더 좋다. 그리고 책 배열의 의도가 보다 더 확실하게 드러나는 곳은 헌책방이다. 한때는 서울 청계천 평화시장 근방에 헌책방들이 죽 늘어섰었는데 최근에 가보니 예닐곱 군데 정도만이 문을 열고 있었다. 사람 머리만 보일 정도로 천장까지 빽빽이 꽂혀 있는 그 많은 책들을 헤집고서 제목만 말하면 금방 그 책을 찾아내는 헌책방 주인의 실력에 감탄을 금치 못했었다.

책을 많이 소지하고 있는 독서 마니아들은 자신의 주택에 적합한 책장을 직접 설계하여 만들기도 한다. 책의 배열을 고려하여 책장을 설계 제작하면 책장의 높이나 폭에 딱 맞도록 책을 배열할 수 있는 이점을 얻을 수 있다. 책장 안에 하드웨어적인 책 배치뿐만 아니라 소프트웨어적으로 책을 배열한다면 우리들도 독서 마니아로 가는 한 걸음을 내딛게 되는 것이다.

책은 어떻게 보관해야 하는가?

조선 후기 실학자 이익은 그의 저서 『성호사설』에서 옛 책은 사람에게 뜻과 지혜를 보태주니 엄한 스승인 셈이므로 평소에 공경하는 마음으로 책을 아껴서 손상되지 않도록 해야 한다고 말했다. 책이 헐어지면 잘 아는 고을 수령으로부터 종이를 많이 얻어와 수리하곤 했다. 책을 이동시킬 때에는 손의 땀이 책에 젖을까 염려하여 반드시 네모난 판목에 담아서 가지고 갔다. 또한 그는 책을 넘길 때에 오른손 엄지손가락을 가장자리에 대고 집게손가락으로 덮어 책면을 눌러 손가락 사이에 끼워서 넘겼다.

옛 선비들은 책을 구하기가 힘들었고 책의 내용을 사랑한 나머지 그 외형까지 공경했던 것이다. 그들은 책장을 넘길 때에도 손톱으로 집어 구기거나 침을 묻혀서 넘기지 않았으며 심지어 손때가 묻기 쉬운 책의 아래쪽에 기름종이를 대어 두기까지 했다.

70, 80세대들이 초등학교 다닐 적에는 학교에서 교과서를 수령하면 제일 먼저 가장 두껍고 질겼던 달력 종이로 교과서 표지와 뒷면을 감쌌었다. 교과서가 쉽게 헐어지는 것을 방지할 목적으로 누구나 그리했었다. 구하기도 어려웠던 달력 종이가 없으면 신문지라로도 교과서를 쌌었다. 책을 읽을 때에는 책상 위에 책을 세로로 세운 채로 크게 소리 내어 읽곤 했었다.

옛 선비들이나 70, 80세대들이 책을 소중이 보관하려 했던 것은 물론 책의 내용에 큰 가치를 두었던 이유도 있었지만 인쇄 장비나 종이자원 부족으로 책을 구하기가 그만큼 어려웠기 때문이었을 것이다.

그러나 최근에는 다른 물가에 비해 책값이 그다지 비싸지 않다. 이제는 컴퓨터 화면 위에 글자를 나타내는 ebook이 출품됨에 따라 책이 손상되는 것을 염려할 시대는 지났다. 오히려 책 속의 단어들에 동그라미, 세모, 네모 등의 기호를 표기하기도 하고 줄 간에 독자의 느낌을 그때그때 기록해둠으로써 독후감을 작성하거나 나중에 그 책을 다시 읽을 때에 참조하기도 한다.

요즘에는 전자사전이 흔하지만 아날로그 시절에는 '영한사전'으로 단어를 찾아가며 영어공부를 했었다. 영어단어가 잘 안 외워진다고 염소마냥 사전을 입으로 씹어서 소화시키려 했던(소화라는 의미가 때로는 머릿속에 기억한다는 의미와 동일하게 쓰였다) 학생들도 있었지만 대부분의 학생은 찾은 단어에 밑줄을 그어 다른 단어들과 구분했다. 이는 다음번에 밑줄 그어진 단어를 또다시 찾을 때에는 더욱 주의를 집중하여 외우려는 의도 때문이었다.

책을 공경하는 마음으로 깨끗하게 보관하는 것도 중요하지만 저자가 나타내고자 하는 의미를 찾아내어 우리들 마음속 깊이 보관함으로써 일상생활 속에서 이들을 표출하도록 노력하는 일이 더욱 중요시되어야 할 것이다.

02_
독서는 삶의 필수 요소

독서는 일상생활이다

독서는 존경받을 만한 행위라든가 숭고한 작업이 아니라 누구나 매일 활동하는 행위들 중의 하나에 불과하다. 누구는 독서를 패션이라고 말한다. 우리가 어린 시절부터 많은 옷을 입고 벗고 하면서 성장해왔듯이 독서도 매일 입고 벗고 하는 행위라는 것이다.

옷에는 유아복, 학생복, 양복, 잠옷, 청바지, 등산복, 운동복 등이 있듯이 책에도 그림책, 교과서, 전문서적, 잡지, 소설, 시, 자기계발서 등이 있다. 나이에 따라 때와 장소에 따라 상황에 따라 그때마다 옷을 바꿔 입듯이 책을 읽는 행위도 자신이 처한 상황에 따라 편안한 맞춤형으로 바꿔지기 마련이다.

독서를 음식 먹는 행위로 비유하는 사람도 있다. 인간은 누구나 생명을 유지하기 위해 음식을 먹는다. 다이어트를 위해 음식을 먹지 않으려 해도 우리 몸이 가만 내버려두지 않는다. 먹는 행위는 생리적 본능에서 출발하여 정서적 의지로 끝난다. 배고픔을 달래기 위해 음식을 먹기도 하지만 맛있는 음식을 보고 참을 수 없어서 먹는 경우도 많다.

독서도 음식과 마찬가지로 우리들이 즐거워서 선택하는 것이 아니라 의무적으로 책을 읽어야 하는 경우가 있는데 공부하기 위한 독서가 그러하다. 공부도 즐거운 마음으로 호기심 있게 책 내용을 꼼꼼히 분석하면 더욱 흥미가 생겨난다는 말이 있지만 대부분의 사람은 그러한 사람을 부러워할 뿐이다. 그런데 문체가 아름답고 스토리 전개가 흥미진진한 소설을 읽노라면 시간 가는 줄 모르고 책 속에 몰입하게 된다. 때로는 맛있는 음식도 먹지 않고 책을 읽는 경우도 있는데 이는 책 읽는 즐거움이 극치에 닿았음을 보여주는 것이다.

독서는 살 집을 고르는 행위와 유사하다고들 한다. 어느 사람은 도심의 아파트에 살고 싶어 하고 어느 사람은 산과 강이 맞닿아 있는 전원주택을 좋아한다. 집 안의 가구나 생활기구들도 자신의 취향에 맞게 구비하고 배치하여 자신의 집 안에서의 평안함을 추구한다. 집안의 청결을 유지하기 위해 일상적으로 쓸고 닦는다.

이와 같이 독서는 인간의 의식주 생활과 같이 지극히 일상적인 행위이다. 독서하기 위해 특별한 시간을 내야 한다거나 조용한 장소로 이동해야 하는 것이 아니다. 그냥 평범한 때에 일상적인 장소에서 편안하게 책을 읽는 것이야말로 우리 마음의 의식주 생활을 더욱 풍요롭게 해줄 것이다. 그렇다면 책을 읽지 않는다는 것은 무슨 의미일까? 이는 매일 우리가 해야 할 일들을 내팽개치는 것과 동일하다. 아무리 바쁘더라도 의식주 생활을 멈출 수 있는 사람은 아무도 없다. 일상생활인 독서도 어느 하루 멈출 수는 없는 것이다.

독서는 즐거움이다

대부분의 사람은 TV 프로그램 보기를 좋아한다. TV의 연속극을 좋아하고 예능 프로그램을 즐기며 스포츠 중계에서 스릴을 만끽한다. 사람들이 TV를 보는 것만큼 책 읽는 것도 좋아하는 것일까? 일반적으로 그렇지는 않다. 동일한 미디어인데 TV는 좋아하면서 책은 싫어하는 이유는 무엇일까? 책보다 TV가 더 재미있기 때문일 것이다.

그런데 생각해보면 TV는 대중들을 상대로 하는 방송 매체이고 책은 독자들을 상대로 하는 통신에 가까운 매체에 해당한다. TV는 대중들의 입맛에 맞게 프로그램을 제작하고 시청자는 TV에서 제공하는 시나리오의 흐름에 따라 갈 수밖에 없다. TV는 오로지 대중의 인기만을 생각하기 때문에 우리 자신에게 딱 맞는 TV 프로그램을 선택하는 일은 불가능하다. 한마디로 보기 싫으면 채널을 돌려라 하는 식의 일방적 방송에 해당한다.

그러나 책은 TV와는 다르다. 책이 보여주는 장르는 TV의 그것과 비교할 수 없을 정도로 그 수가 훨씬 많다. 동일한 장르 안에서도 너무나 많은 책들이 쏟아져 나오고 있다. 따라서 책은 독자들에게 읽기 싫으면 책을 덮으라는 식으로 강압적이지 않다. 오히려 책을 아껴주고 사랑해줄 독자를 묵묵히 기다린다. 독자가 다가가면 갈수록 책은 독자들에게 자신의 진심을 들춰내 보여준다. 그야말로 진솔한 지적 통신이 이루지는 것이다.

이제부터 책은 즐거움의 대상이라고 깨우쳐야 한다. 대부분의 독서가는 어린 시절부터 책이 재미있는 것으로 인식해왔다. 그들은 재미있고 스릴 넘치는 이야기로 가득한 책들을 읽으면서 독서에 흥미를 가지기 시작했던 것이다.

조선 중기의 학자 김정국(1485~1541)은 어린 시절에 천자문의 첫 대목인 '천지현황(天地玄黃)'을 배우면서 '어찌 하늘이 검으며 어찌 땅이 누렇다는 말인가?'라는 생각에 더 이상 천자문을 외울 수가 없어서 공부하기를 그만두었다고 한다. 그는 스무 살이 되도록 천자문은커녕 글자 하나 못 터득했는데 자원해서 시집온 처녀와 다행히 결혼할 수 있었다.

김정국이 신혼의 단맛을 즐기며 부인으로부터 옛날이야기를 들었는데 그 이야기가 너무나 재미있어서 매일 부인을 졸랐다. 몇 달 동안 연이어 이야기를 들려주던 부인은 어느 날 갑자기 이야기를 멈추면서 그 이야기들은 모두 책에서 배운 것이니 글자를 배워 책을 읽으라 했다. 그는 부인으로부터 글을 배워서 열심히 책을 읽었는데 어느 순간 문리가 트이더니 공부에 맛을 들여 과거에 급제까지 했다.

독서는 항상 즐거움만 있는 것은 아니다. 입시를 위한 독서, 직장인의 자기계발을 위한 독서, 전문지식을 축적하기 위한 독서, 교양을 쌓기 위한 고전 독서 등과 같이 어떠한 목적을 두는 독서는 결코 재미있을 리 없다. 그러나 독서를 즐거움으로 시작한 사람은 이러한 목적 독서에도 충분히 성과를 올릴 수 있는데 이는 책 읽기가 친근하고 자신감이 넘치기 때문이다.

과학적 근거로도 즐기는 독서가 목적 독서에 폭넓은 밑바탕이 됨을 알 수 있다. 기억은 뇌의 신경세포에 저장되는데 이들 신경세포는 시냅스라는 연결고리를 통해 서로 연결되어 있다. 하나의 기억 패턴은 시냅스로 연결되어 있는 여러 개의 신경세포들에 저장되어 있고 이들 신경세포는 또 다른 기억 패턴의 신경세포들과 복잡한 네트워크를 구성한다.

따라서 어떤 정보를 기억해내면 이 정보와 관련된 다른 정보의 신경세포들도 활성화된다. 또한 어떤 정보를 기억해내는 데에는 이 정보와 연관된 다른 정보들을 기억해내는 것으로 기억 가능성이 열린다. 결국 즐겁게 책을 많이 읽은 사람은 목적 독서에서도 탁월한 성과를 얻을 수 있게 되는 것이다.

우리 자신의 목적을 달성하기 위한 독서를 대비하기 위해서라도 흥미 있는 책부터 읽기 시작하여 책 읽는 일이 즐겁다는 생각이 저절로 우러나올 수 있도록 노력해야 한다.

독서는 호기심이다

프로이드는 호기심을 식욕이나 성욕과 같이 누구나 지니고 있는 근본적인 욕구로 여겼으며 이러한 욕구가 억제되거나 충족되지 못할수록 더 활성화된다고 보았다. 우리는 새롭고 도전적인 상황에서 불안과 호기심을 함께 느끼게 된다. 불안과 호기심의 강도는 새로운 자극의 네 가지 속성, 즉 새로움, 복잡성, 불확실성, 모순성에 비례한다.

새로운 자극이 불안으로 작용하느냐 혹은 호기심으로 작용하느냐는 자신의 통제 가능 범위에 따라 결정된다. 자극 수준이 낮을 경우에는 불안이나 호기심이 촉발되지 않으며 자극 수준이 적당한 경우에는 자신의 통제 범위 안에 있으므로 호기심이 생겨나면서 약간의 불안감이 동반된다. 자극 수준이 높아서 자신의 통제 범위를 넘어서 버리면 불안감이 호기심을 압도하여 회피적인 행동을 하게 된다.

우리가 책을 읽는 것은 호기심을 채우기 위해서이다. 읽을 책을 고르는 방법에는 선배나 친구로부터 소개를 받는다든지, 인터넷의 독서클럽을 통해 알게 되어서라든지, 도서관이나 서점에서 직접 책을 들춰보는 방법 등이 있다. 책을 고를 때에 제일 우선적으로 생각하는 점은 그 책이 우리의 관심을 끄느냐, 즉 호기심을 갖게 하느냐라는 것이다. 어떤 책이 우리에게 호기심을 주기 위해서는 재미, 교양, 정보, 지식, 사상, 영성 등과 같은 우리의 관심 분야 안에 속해야 할 뿐만 아니라 우리 자신의 통제 범위 안에서 적당한 자극 수준을 가져야 한다. 우리가 통제할 수 있다는 것은 그 책을 읽고 우리가 받아들일 수 있느냐, 즉 지적 호기심을 채워줄 수 있느냐를 의미한다.

우리가 책을 읽고 싶어 하는 것은 이러한 지적 호기심을 느끼기 때문이다. 새로운 지식에 대한 인간의 호기심은 힘센 권력자들로부터 위협을 받아도 멈추지 않았다. 히틀러 시대의 나치스 선전 책임자 괴벨스는 베벨 광장에서 '반독일 정신에 대항하기 위하여'라는 허무맹랑한 주장하에 마르크스, 프로이드, 하이네, 볼테르, 스피노자, 레마르크, 하인리히 만, 아인슈타인 등 쟁쟁한 인물들의 저서를 쌓아 불을 질렀다. 그러나 나치스 권력은 사람들의 지적 호기심을 잠재우지 못하고 오히려 몰락해버렸다. 지적 호기심을 막는 것은 인간의 본성을 탄압하려는 것이니 이는 애초부터 불가능한 일이다.

권위주의가 지적 호기심을 힘으로 누르는 것이 인간 본성에 역행하는 것이라면 감각적 쾌락 생활에 빠져서 독서를 멀리하여 지적 호기심을 충족시키지 않는 것도 마찬가지로 우리의 본성을 거스르는 일이다. 따라서 독서를 게을리하여 우리의 지적 호기심을 불러일으키지 못하는 것은 권위주의가 멸망하듯이 우리 스스로 성장하지 못하고 자멸할 우려를 내포하고 있다.

동물도 어느 정도 호기심을 가지고는 있지만 비판적이고 창조적인 사고 활동을 위한 지적 호기심은 오로지 인간만이 보유하고 있다. 인간의 뇌는 맨 안쪽에 파충류의 뇌, 중간에 포유류의 뇌, 제일 바깥쪽에 고등영장류에게서 발견되는 대뇌피질 등으로 이루어져 있다. 책을 멀리하고 지적 호기심을 소홀히 할수록 우리의 뇌는 대뇌피질 기능보다 동물의 뇌 기능이 더욱 강해진다. 즉, 지적으로 퇴화하면서 인간다움에서 점점 멀어지는 것이다. 동물 뇌 기능의 특징은 편견, 자기중심적 사고, 고정관념, 조급한 일반화 등과 같은 것이다.

인간은 감각적인 쾌락에 만족하지 않고 항상 새로운 것에 호기심을 갖고 관찰하여 새로운 방향을 모색해왔다. 이러한 호기심이야말로 인간의 문화, 문명, 기술, 제도 등을 오늘날처럼 꽃피우게 한 핵심요소이다.

지적 호기심은 훈련으로 길러질 수 있고 습관에 의해 몸에 밴다. 한 권의 책이 하나의 호기심을 만들어내고 그로 인해 또 다른 책을 읽게 되어 점점 더 지적 호기심을 키움에 따라 우리는 자신의 내면을 성숙시킬 수 있는 것이다.

독서는 만남이다

우주는 무한대의 만물(萬物)로 이루어져 있다. 이러한 만물들에는 감각적으로 느낄 수 있는 사물들과 머릿속으로만 상상할 수 있는 개념들로 나누어진다. 사물과 개념을 데이터베이스에서 말하는 하나의 개체(엔티티)로 나타내려 한다면 이 세상의 모든 컴퓨터의 메모리 저장 용량을 동원한다고 해도 우주의 모든 개체의 단순한 이름마저도 수용하기 곤란할 것이다. 인간의 언어로 표현할 수 없는 개체들까지 포함하려 한다면 우리는 생각만으로도 숨통이 턱턱 막혀버릴 지경에 놓이게 된다.

우리가 매일 일상생활에서 만날 수 있는 개체들은 제한적이다. 노력하면 만날 수는 있어도 실제로는 무심코 지나쳐버리기 마련이어서 하루에 우리가 접하는 개체는 크게 줄어든다. 시인 고은의 '그 꽃'이라는 시에서 '내려갈 때 보았네. 올라갈 때 보지 못한 그 꽃'이라는 구절에서와 같이 우리들은 호기심을 가지고 쳐다보지 않는 한 볼 수 없는 개체들이 너무나도 많다.

우리가 만나는 감각적인 개체는 그 특성에 따라 사물, 동물, 사람 등으로 구분되는데 이들과의 만남은 직접적으로 이루어질 수도 있고 간접적으로도 성사될 수 있다. 직접적인 만남은 시간과 공간의 제약으로 인해 한정적이기 마련이다. 에베레스트 산 정상과 직접적인 만남을 위해 그 산을 오르는 일은 전문 산악인이 아니고서는 생각할 수도 없는 일이다. 따라서 우리들은 감각적인 개체라고 해도 간접적으로 접할 수밖에 없는 환경에 놓여 있다.

간접적으로 만날 수 있는 길은 사람들과의 대화, 영화, TV, 인터넷, 독서 등이 있다. 간접적 경험을 제공해주는 이러한 매체들 중에서 사람들은 독서를 제일 어려워하며 꺼려한다. 이는 독서가 다른 매체들과 달리 기호화된 글자로 표현되어 있기 때문이다. 사람들과의 대화도 말이라고 하는 언어로 기호화되어 있지만 눈으로 보는 시각보다 귀로 듣는 청각이 더 이해하기 용이하고 집중력도 쉽게 높일 수 있다. 인터넷에서도 글자로 기호화되어 있긴 하지만 대화체로 구성되어 있고 다루는 내용의 깊이도 책보다 훨씬 낮기에 우리들이 읽어 소화하기에 큰 어려움을 느끼지 않는다.

그렇다면 독서의 장점은 없는 것일까? 독서는 다른 매체들과 달리 저자와의 깊이 있는 공감대를 형성하며 책 속의 모든 개체를 만남에 따라 우리들은 책 내용과 함께 각각의 개체에 대해 우리 뇌 속에서 깊이 있고 반복적인 생각을 하게 된다. 이러한 과정을 통해 우리의 생각을 정리하게 되고 새로운 생각으로 확산시킬 수 있게 된다.

어떤 책이든 그 책을 만든 저자는 수많은 고민을 해야 한다. 저자는 집필을 준비하면서 각종 자료를 모아야 하고 자신의 지식과 다른 사람의 지식을 아우르는 과정도 거쳐야 한다. 저자 자신의 가치관과 맞지 않거나 내용의 흐름상 불필요한 것들은 잘라내야 하고 꼭 필요한 부분은 덧붙여야 한다. 책 한 권을 완성하는 과정은 저자의 삶을 책 속에 녹여내는 어렵고도 힘이 드는 작업이다.

그러므로 책을 읽는다는 것은 저자가 설명해놓은 이 세상의 개체들을 간접적으로 접하는 행위이다. 아인슈타인의 상대성이론을 읽고서 우리는 우주라는 하나의 개체를 생각하게 되고 이어서 우주 속에 포함되어 있는 수많은 개체들의 개념뿐만 아니라 이들 사이의 상호작용 등도 책으로부터 배울 수 있게 된다. 공자의 『논어』를 읽고서 인(仁), 의(義), 예(禮), 지(智)의 개념과 함께 이를 실현하기 위한 방법론 등에 관해 이해할 수 있게 된다. 책을 읽으면 이와 같이 우주의 만물을 만날 수 있고 저자를 포함한 많은 지식인의 정신세계를 접할 수 있다.

책은 시공간을 초월할 수 있는 매체일 뿐만 아니라 책의 저자가 동시에 여러 사람을 만날 수 있도록 해준다. 워런 버핏(Warren Buffett)

을 개인적으로 만나서 그의 투자 노하우를 듣고자 한다면 시간과 경비가 많이 들어가야 할 뿐만 아니라 설사 만날 수 있다고 해도 짧은 시간 안에 배울 수 있는 범위도 한계가 있다. 그러나 책은 저자와 개인적으로 만나지 않아도 그의 지식, 정신, 사상, 경험 등을 접할 수 있다. 우리는 책을 통해 당장이라도 앨빈 토플러의 강의를 들을 수 있고 빌 게이츠로부터 컴퓨터와 인터넷의 미래에 대한 이야기를 들을 수 있으며, 헤르만 헤세에게 문학 강의를 들을 수 있다.

어떠한 분야든지 최고의 전문가를 만나서 무엇이든지 물어볼 수 있다면 우리는 책을 읽을 필요가 없다. 그런데 현재 살아 있는 전문가들보다 이미 이 세상에 존재하지 않는 지식인이나 사상가들이 더 많다. 이런 사람들은 그 어떤 시간과 경비가 많아도 만날 수 없다. 오로지 책을 통해서만 역사 속의 수많은 현자들을 만날 수 있는 것이다. 책 읽기를 통한 전문가들과의 만남은 이들을 직접 만나는 것과 비교할 수 없을 정도로 경제적이다. 또한 시간의 제약 없이 그들의 지식과 경험 등을 깊이 있게 받아들일 수 있다.

단순히 정보 수집을 위해 책을 읽는 것은 책 읽기의 진정한 가치를 이해하지 못하는 것이다. 진정한 책 읽기는 저자의 지식뿐만 아니라 사상과 가치관 등을 비롯한 그의 삶과 만나는 것이다. 간단한 정보 수집은 주변 사람들에게 직접 혹은 간접적으로 물어보거나 인터넷 검색만으로도 충분하다.

책을 읽는 것은 그 안에 서술되어 있는 지식과 사상뿐만 아니라 전문가들과의 만남이다. 책으로 만날 수 있는 사람은 저자는 물론이고 책에서 인용되었거나 글쓰기에 영향을 미친 사람들까지 포함된다. 책 한 권이 저술되기까지는 수백 권의 책이 필요하기도 한다. 앨

빈 토플러는 『미래 쇼크』에서 359권, 『제3의 물결』에서 534권, 『권력이동』에서 580권의 책을 인용했다고 한다. 직접적으로 인용한 책뿐만 아니라 저자의 생각에 영향을 미친 책까지 포함한다면 이 숫자는 어마어마하게 커질 것이다. 톨스토이는 『전쟁과 평화』라는 소설을 짓는 데 작은 도서관 하나에 맞먹는 책들이 필요했다고 한다.

이와 같이 한 권의 책 속에는 또 다른 책, 그 책의 저자, 등장인물들이 서로 어우러져 있다. 책 한 권을 읽는 것은 시간과 공간을 초월하여 그들을 만나는 일이다. 삶 속의 여러 가지를 고민하고 해결한 그들의 자취를 책을 통해 만나봄으로써 우리들은 삶의 본질이 무엇이고 매 순간순간에 무엇을 추구해야 하며 어떻게 살아야 하는지를 배울 수 있는 것이다.

독서는 소통이다

채석용은 그의 저서 『나를 성장시키는 독서법』에서 독서는 '소통하기'라고 서술했다. 소통하기는 두 종류, 즉 책과의 소통과 세상과의 소통으로 나눠진다. 책과의 소통이란 책의 내용 및 책의 저자와의 소통을 의미한다. 독서를 하면서 책의 내용을 이해하여 받아들이려고 낑낑대는 일은 그만두어야 한다. 책의 내용이 무조건 옳은 것들로만 구성되어 있는 것은 아니기 때문이다.

몇 번의 수정본이 출판된 전문서적은 다른 독자들로부터 많은 검증을 받아온 터라 그다지 내용상의 오류가 없을 수 있지만 저자의 의견, 사상, 지식, 감성 등으로 이루어져 있는 책들은 시맨틱스(semantics)

오류는 없을지라도 그의 생각과 독자의 생각에 많은 차이점이 있을 수 있는 것이다. 특히 유명작가의 책을 읽을 때에 저자의 생각에 의문점이 생기면 자신이 잘못이려니 하는 약한 모습은 그만두어야 할 독서태도이다.

책 읽기는 소통의 작업이라는 측면에서 인간관계와 동일한 행위이다. 사람과 사람이 만나면서 한쪽 사람이 일방적으로 말하고 다른 한쪽 사람은 수동적으로 듣기만 한다면 이들 사이는 진정한 관계라고 볼 수 없다. 상대방의 의견과 다를 경우에는 자신의 의견을 그 사람에게 표현할 수 있어야 한다.

책 읽기도 인관관계와 마찬가지이다. 저자가 전해주는 지식과 지혜에 감명을 받았다면 이에 대해서는 열광적으로 감사해야 한다. 그러나 책 내용이 자신의 의견과 다를 시에는 고개만 갸우뚱하지 말고 저자에게 도발적인 질문을 스스로 던져야 한다. 말도 안 되는 내용으로 독자를 기만했다는 비판을 밖으로 내던져야 한다.

돈 내고 본 극장 영화가 재미도 없고 내용도 없을 때에 우리들은 시나리오 작가나 감독이나 배우들에게 험한 말을 할 수 있다. 비싼 돈 주고 시간 내어 극장에 가서 본 영화에 아무런 재미를 못 느끼면 자신이 속았다는 자괴감마저 들 때도 있다.

책을 읽으면서 도대체 무슨 말을 하려 하는지, 누구나 다 아는 이야기를 늘어놓는다든지, 자신의 주장은 옳은 것이라든지 등을 느낀다면 그 순간에 책을 접고 다시는 그 저자의 책을 구매하지 말도록 해야 한다. 그뿐만 아니라 저자의 잘못과 오만함을 다른 사람들에게 알려줘야 한다.

대신에 저자와의 소통을 통해 자신의 의문점이 풀릴 경우에는 그 책의 내용에 열광하며 감사해야 한다. 박학다식하지만 겸허한 마음으로 진솔하게 글을 쓴 저자에게는 감동의 박수를 보내야 한다. 이러한 행위들이 책 저자와의 소통을 위한 진정한 독서법에 속한다.

독서로 소통하기의 나머지 하나는 세상과의 소통이다. 책을 읽고서 감동을 받았다면 세상에 드러내놓고 다른 독자들과 이야기를 나눔으로써 자신이 느낀 감동의 진면목과 자신이 품은 의문의 어리석음 혹은 현명함을 깨달을 수 있게 된다.

책을 읽고서 세상과 소통을 하지 않는다면 그것은 진정한 독서를 수행한 것이 아니다. 책과의 소통 과정이 충실히 진행되어야만 세상과의 소통이 자연스럽게 뒤따른다. 책 읽기를 통해 세상과 소통하는 능동적인 독서가 습관화된다면 우리는 최고의 조언가가 항상 곁에 있다는 느낌을 받게 될 것이다. 책에게 묻고 책을 통해 조언을 받는 소통의 책 읽기를 즐거움으로 삼는다면 세상에서 부딪치는 그 어떤 일도 두렵지 않게 된다.

조선시대 율곡 이이는 독서란 실천이라고 말했다. 실천하기 위해서는 세상과의 소통이 우선적으로 이루어져야 한다. 그는 독서할 때에 마음과 뜻을 한데 모아 골똘히 생각하고 푹 젖도록 읽어서 저자가 말하는 의미를 깊이 모색해야 한다고 말했다. 또한 만약 입으로만 읽고 몸에 체득하여 직접 실천하지 않는다면 독서는 독서이고 자신은 자신일 뿐 아무런 이득이 없다는 것이다.

책 읽기를 통해 책과의 소통을 이룩하고 이를 통해 자연스럽게 세상과의 소통이 이어져야 한다. 마음을 다해 열성적으로 책을 읽는다면 옛 성현들이 그러했듯이 우리들도 독서를 통한 소통의 즐거움을 마음껏 누릴 수 있을 것이다.

독서는 멘토이다

인간은 자신의 목표를 달성하고 싶어 하는 욕구를 가지고 태어난다. 뚜렷한 목표가 없는 사람은 결코 행복한 삶을 영위할 수 없다. 인생에서 성공하기 위해서는 자신이 세운 여러 가지 목표를 차근차근 달성할 수 있어야 한다. 목표달성이라 함은 자신의 출발점에서 자신이 원하는 목표점에 성공적으로 도착하는 것이다.

그런데 실제적으로 목표 달성은 쉬운 일이 아니다. 목표점에 도달하기 위해서는 우선 계획을 수립해야 하고 그 계획에 맞게 갖가지 활동(activity)을 수행해야 한다. 이러한 활동들을 수행함에 있어 생각하지도 못한 어려움에 부닥칠 수도 있고 실패에 대한 불안감으로 중도에 포기하고 싶은 마음이 생겨나기도 한다. 목표점에 도달하는 과정에서 여러 가지 어려움이 닥칠 때에 우리들은 주변 곳곳에 멘토가 있기를 바란다.

그러나 주변 사람들이 자신의 모든 문제를 해결해줄 수도 없고 설사 해결해줄 수 있다고 해도 솔직하게 자신의 문제를 주변 사람들에게 털어놓기도 곤란한 경우가 발생한다. 이러한 상황에서 가장 좋은 멘토는 바로 독서이다. 이 세상에서 책만큼 친절하고 훌륭한 멘토는 없다. 책을 통해서 만나지 못할 사람은 없다. 과거의 지식인, 지혜인, 전문가 등뿐만 아니라 현존하는 수많은 사람들을 책 속에서 멘토로 만나볼 수 있는 것이다. 책 속의 인물들은 시간과 장소에 상관없이 우리가 만나고 싶으면 언제든지 만날 수 있으며 항상 필요한 것 이상으로 말해준다.

책은 우리들에게 조언을 주는 순간을 늘 기다리고 있다. 그러나 사람들은 그러한 책들을 만나려 하지 않는다. 우리가 마음을 열고 책을 대하면 책도 마찬가지로 우리들에게 따뜻한 멘토가 되어준다. 책 속에 지식이 있고 지혜가 있으며 깨달음이 있다. 독서를 통해 훌륭한 멘토들의 노력을 효율적으로 얻을 수 있다. 사람들은 이러한 사실들을 알고 있다. 무엇보다도 중요한 것은 바로 이를 실천하는 일이다.

게리 해멀은 그의 저서 『꿀벌과 게릴라』에서 "책을 읽지 않는 사람은 평생을 똑같은 수준으로 부지런히 꿀벌처럼 일할 수는 있지만 게릴라처럼 갑자기 출세하거나 사업에 성공하지 못한다. 평소에 꾸준히 책을 읽어야 놀라운 지식과 능력, 그리고 자신감을 얻음으로써 혁명적인 두각을 나타낼 수 있다."라고 말했다.

우리들이 세운 목표를 달성함에 있어 어려운 문제에 봉착할 때에 우리는 책 속의 수많은 멘토들로부터 도움을 받을 수 있다. 그러나 책 속의 멘토들을 만나기 위해서는 평소부터 가깝게 지내고 있어야 한다. 이를 위해서 우리들은 꾸준히 독서에 임해야 한다. 책 읽기도 구체적인 목표를 세우고 실행해야 한다. 책 속의 멘토들은 크게 세 가지 계층, 즉 지식, 지혜, 깨달음 등으로 이루어진다. 우리의 삶 속에서 책 속의 멘토를 만나기 위해서는 어느 책에 어느 멘토가 존재하고 있는지를 알고 있어야 한다. 이를 위해서는 평소 늘 책과 가까이 지내야 하는 것이다.

방송인 김국진은 '남자의 자격'이라는 프로에서 자신의 삶이 롤러코스터와 같다고 했다. 처음 시작할 때에는 출세하리라는 기대 속에서 온갖 어려움을 이겨내려 하지만 롤러코스터의 부분 정점에 오르기가 쉽지만은 않다. 간신히 부분 정점에 올라서서 주위 사람들로부터 부러움을 받지만 그것도 잠시인 것이다. 기쁨이 채 끝나기도 전에 우리의 롤러코스터는 순식간에 바닥을 향해 급격히 돌진하고 만다. 온갖 고초를 겪고 바닥에서 다시 정점을 향해 오르지만 그 지점에서 다시 우리의 롤러코스터는 또 다른 바닥을 향해 밑으로 돌진한다. 인생은 이와 같다. 우리는 이러한 인생의 오르고 내림에 온 정신을 빼앗겨버린다.

이때 필요한 것이 바로 나침반이다. 추락하든 상승하든지 나침반을 가지고 있어야 우리 자신의 위치를 알 수 있으며 당황하거나 놀라지 않게 된다. 인생의 롤러코스터에서도 나침반을 가지고 있으면 크게 걱정하지 않게 된다. 남들이 중요한 결정을 내리지 못하고 당황할 때에도 나침반을 가진 사람들은 이미 그 위기를 예측하고 적극적으로 대비할 능력을 갖게 된다. 우리의 나침반이 바로 책 속의 멘토인 것이다.

우리가 기업 경영의 전문가가 되고자 한다면 피터 드러커를 비롯한 명망 있는 관련 전문가들의 전략을 배울 필요가 있다. 이 사람들을 만나서 배우는 데에는 엄청난 시간과 비용이 들 것이다. 그러나 실제적으로는 만나기 위해 아무리 많은 투자를 한다고 해도 그 사람들이 우리를 만나준다는 보장이 없다. 더군다나 피터 드러커는 이미 이 세상 사람이 아니다. 『경영의 실제』라는 책 속에서는 언제라도 강의할 준비가 되어 있는 피터 드러커를 만날 수 있다. 책을 통한 컨설팅 비용은 거의 무료에 가깝다. 우리는 아주 적은 돈과 시간만 투자하면 그만이다.

책을 통해 만나지 못할 멘토는 없다. 책 속에서 그들이 말하는 지식과 지혜를 바탕으로 우리는 목표 달성 과정에서 부딪치게 되는 온갖 어려움을 극복해나감으로써 무사히 성공 지점에 도달할 수 있다. 최소한의 시간과 경비로 시공간을 초월하여 우리들의 멘토를 만날 수 있는 것이 바로 독서의 매력이다.

독서는 투자이다

사람은 크게 육체와 정신으로 이루어져 있다. 육체를 보존하기 위해서 우리는 음식물을 섭취해야 한다. 음식은 우리에게 활동 에너지를 제공할 뿐만 아니라 건강 유지에 필요한 각종 영양소를 공급해준다. 현재의 육체에 음식물을 투자하지 않으면 미래에는 뼈, 장기, 피부, 감각기관 등의 기능이 저하될 수 있고 면역력이 약화되어 각종 질병에 시달릴 우려가 있다. 어린아이가 먹는 음식은 몸의 발육뿐만 아니라 뇌기능의 성장에도 커다란 영향을 미친다는 것을 알고 있기에 부모들은 아이들에게 편식을 삼가고 음식을 골고루 먹으라며 매일 잔소리를 늘어놓는다.

우리의 정신을 보존하고 성장시키기 위해서는 어떠한 투자를 해야 하는가? 정신 성장을 위해서는 교육이 요구된다. 교육은 자율적 교육과 타율적 교육으로 나누어진다. 또한 교육은 경험 교육과 지식 교육으로 구분된다. 인간이 태어나서 맨 처음으로 갖는 교육이 바로 자율적 경험 교육이다. 인간은 오감을 감지할 수 있는 지각력과 이해력 및 판단력 등의 뇌기능을 가지고 태어난다. 아이는 자신의 오감으로 주변 환경을 지각하고 판단하여 거기에 맞는 행동을 익혀간다. 갓난아기가 걸음을 걷기까지, 위험물을 알아보기까지, 사람을 알아보기까지 수많은 시행착오를 겪으며 정신기능을 확장해 가는데 이들은 자율적 경험교육을 실행하는 것이다.

어린아이가 말을 배우기 시작하면서부터 뇌 기능이 급속도로 활발해지고 이에 따라 경험 교육 및 지식 교육과 함께 자율적 및 타율적 교육을 받기 시작한다. 이때부터 자신의 아이를 영리하게 키우겠다는 부모의 욕심이 행동으로 옮겨진다. 아이에게 말을 시켜가며 새로운 단어를 습득시킨다. 아이가 세 살이 되고 나면 그림책을 보여주기 시작하고 글자를 가르치며 책 읽기를 배워준다. 아이가 글자를 깨우치고 책을 읽을 수 있다고 해도 책보다 장난감이나 게임을 더 좋아할 수 있다. 이때부터는 TV가 우리 아이들의 정신 기능 매체로 서서히 등장하기 시작한다.

그러나 아이의 장래를 위해서는 책 읽기 교육에 투자해야 한다. 책 읽기는 자율적 교육에 해당하므로 책 읽기를 좋아하는 어린아이는 학교에 입학하고서도 스스로 학습할 수 있는 능력을 가지게 된다. 책 읽기는 어린아이가 직접 경험으로 얻을 수 없는 수많은 지식을 얻을 수 있게 되어 돈으로도 살 수 없는 호기심을 길러줌에 따라 꼬리에 꼬리를 무는 식으로 책 읽기에 열중하게 만든다.

어린 시절의 영양소 섭취는 미래의 자신으로 하여금 건강하고 활발한 육체를 갖게 해준다. 마찬가지로 어린 시절의 독서는 미래의 자신으로 하여금 쾌활하고 활동적인 정신 능력을 갖도록 해준다. 독서가 마음의 양식이라고 하는 것은 바로 이와 같은 이유에서이다. 어린 시절의 독서의 양과 질은 훗날 인생의 방향과 삶의 질을 결정한다. 독서는 자율적 지식 교육이므로 별도의 가르침이 필요 없이 스스로 외부의 지식을 받아들이는 과정이다.

호기심이 왕성한 시기의 아이들은 책 내용을 빠른 속도로 받아들인다. 일부러 타율적으로 책 내용을 가르칠 필요 없이 그냥 책 읽을 기회만 주면 된다. 읽고 싶다는 책을 사주고 책 읽을 시간과 장소를 마련해주며 책 내용에 대해 서로 이야기를 나눔으로써 독서의 즐거움을 더해주면 되는 것이다. 어린아이 때의 독서는 잠재성을 극대화시킬 수 있는 도구로서 이후의 인생을 결정하는 바로미터 역할을 한다. 자녀들의 인생에 대한 가장 높은 투자 수익률을 확실하게 보장하는 것이 바로 독서인 셈이다.

그렇다면 뇌 기능이 이미 성장해버린 성인에게 독서는 어떠한 효과가 있는 것인가? 독서는 성인에게도 투자의 대상이 되는 것일까? 책 읽기가 우리들의 삶에 있어서 도움이 된다는 사실을 부인할 사람은 아무도 없다. 그러나 독서의 투자 수익률을 정량화하기란 쉽지 않다. 대부분의 사람은 바쁜 일상 중에 책 읽는 시간을 내는 것이 쉽지 않다. 설사 여유 시간이 있다고 해도 책을 손에 잡기란 결코 쉬운 일이 아니다.

책 읽기에서는 겉으로 확연히 보이는 선형적 효과를 기대할 수 없다. 즉, 한 권 읽으면 얼마의 효과가 있고 이러한 과정을 몇 번 반복하면 독서량에 비례하여 얼마의 효과가 발생한다는 식의 투명성을 보장할 수 없다. 사람들은 이와 같이 독서 투자 효과를 짧은 시간 내에 눈으로 직접 만나볼 수 없기에 책을 가까이하지 않는 것이다.

책 읽기의 효과는 당장 나타나는 것이 아니라 일생을 통해 꾸준히 발현한다. 책 읽기는 단 몇 권만으로는 효과를 기대할 수 없다. 적어도 관련 분야 책들을 오랜 기간에 걸쳐 섭렵해야 어느 정도의 투자 수익을 기대해볼 수 있는 것이다. 이러한 책 읽기 습관은 훗날의 경쟁력을 보장받을 수 있다. 젊은 시절의 책 읽기를 통해 높은 투자 수익률을 거둔 사람들로 에디슨, 워런 버핏, 빌 게이츠 등을 들 수 있다.

초등학교에 입학한 지 석 달 만에 열등생이라는 꼬리표를 달고 쫓겨난 에디슨은 그의 어머니로부터 '책 읽기 교육'을 받은 덕분으로 책을 빠르게, 그리고 많이 읽는 법을 익히게 되었다. 어린 에디슨은 쉬는 시간이면 디트로이트 시립도서관을 찾아가서 책꽂이 맨 아래단 왼쪽의 책부터 맨 윗줄 오른쪽 책까지 순서대로 읽었다고 한다. 이 시기에 에디슨은 앤드류 유레의 『기술, 제조업, 광업의 사전』을 읽고 '인간에게 꼭 필요한 발명품을 만드는 발명가'가 될 것을 결심했다. 그는 뭔가를 발견해내고 싶을 때면 먼저 책을 찾아서 과거에 누군가가 쓴 모든 것을 샅샅이 뒤졌다. 그가 세계 최초로 공업용 실험실을 세우고 1,093개의 특허를 얻어 세계 기록을 보유할 수 있는 능력을 발휘한 에너지는 바로 이와 같이 책을 늘 가까이했던 습관 때문이었던 것이다.

워런 버핏은 어려서부터 신문과 책을 손에서 놓지 않는 책벌레였다. 11살의 어린 나이에 그는 주식투자를 목적으로 경제신문을 읽었으며 경제용어를 이해하기 위해 경제서적을 뒤졌다. 방대한 그의 독서량으로 대학 시절 내내 시험 걱정 없이 지낼 수 있었을 뿐만 아니라 문서 정보를 늘 가까이하는 습관이 배게 되었다. 이러한 독서 투자 덕분으로 그는 1956년 100달러짜리 주식투자로 현재 미국 최고 갑부가 될 수 있었던 것이다. 그는 경제신문인 월스트리트저널, 파이낸셜타임스, 워싱턴타임스, 뉴욕타임스 등을 매일 빠짐없이 읽는다고 한다. 책 읽기로 얻은 정확한 판단력, 정보 분석능력 등이 누구도 도달하지 못한 높은 투자수익을 그에게 제공한 것이다.

빌게이츠는 어렸을 때 백과사전을 A부터 Z까지 읽은 것으로 유명하다. 그는 지금도 일 년에 몇 번씩 책 읽기와 사색을 위해 '생각 주간(think week)'을 보낸다. 이 기간에 그는 그의 별장에 들어가 외부 사람과의 접촉을 끊고 책 읽기와 사색을 통해 새로운 사업 아이디어를 얻는다. 그는 책 읽기의 가치를 '오늘의 나를 있게 한 것은 우리 마을의 도서관이었다. 하버드 졸업장보다 내게 더 소중한 것은 바로 책 읽는 습관이다.'라는 말로 표현하였다.

독서는 자라나는 아이들에게뿐만 아니라 어른들에게도 잠재적 수익이 제일 높은 매력 있는 투자이다. 독서 투자는 미래의 수익창출뿐만 아니라 현재의 즐거움을 제공해준다. 하루하루 즐기면서 미래 투자를 함에 있어 독서를 따라올 그 어떤 것도 이 세상에는 존재하지 않는다.

독서 공간

아무리 주거공간이 협소해도 수험생들에게는 공부방이 주어지지만 대학교에 입학만 하면 그 공부방은 그냥 자는 방으로 바뀌어버린다. 공부할 때는 집중할 수 있도록 주변이 조용해야 하므로 별도의 공부 공간이 필요하다는 것에 대체적으로 수긍한다.

그러나 책을 읽기 위한 공간, 즉 서재의 필요성은 얼마나 인식되고 있을까? 서재라고 하면 식구마다 방이 각각 주어지고 옷 방이 따로 구비된 후에나 고려의 대상에 넣어진다. 집값이 천정부지인 오늘날에는 옷 방은커녕 주거 공간 갖추기도 여간 어려운 일이 아니다.

이러니 서재는 돈 많은 부자들이나 고매한 대학교수들이 차지할 수 있는 공간으로만 인식되고 있다. 이런 사람들뿐만 아니라 책 읽기를 좋아하는 일반 대중들도 서재가 필요한 것은 마찬가지이다. 독일의 사제이며 신비사상가인 토마스 아 켐피스(1380~1471)의 '내가 이 세상 도처에서 쉴 곳을 찾아보았으나 책이 있는 구석방보다 나은 곳은 없더라.'라는 말이 서재를 갖고 싶어 하는 끝없는 우리들의 욕망을 대변하고 있다.

조선 중기 학자 장현광(1554~1637)은 자연에 초가집을 지어 가운데 대청을 두고 좌우에는 방을 마련하였는데 각 방에 수백 권의 책을 보관하고 독서의 즐거움을 만끽했다. 그는 개인적 즐거움을 누릴 공간을 마련할 여력도 갖지 못했을 뿐만 아니라 그런 의지나 욕심 역시 보이지 않았다. 그리고 세상의 번잡함과 부귀영화를 버리고 오로지 책 속의 성현들을 스승과 벗으로 삼으며 독서에만 몰두하며 살았다. 그 결과 그는 역학의 깊은 체계를 세울 수 있었고 이황의 문인들 사이에서도 학문적 입지를 확고하게 가질 수 있었다. 이 외에도 조선의 유학자들은 따로 자연 속에 서재를 마련하여 자신만의 독서 공간을 확보하여 그 공간을 학문과 자기 수양의 산실로 삼았다.

오늘날에는 자연에 서재를 위한 집을 짓는 일이 경제적으로 돈이 많이 들고 집에서 멀리 떨어져 있을 경우 교통이 불편하여 바쁜 일상생활 속에 독서를 편입시킬 수 없게 되어버린다. 독서 공간은 서재처럼 넓지 않아도 상관없다. 책 펼칠 자그만 탁자와 그 앞에 앉을 자리만 있어도 독서 공간으로 충분하다. 일반적으로 거실에는 책장과 함께 TV와 컴퓨터가 있어서 탁자 놓을 만한 곳이 마땅히 없다. 그리고 거실은 식구들의 공유공간이므로 개인용 탁자를 두는 것은 바람직하지 않다.

독서 공간은 방 안의 구석자리에 마련하는 것이 바람직하다. 구석 자리가 없으면 방 안의 통로라도 상관없다. 방 안의 통로라고 해도 부딪칠 사람을 만날 일도 없고 단지 지나다닐 때 조심만 하면 되므로 자그만 탁자 하나 놓는 데에는 아무런 지장이 없다. 데스크 탑 컴퓨터는 책상 공간을 많이 차지하므로 노트북을 독서 탁자 위에 두면 옛 선비의 문방사우(文房四友)와 자전(字典)에 비할 바 없을 것이다.

이렇게 우리 자신을 위한 독서 공간이 필요한 이유는 무엇인가? 선비들이 현실의 공간을 떠나 자연 속에 서재를 짓거나 현실에서도 삶의 공간과 따로 분리해 별채로 서재를 만든 것은 그들이 현실의 수많은 유혹으로부터 벗어나 독서에 집중할 수 있는 공간이 필요했기 때문이었다. 그런데 현대 우리들은 과거보다 훨씬 더 많은 유혹 속에서 살아가고 있다. 집 안에서 제일 큰 유혹은 TV이다. TV와 동일한 공간에 책 읽는 공간이 있다고 할 때에 과연 우리들은 다양한 TV 프로그램의 유혹을 과감히 뿌리칠 수 있을까? TV를 보면서 책 읽기란 불가능하다. 집중하기 어려워 책의 논리적 단락을 따라잡을 수 없게 된다. 따라서 현대의 우리들도 비록 작은 공간이지만 집중력 있는 독서를 가능케 하는 독서 공간이 필요한 것이다.

독서는 꼭 별도로 정해진 자신의 공간에서만 행해져야 하는 것은 아니다. 그야말로 장소불문의 독서도 가능한 것이다. 프랑스의 철학자 가스통 바슐라르(1884~1962)는 "저 위 하늘나라에 있다는 천국은 엄청나게 큰 도서관이 아니고 무엇이겠는가?"라고 말하며 책을 읽을 수 있는 도서관을 천국에 비유했다. 『종이책 읽기를 권함』의 저자 김무곤은 책을 읽으려고 일부러 기차를 탔다고 한다. 캔 커피

하나, 책 두 권을 들고 매주 신촌 기차역으로 갔다고 하니 그의 독서력을 가히 가늠해볼 수 있다.

책 읽는 공간으로서 공원 벤치가 있다. 뜨거운 햇볕이 내리쬐는 한여름에 높다란 플라타너스 나무 아래에 놓여 있는 벤치에 앉아 책 속의 겨울 장면을 읽다 보면 어느새 무더위는 사라지고 만다. 요즘에는 카페에서도 커피를 마셔가며 책을 읽는 사람이 눈에 띄고 책을 읽고 토론도 할 수 있는 북카페도 여기저기 많이 생겨났다.

책 읽는 공간으로 화장실이 최적이라는 사람도 있다. 미국의 소설가이며 수필가인 헨리 밀러(1891~1980)는 "나의 훌륭한 독서는 거의 화장실에서 이루어졌다."라고 말했다. 중국 당송시대의 문인 구양수(1007~1072)는 '책을 읽고자 하는 뜻이 진실하다면 그 장소야 무슨 문제겠는가?'라는 말과 함께 책 읽기에 좋은 장소로 침상, 말안장, 화장실 등 세 군데를 꼽았다.

언제부턴가 지하철 안에서 책을 읽는 사람은커녕 신문 읽는 사람의 모습도 보기 힘들다. 한때는 지하철 무가지를 열심히 읽고 있어서 독서 모습처럼 보이기도 했었다. 그러나 최근에는 대부분 사람들이 스마트폰 화면을 보거나 작은 글자판으로 뭔가 글을 적고 있다. 글이라기보다 대화 창을 열어놓고 문자를 입력하는 것이다. 그래도 가끔씩 무릎 위에 책을 펼쳐놓고 독서하는 사람을 볼 때면 어딘가 지식이 있어 보이기도 하고 교양인일 것이라 여겨져서 한 번 더 보게 된다.

책 읽은 장소는 그 책 내용과 연관되어 오랜 추억으로 남게 된다. 프랑스의 소설가 마르셀 프루스트(1871~1922)는 "자신이 읽은 책에는 그 책을 읽은 밤의 달빛이 섞여 있다."라고 말했다. 공원벤치에서, 소나무 숲에서, 강변에서, 바닷가에서, 지하철 내에서, 도서관에서, 커피 향으로 가득한 조용한 카페에서 등 어디에서 책을 읽어도 글의 줄거리와 함께 그곳에 대한 느낌이 오래 남게 될 것이다.

독서 시간

우리들은 '독서는 마음의 양식이니 책 읽는 일에 게을리하지 말아야 한다.'라는 말을 초등학생 시절부터 끊임없이 듣고 살아왔다. 학창 시절에는 수업도 있고, 숙제도 있고, 시험도 치르기 때문에 공부를 생각하지 않는 날은 하루도 없다. 그러나 책을 읽는 일이라고 해도 독서는 공부와 달랐다. 책을 읽지 않는다고 하여 선생님으로부터 꾸지람을 듣지도 않고 정기적으로 시험을 치르는 일도 없으며 단지 국어공부에 도움이 된다는 이야기가 고작이었다. 마음의 양식으로서 독서가 삶의 지혜를 준다는 사실을 알고는 있으면서도 독서 시간을 내는 일이 여간 어려운 일이 아니다.

독서 시간을 못 내는 것은 동기부여가 약하기 때문이다. 이러한 동기에는 내재적 동기와 외재적 동기가 있는데 외재적 동기는 놀이, 용돈, 칭찬 등을 받을 것을 기대하고 책을 읽는 것이고 내재적 동기는 외부로부터 어떠한 작용도 기대하지 않고 자신의 흥미, 필요성, 목표 등 때문에 스스로 책 읽기를 결정하는 것이다. 대부분의 공부는 내재적 동기 대신에 외재적 동기로 인해 수행되지만 독서는 이러한 외재적 동기마저 갖추어지지 않기 때문에 개인마다 행동으로 옮겨지는 것이 결코 쉽지 않다.

무더운 여름이 지나서 서늘한 바람이 불기 시작하고 풀벌레 소리가 들리면 라디오와 TV 방송에서는 천고마비의 계절인 가을이 왔다면서 또한 독서의 계절에 자신의 의지대로 책 한 권씩 읽자는 방송 멘트가 자주 들린다. '가을은 독서의 계절이다.'라는 말이 우리나라에서는 관용어처럼 쓰이고 있다.

그러나 가을이 독서의 계절이 될 수 있을까? 가을은 온 나라에 울긋불긋 단풍이 예쁘게 들어 등산, 여행, 나들이, 모임 등을 갖기에 아주 좋은 계절이다. 가을 주말은 다른 계절 주말보다 더 바쁘다. 결혼식뿐만 아니라 야유회, 동기회, 친목회 등의 모임으로 인해 개인 시간이 더 줄어드는데 책 읽을 시간을 어떻게 마련할 수 있겠는가?

위나라 선비 동우는 책 읽는 시간에 대해 '삼여지설(三餘之說)'을 강조했다. 밤은 낮이 남겨놓은 여분의 시간이고 비 오는 날은 맑은 날이 남겨놓은 여분의 시간이며 겨울은 한 해가 남겨놓은 여분의 시간이니 이러한 여분의 시간에는 사람들의 일이 다소간 한가하기 때문에 마음을 하나로 집중해 독서할 수 있다는 것이다.

그러나 현대인들은 밤이라고 해도 야근이다, 회식이다, 친구 약속이다 하여 여전히 바쁘긴 마찬가지이고 비 오는 날이라고 하여 일 안 하는 날이 없고 겨울이라고 해도 다른 계절이나 다를 바 전혀 없이 여전히 바쁘기만 하다. 여기에서 바쁘다는 것은 여유의 시간을 전혀 내지 못한다는 의미가 아니라 책 읽을 시간이 없다는 뜻이다. 오랜만에 한가한 시간이 만들어지기라도 하면 낮잠을 자든가, 인터넷을 즐기든가, TV를 보든가 하지 책을 읽지는 않는다. 책을 읽으려면 마음이 평안해야 할 뿐만 아니라 무척이나 지루함을 느낄 때야 하는데 그럴 기회가 한 달에 한 번이나 오기는 하는가?

조선 후기 유학자 홍길주(1786~1841)는 수여난필(睡餘瀾筆)에서 한 권의 책을 모두 읽을 만한 여유를 기다렸다가 책을 펼쳐든다면 평생토록 독서할 수 있는 날을 찾지 못할 터이니 비록 매우 바쁘더라도 한 글자를 읽을 수 있는 틈이 나면 반드시 한 글자라도 읽어야 한다고 말했다.

현대인의 하루 중에서 여분의 시간은 바로 출퇴근과 같은 짧은 시간들이다. 지하철이나 버스에서 잠을 청하지 말고, 스마트폰으로 친구와 대화하지 말고, 게임하지 말고, 그 대신에 무릎 위에 책을 펼치고 독서를 한다면 자투리 시간을 충분히 활용하여 일주일에 한 권씩이라도 책 읽을 수 있는 시간을 마련할 수 있게 된다. 출퇴근 시에 많은 승객들로 붐벼 도저히 책을 읽을 여유 공간이 생겨나지 않으면 잠자기 전에 조용히 방에 앉아 몇 페이지라도 매일 읽는다면 이 또한 독서 시간을 정기적으로 확보하는 것이다.

조선 세종대왕 때에 집현전 학사 중에서 젊고 재주가 좋은 자를 골라 관청의 공무에 종사하는 대신에 집에서 학문연구에 전념하게 한 제도가 바로 '사가독서제(賜暇讀書制)'이다. 나라에서 인위적으로 독서 시간을 주었으니 더 나은 국정 운영을 위해 독서가 그 무엇보다도 필요하다는 것을 확실히 보여주었다. 오늘날에는 대기업들이 회사원들로 하여금 복잡한 업무로부터 탈피하여 아이디어 창출과 함께 동료들과 자연스러운 토론을 할 수 있도록 공간과 시간을 제공해주고 있다. 혼자서 열심히 회사 일 한다고 하여 새로운 아이디어가 창출되는 것은 아니다. 무한경쟁 사회에서 경쟁력 있는 아이디어는 머리 싸매고 끙끙 앓면서 끄집어내는 것이 아니라 학문의 경계를 넘나드는 통섭(統攝) 사고를 거쳐 다른 사람들과의 끊임없는 토론을 통해 생산되는 것이다.

시골의사 박경철은 2000년 0시를 기해 다섯 가지, 즉 술, 담배, 골프, 유혹, 도박 등을 끊으니 책 읽고 글을 쓰는 시간을 많이 확보할 수 있게 되었다고 한다. 그는 또한 화장실, 이동하는 차 안 등의 토막시간마다 책을 펼쳐왔고 매일 200자 원고지 20~30장 분량의 글을 작성하여 매년 10월에 책 한 권씩 내는 것을 목표로 삼고 있다고 한다.

우리도 독서 시간을 챙길 수 있다. 매일매일 입시 공부에 정신없이 살았던 학창 시절을 떠올려보면 책 읽는 일이 어찌 두려울 거리가 될 수 있겠는가? 수험공부는 책을 읽기만 해서는 안 되고 읽은 내용을 늘 머릿속에 저장해두어야 한다는 생각에 얼마나 스트레스를 받았었는가? 그러나 독서에서는 그 정도까지 필요로 하지 않는다. 글의 논리적 구성을 따라가면서 지금까지 알지 못했던 사실들을 따져보고 받아들이며 작가가 전달하고자 하는 의도를 찾아내기만 하면 되므로 독서는 수험공부에 비해 훨씬 쉽고 즐거운 일인 것이다. 한 평생 수험공부 한다 생각하고 매일매일 독서 시간을 챙겨서 책 읽기에 심혈을 부쩍 기울이다 보면 우리들도 언젠가 독서가가 되어 있지 않겠는가?

독서의 목적은 행복이다

우리는 누구나 사는 목적이 있다. 삶의 목적은 개인의 내적 환경과 외적 환경에 따라 모두 다를 수밖에 없다. 자신의 내적 특질, 즉 육체적 특성과 정신적 개성에 따라 삶의 목적을 결정하기도 하고, 자신의 외적 환경, 즉 물적 자산과 인적 자산 등의 정도에 따라 삶의 목적이 견고해지기도 한다.

플라톤의 제자이며 아카데미아에서 독서가로 불린 고대 그리스 철학자 아리스토텔레스는 이렇게 다양한 인간 행위의 목적이 무엇인지에 대해 고민했다. 아리스토텔레스는 그의 저서 『니코마코스 윤리학』에서 "모든 예술과 학문 그리고 모든 행동은 선(善)을 지향한다."라고 말했다. 그는 인간이 삶의 목적을 선, 즉 '행복'에 두고 있다고 말했다. 그러나 인간의 삶의 목적인 행복은 쉽게 달성되지 않는다.

행복에 대한 철학적 주장은 크게 두 가지 입장으로 구분된다. 그 첫째는 쾌락주의적 입장으로서 행복은 개인이 주관적으로 경험하는 유쾌한 상태라는 관점이다. 행복을 쾌락주의적 관점에서 탐구하는 연구자들은 주관적 안녕, 즉 개인이 자신의 삶을 긍정적으로 경험하는 주관적인 심리상태가 곧 행복이라고 주장한다. 이들은 인간의 심리적 반응이 대부분 성격과 환경의 상호작용에 의한 것이라고 이해한다. 행복의 경우도 개인이 처해 있는 삶의 환경뿐만 아니라 그의 성격적 요인이 작용한다는 것이다.

결국 쾌락주의적 입장에서는 자신의 성격에 따라 외부 환경을 어떻게 보느냐가 행복 혹은 불행을 결정한다. 동일한 경험을 해도 누구는 낙관적으로 생각하며 행복을 느끼지만 또 다른 사람은 비관적으로 불행하다고 생각한다.

행복에 대한 두 번째 철학적 주장은 자기실현적 입장으로서 행복은 개인의 잠재적 가능성을 충분히 발현하는 것이라는 관점이다. 즉,

성격적 강점과 덕목을 충분히 계발하고 발휘함으로써 인생의 중요한 영역에서 의미 있는 삶을 구현하는 것이 바로 행복이라는 생각이다.

오랜 기간 중국문화의 골격을 이루어온 유교는 인간이 지켜야 할 기본적인 다섯 가지 덕목으로 오상(五常), 즉 인(仁), 의(義), 예(禮), 지(智), 신(信)을 강조한다. 서구 문화에서 중시하는 인간의 덕목들은 플라톤의 『국가론』에서 처음 제시된 지혜, 용기, 절제, 정의 등이다. 이러한 덕성은 누구나 타고나는 것으로서 잠재된 덕성을 발견하여 계발함으로써 행복에 이를 수 있다는 것이다.

그렇다면 독서는 인간의 행복에 어떠한 영향을 주는 것일까? 독서는 쾌락주의적 행복과 자기실현적 행복 둘 다를 실현함에 있어서 필수사항임을 명심하자. 우선 쾌락주의적 행복의 관점에서 독서는 인간의 욕구를 충족시켜 준다. 인간은 누구나 건강, 재산, 명예, 사회적 지위 등을 가지고 싶어 하는 욕구를 가지고 있다. 이러한 욕구들을 충족시키기 위해서는 독서라는 수단이 선행되어야 한다. 책을 읽지 않고서도 인간의 욕구를 만족시킬 수 있긴 하지만 오랫동안 유지할 수 없는 상황에 놓인다. 지식과 정보를 습득하여 부와 명예를 얻을 수는 있으나 진정한 독서를 통하지 않고서는 행복에 이를 수 없다.

자기실현적 행복 관점에서 독서는 인간의 보편적 덕목들을 계발하게 해줌으로써 우리를 행복으로 이끌어준다. 우리가 행복해지기 위해서는 외부 환경을 우리의 갈망에 맞게 바꾸려 노력하는 것보다 내적 덕목들을 키워서 어떠한 어렵고 고달픈 역경이라도 극복하여 마음의 평화를 가질 수 있어야 한다. 이를 위해서는 성현의 말씀인 고전을 읽고서 이해하고 성찰하여 실천해야 한다. 경전뿐만 아니라 철학적 사상, 삶의 의미, 정의, 도덕 등이 나타난 책들을 읽음으로써 자기실현적 행복을 찾을 수 있다.

긍정 정서에 초점을 맞추는 쾌락주의적 행복과 개인적 성장과 강점을 중시하는 자기실현적 행복은 독서를 통해 행복을 쟁취할 수 있다. 지금 삶이 불행하다고 생각한다면 책을 들어야 한다. 독서의 목적은 바로 행복이기 때문이다.

대화의 주제를 독서로 하자

가정, 직장, 사회 등에서 사람과 대화를 하려면 이야기 소재가 있어야 한다. 이야기 소재로는 상대방에 관한 안부, 공통 관심 사항, 주변 인물 등에 관한 내용들이 있고 때로는 정치나 종교에 관한 대화를 이어가기도 한다. 또 다른 대화 소재로는 TV 연속극, 영화, 음악 등이 있으나 독서를 대화 주제로 삼는 경우는 드문 것 같다.

그러나 사람을 만나서 진지하게 대화하기 위한 이야기 소재로서지금 읽고 있는 책, 혹은 최근에 읽은 책의 내용만큼 좋은 것은 없다. 자신이 진심으로 재미있다고 느낀 책에 대해 말해주면 된다. 책내용을 정확히 전달하려고 노력할 필요도 없이 그냥 인상 깊었던 점을 흥미롭게 전달만 하면 된다. 독서를 통해 느꼈던 감동을 다른 사람들과 공유하기 위한 노력은 책의 내용이 머릿속에 차분히 정리되게 하고 지혜로 남게 해준다.

공자는 "군자주이불비 소인비이부주(君子周而不比 小人比而不周), 즉 군자는 사람을 넓게 사귀지만 패거리를 짓지 않고 소인은 패거리를 지을 뿐 사람을 넓게 사귀지 않는다."라고 말했다. 소인은 이익을 쫓아다니다 보니 이익이 될 때는 자신의 간이라도 빼줄 듯이 가까운 관계를 유지하지만 이익이 되지 않으면 냄비처럼 열정이 식고 만다. 어제까지 평생 동지라고 외치던 사람들도 이해관계가 틀어지면 원수처럼 지내는 경우도 적지 않다. 잘못된 가치관을 가지고 끼리끼리 뭉쳐서 사회에 악을 끼치는 집단도 모두 비이부주(比而不周), 즉 패거리를 짓지만 넓게 사귀지 못하는 소인들의 심성을 가진 사람들이다.

그러나 군자는 사람을 넓게 사귀지만 패거리를 짓지 않는다. 공자가 설파한 주이불비의 정신은 수평적인 관계의 조직 구조에서 더욱 요구되는 철학이다. 농경사회나 산업사회에서는 수직적인 조직 구조였기에 주이불비 하지 않아도 크게 문제가 되지 않을 수 있었다. 그러나 수평 조직에서는 대화가 중요하다. 그래야 협조성과 창의성이 개발되어 경쟁력을 확보할 수 있기 때문이다.

만약 우리가 서로 만나서 대화를 나누는 사회가 학연, 혈연, 지연, 또는 어떤 관계에 의해서만 구성된다면 이것이야말로 패거리 집단에 해당한다. 오늘날 지식사회는 네트워크 사회이니만치 자신의 전문 분야 사람들 외에도 두루두루 인맥의 폭을 넓혀 나가야 한다. 우리의 인맥도 패거리 네트워크에서 벗어나서 폭넓게 뻗어 나가도록 다른 분야 사람들과 대화를 가져야 한다. 이를 위해서는 폭넓은 독서를 통해 여러 분야의 지식을 축적해야 한다.

독서에 관한 대화는 서로 다른 분야 사람들을 신뢰성 있게 이어주는 휴먼 네트워크 매개체의 역할을 톡톡히 한다. 독서를 좋아하는 사람은 발전하고 성장하려는 욕구가 강하기 때문에 경제적으로나 사회적으로 성공한 사람이 많다. 독서를 좋아하는 사람은 자기의 아집이나 짧은 지식과 경험 등으로 상대방에게 조언하려 하기보다는 좀 더 깊은 식견과 넓은 시야로 상황을 바라보며 응원해준다. 인생의 한 단계를 넘을 때마다 만나게 되는 새로운 도전을 스트레스나 무거운 짐으로 받아들이지 않고 대신에 다음 단계로 가기 위한 성숙의 과정으로 받아들이도록 도와준다.

독서를 싫어하는 사람은 넓은 대화의 폭을 가지지 못하기 때문에 비이부주(比而不周) 할 수밖에 없다. 책 읽기를 싫어하는 사람은 끼리끼리 패거리로 만나다가 서로를 망치기 일쑤이다. 물론 책을 읽지 않아도 큰돈을 벌어서 부자가 된 사람들도 있지만 결코 오래 유지하지 못한다.

평소에 책을 많이 읽고서 다른 사람들과의 대화를 책 내용으로 이끈다면 주이불비(周而不比)형의 사람을 만날 수 있고 그럼으로써 자신의 인맥을 한층 더 넓힐 수 있음에 따라 성공의 확률을 높일 수 있을 것이다.

03_
독서는 셀프 업그레이드

독서는 성찰이다

　성찰은 인간의 인지구조에 바탕을 두고 새로운 경험이나 지식을 평가하고 해석함으로써 새로운 이해를 이끌어내는 과정이다. 즉, 성찰은 자신의 경험과 지식을 바탕으로 획득하는 깨달음이다. 깨달음의 대상은 자기 자신이나 외부 세계일 수 있다. 자신의 과거 행실을 세밀히 뒤돌아보면서 잘못을 뉘우치는 것도 성찰이고 자신의 있는 그대로의 모습을 받아들임으로써 열등감으로부터 벗어나는 일도 성찰이다.

　성찰은 외부 세계의 개체들, 즉 우주, 자연, 환경, 동물, 사람 등에 관한 본질을 깨우치고 이 개체들 사이의 관계를 이해함으로써 삶의 지혜를 쌓아가는 것도 포함된다. 이러한 성찰은 독서를 통해 달성될 수 있다.

　대학생활 4년 동안에 무려 1만 권의 책을 읽었다고 하는 일본의 다독가 센다 타쿠야는 그의 저서 『인생에서 가장 소중한 것은 서점에 있다』에서 방대한 양의 책을 읽다 보면 독서로 쌓아온 지식이 깨달음으로 바뀌는 순간이 찾아온다고 말했다.

　김은섭은 그의 저서 『책 앞에서 머뭇거리는 당신에게』에서 '항아리 독서론'을 소개하였다. 항아리 독서론에 의하면 독서는 두뇌라는 항아리에 물을 채우는 것과 같다는 것이다. 머리를 항아리라고 하고 한 권의 독서를 한 바가지의 물이라고 할 때에 한두 바가지 부어서 항아리에 물이 가득 차지 않는 것처럼 책 몇 권 읽는다고 독서의 효력이 나타나지 않는다고 한다.

물바가지로 항아리에 물을 꾸준히 채워가다가 마지막으로 한 바가지를 들이 부으면 찰랑거리던 항아리가 흘러넘치는 순간을 맞이하게 되는데 이때가 바로 아웃풋(output), 즉 독서를 통해 그동안 쌓였던 지식이 밖으로 분출되는 순간이라는 것이다. 이 순간 항아리에서 흘러넘치는 것은 마지막에 부은 한 바가지 물이 아니라 그동안 꾸준히 쌓아왔던 크고 작은 다양한 지식이 대류현상으로 뒤섞여 밖으로 흘러넘치는 것이란다.

다산 정약용은 공부를 처음 할 때에 이해하지 못해도 나중에는 알게 되고 머리가 뛰어나지 않아도 한 번 알게 되면 쉽게 소통되고 어리석어도 꾸준히 공부하면 되므로 노력하고 또 노력해야 한다고 제자에게 가르쳤다.

독서를 통한 성찰은 어떤 느낌일까? 자신의 뇌 속에서 독립적으로 저장되어 있는 개체의 개념들이 서로 엉켜서 개개의 개체뿐만 아니라 개체들의 관계도 환하게 감지되는 그런 느낌일까? 그 끝을 찾지 못해 손대면 손댈수록 답답하게 꼬여만 갔던 실타래가 술술 풀리는 느낌일까? 명절에 꽉 막혀버린 고속도로가 갑자기 뻥 뚫려서 바람을 가르며 쌩쌩 달리는 그런 느낌일는지 모른다.

중간 강도의 운동을 30분 이상 계속하게 되면 마약과 같은 약물을 투여했을 때와 같은 느낌의 러너스 하이(runner's high)가 찾아온다고 한다. 시골의사 박경철은 독서를 통한 아웃풋의 경험을 러너스 하이로 표현하면서 선사들이 선방에서 느끼는 깨달음도 이와 같을 것이라고 말했다.

독서를 통한 성찰은 말처럼 쉬운 일이 아니다. 항아리에 물 붓는 일이나 러너스 하이는 육체적 활동인지라 우리 스스로 아웃풋이 언제 나타날지를 가늠할 수 있지만 독서는 그러하지 않다. 항아리에 마지막 물 한 바가지만 채우면 철철 넘칠 텐데 거기에서 그만 멈춰 버린다면 참으로 안타까운 일이 되고 만다. 온몸이 고통스럽고 숨이 턱턱 막힐 때에 몇 발자국만 더 뛰었더라면 러너스 하이가 찾아오는데 그만 거기에서 쉬어버린다면 이 또한 너무나도 아쉬워할 순간이다. 우리들도 독서에 정진하여 성찰의 순간을 한번 맛보아야 하지 않겠는가.

독서는 비판이다

조선 후기의 유학자 양응수(1700~1767)는 백수문집(白水文集)에서 남의 글을 볼 때에 저자가 하는 소리를 덩달아 옮겨서는 안 되고 내가 옳은 곳을 찾아서 보아야만 믿을 수가 있다고 말했다. 모름지기 침잠하고 깊이 살펴보아야 제대로 보이는 곳이 있다는 것이다. 그렇지 않으면 남이 모래로 밥을 지을 수 있다고 해도 덩달아 모래로 밥을 지을 수 있다고 말하게 된다고 서술했다.

그는 또한 의심하는 것이 공부라고 했다. 독서할 때에는 구절 따라 글자마다 보아야만 한다고 서술했다. 정밀하게 생각하지 않으면서 의심할 곳이 없다고 한다면 의심할 만한 곳이 없는 것이 아니라 이해가 부족해서 의심이 있는지조차 모르는 것뿐이라고 말했다. 독서는 의심이 없는 곳에서 의심을 만들어야 하고 의심이 있는 곳에서 의심이 없도록 만들어야 공부에 큰 발전이 있다는 것이다.

독서를 할 때에는 다소 소극적 태도인 의심을 확대하여 공격적으로 비판해야 한다. 우리는 글을 읽으면서 때로는 공감하기도 하고 때로는 반대하기도 한다. 이때 공감하는 내용이나 반대하는 내용에 대해서는 그 이유를 명료하게 제시할 수 있어야 한다. 공감이나 비판에 대한 이유와 근거를 제시하지 않는다면 올바르게 독서했다고 볼 수 없다.

글을 비판할 때에는 두 가지 차원, 즉 논리적 차원과 사상적 차원으로 구분해야 한다. 논리적 차원의 비판이라 함은 저자가 자신의 사상을 전개함에 있어 문장에 오류가 있다거나 단락의 앞뒤가 맞지 않아서 독자에게 자신의 의견을 정확히 전달하지 못함을 공격하는 것이다. 그러나 자신의 얕은 지식 때문에 이해하지 못해놓고서 저자의 논리적 표현만을 비판하는 일은 경계해야 한다. 특히 오랜 기간에 걸쳐 수많은 학자들의 비판을 통해 살아남은 선현의 글을 비판할 때에는 자신을 낮추고 겸손할 필요가 있다.

사상적 차원의 비판은 말 그대로 저자가 생각하는 바를 공격하는 일이다. 사람들은 저마다 서로 다른 세계관을 가지고 있고 이 세상의 모든 개체에 대한 의미와 가치를 서로 다르게 가질 수 있다. 그렇다고 하여 저자의 사상을 아무런 비판 없이 있는 그대로 받아들이는 것은 곤란하다. 저자의 사상적 측면과 우리 자신의 생각 흐름이 어떤 점에서 다른지, 과연 저자의 생각은 문화적·사회적·학문적 가치가 있는지, 독선적이지는 않는지 등에 관해 면밀히 분석하여 비판할 수 있어야 한다.

그러나 남의 책을 비판할 때에 감정을 앞세우면 안 된다. 저자의 글 표현이 마음이 안 든다고 저자의 생각이 잘못되었을 것이라는 선입견을 가지고 탁 꼬집어 말할 수는 없어도 어쩐지 자신의 마음에 들지 않는다는 이유로 감정적 차원에서 남의 글을 비판하는 일은 삼가야 한다. 오로지 냉철한 자세로 남의 글을 비판할 때만이 독서력이 향상될 뿐만 아니라 세상을 바라보는 눈이 넓어지고 우리 주변에 산재해 있는 문제점을 풀어 헤쳐 나가는 지혜가 깊어지게 될 것이다.

독서는 토론이다

독서는 저자와의 대화이다. 책 속에서 저자가 서술하는 모든 내용이 다 옳은 것도 아니고 그렇다고 독자 자신의 생각이 저자보다 우수하다고 볼 수도 없다. 두 사람이 서로 대화하다가 의견이 다름을 발견할 때에 자신의 주장이 옳다고 핏대를 올리다가 말싸움에서 몸싸움으로 번지는 경우도 있다. 둘의 생각이 서로 다를 때에는 다른 사람들에게 물어볼 필요가 있다. 이때 주의할 일은 되도록 감정이입을 하지 말아야 한다는 것이다.

제대로 된 독서를 하려면 토론이 필요하다. 토론이라고 하여 서로 반대의 의견을 내놓고 누가 옳은지 끝까지 가보자 하는 식만 있는 것은 아니다. 오히려 저자의 의견이나 사상을 제대로 이해할 수 없을 때에 독서클럽에서와 같이 책 내용에 대한 의견을 서로 교환하면 어렵다고만 느꼈던 독서가 즐거워진다. 또한 자신의 생각 오류를 발견하여 이를 고쳐나감으로써 세상을 보는 이치와 태도에 긍정적인 변화를 가져올 수 있다.

채석용은 그의 저서 『나를 성장시키는 독서법』에서 존 스튜어트 밀(John Stuart Mill)의 독서법을 소개했다. 존 스튜어트 밀은 어려서부터 천재적 능력을 발휘하여 여덟 살 때 플라톤의 『대화편』과 함께 방대한 양의 그리스 원전을 독파했다고 한다. 이와 같은 방대한 독서 덕분에 그는 19세기 가장 위대한 유럽 철학자 중 한 사람으로 꼽힐 수 있었다.

밀이 자신의 독서법으로 성공할 수 있었던 이유는 두 가지이다. 첫째로 그는 타고난 천재였다. 어려서부터 또래 친구들과 어울려 놀 여유조차 빼앗기면서 강압적인 독서 교육을 견딜 만한 능력을 타고난 인물이었다. 둘째로 밀에게는 당대 일급의 사상가였던 아버지 제임스 밀(James Mill)로부터 사상적 도움을 받을 수 있었을 뿐만 아니라 아버지 친구들인 유럽 최고의 지성들을 직접 만나서 대화를 통한 학습을 받을 수 있었다. 셋째로 밀은 제도교육의 틀에서 벗어나 집에서 아버지와 토론하는 방식으로 책을 읽었다. 오늘날 평범한 사람들이 밀의 독서법을 따라 하기 위해 대안 학교나 홈스쿨링에 도전하는 것은 큰 위험이 따르기도 한다.

밀이 수행했던 독서법 중에서 우리는 토론 독서에 중점을 두어야 한다. 우리들이 천재가 아니더라도, 사상가 아버지의 자식이 아니더라도, 제도교육의 틀에서 벗어나지 못하더라도 토론을 통하여 독서력을 향상시킬 수 있다. 토론의 여건 측면에서는 우리의 사정이 밀보다 훨씬 낫다. 인터넷 공간만 제대로 활용한다면 우리는 지금 당장 그 분야 전문가와 심도 있는 토론을 나눌 수 있기 때문이다.

인터넷의 독서 클럽에서 반드시 그 분야의 전문가가 있어야만 토론을 나눌 수 있는 것은 아니다. 평범한 사람들끼리 함께 공부하는 입장에서 서로를 자극하며 토론하면서도 얼마든지 책을 효과적으로 읽을 수 있다. 카페 회원들끼리 얼굴 보고 만나지 않더라도 인터넷 글을 통해 열띤 토론을 벌인다면 우리도 밀의 독서법을 이행하는 셈이 되는 것이다.

독서는 마조히즘이다

이성으로부터 정신적·육체적 학대를 받는 데서 성적 쾌감을 느끼는 변태 성욕을 마조히즘이라고 한다. 우리가 책을 읽을 때에 그 내용을 항상 이해하고 즐거운 감동을 느끼는 것은 아니다. 난해하고 재미없는 책을 만날 때에 중도에서 포기해버리면 책 저자의 통쾌한 웃음을 듣게 될는지 모른다. 독서는 마조히즘의 성향이 있음을 깨우쳐야 한다.

마쓰오카 세이고는 '전집 독서'를 독서의 정점이라고 여긴다. 전집은 대부분 튼튼한 상자 안에 들어가 있어서 좀처럼 꺼내볼 엄두가 나지 않지만 마치 암벽 등반하듯이 전집을 읽기 시작하는데 여지없이 금방 나가떨어진다. 그러면 다시 도전하고 두 번째, 세 번째 붙는 것이 너무 재미있어서 도저히 그칠 수가 없다고 하는데 이것은 마치 학대를 받는 데서 쾌감을 느끼는 마조히즘 성향과 비슷하다는 것이다.

프로야구에서 최고 타율을 자랑하는 타자라고 해도 엄청난 투수

앞에 서면 손도 발도 꼼짝할 수가 없는 법이다. 또한 처음 접한 투수의 공은 대부분 안타를 칠 수 없다고 한다. 일본 프로야구 최고의 슈퍼스타였던 나가시마 시게오는 네 타석 연속 삼진 아웃을 당하고서 더욱 분발하여 그 투수의 공을 쳐냈다고 한다.

개인 전집에서는 한 명의 저자가 다양한 투구 유형과 구종을 보여주기 때문에 다른 책을 읽을 때보다 구조적인 독서를 할 수 있다. 즉, 한 사람의 작가가 연속적이고 입체적으로 다가오는 개인 전집을 읽고 나면 그 어떤 곳에도 적용할 수 있는 '밀도', '집중력', '언어력', '사고력' 등이 매핑(mapping) 된다. 이와 같은 전집을 읽고 나면 마조히즘이 차차 사라지고 공격적인 독서를 할 수 있게 된다고 한다.

조선 후기의 실학자 홍대용(1731~1783)은 처음 배움을 시작하면 책을 읽는 어려움에 괴로워하지 않는 사람이 없다고 했다. 그러나 읽기에 어렵고 괴로운 책들을 내버려둔 채 그저 손쉬운 책만 차지해서 구차하게 편안하기만 도모한다면 작은 성취조차 이루지 못하고 인생을 탕진하고 만다고 말했다. 만약 조금만 스스로 굳게 참고 점검할 것을 잊지 않는다면 어려워 괴로웠던 것은 점차 사라지고 취미가 날로 새로워진다고 했다. 마음이 즐거워지면서 더 이상 책을 손에서 놓을 수 없게 된다.

어려워서 막막하게 느껴지는 책이라도 몇 번이고 읽기에 도전하는 것을 재미로 삼는 마조히즘 성향을 가진 채 암벽 등반하듯이 정교하고 대담하게 책을 읽어 내려가다 보면 어느새 그 책의 저자가 우리들에게 웃음 지으며 말을 걸어올 것이다.

독서는 또 다른 나를 찾는 것이다

　인간은 '의존적 단계'에서 출발하여 '독립적 단계'로 성장하고 '상호의존적 단계'로 나아간다. 우리는 유아기에 다른 사람에 의해 양육되고 생명도 보호받는 의존적 단계를 거친다. 나이를 먹어감에 따라 육체적·정신적·감정적·재정적으로 점차 독립하게 되어 마침내는 스스로를 돌볼 수 있고 자기 통제를 하게 되며 자신감도 갖게 되는 독립적 단계로 성장한다. 이 단계를 지나 성장과 성숙을 계속하면 자연의 모든 개체가 상호의존적이라는 사실을 파악하게 된다.

　인간이 의존적 단계에서 독립적 단계로, 혹은 독립적 단계에서 상호의존적 단계로 한 단계 상승할 때마다 다양한 사물, 사건, 사람 등에 대한 경험을 통해 자기 발전을 이루어야 한다. 이러한 자기 발전을 위해서는 무엇보다도 자신의 강점을 찾아내서 이를 적극적으로 개발해 나가야 한다. 가정교육이나 학교교육에서도 자기 발전과 함께 자신을 발견할 수 있겠으나 이들만으로는 충분하지 않다는 것이 사실이다. 독서야말로 이 둘의 부족한 부분을 충분히 채워줄 길이며 수단이다.

　독서는 또 다른 나를 찾게 해주는 미디어이다. 우리의 인생의 테두리를 넘어서 무한한 우주가 있음을 알려주고 우리가 겪어보지 못한 삶, 가보지 못한 곳, 해보지 못한 일, 맛보지 못한 음식, 살아본 적 없는 사회, 떠올려본 적 없는 아이디어 등을 상상하게 해주는 미디어이다. 좋은 책 한 권을 만날 때 우리의 심장 박동은 빨라지고 때로는 펑펑 울고 싶어지고 어떨 때는 정의감에 불타는 용기가 솟아난다. 때때로 책은 우리를 바늘로 콕콕 찌르는 듯이 불편하게 만들고 우리 자신을 바보처럼 느끼게도 한다. 독서는 우리의 한계를 깨닫게 하면서 동시에 인생의 의미를, 새로운 인생의 가능성을 발견하게 한다.

독서를 통해 우리는 타자(他者)를 만난다. 실생활에서는 우리와 전혀 다른 사람들을 만나보기가 참으로 어렵다. 그러나 책은 인간에게 주어진 공간과 시간의 벽을 넘어서 수많은 인간 유형을 만나게 해준다. 책 속에서 우리가 아닌 다른 사람이 어떤 존재인지를 알게 되는 것은 인간을 이해하는 출발선에 우리를 세워두는 셈이다. 독서를 통해 다른 사람에 대한 관심이 늘어나면서 다른 나라, 다른 대륙에 대한 관심으로 이어지고 그것이 결국 우리의 삶에 대한 자각으로 이어진다.

독서를 통한 타자(他者)의 존재를 확인하는 일은 우리와 세계를 연결하는 것이다. 우리 자신과 세계를 다양한 길로 연결함으로써 '나는 누구인가?', '나는 왜 사는가?', '나는 무엇을 하고 싶은가?'와 같은 질문을 통해 또 다른 나를 찾게 해주는 것이 바로 독서이다. 실세계에서 전혀 생각지도 못했던 우리 자신을 발견함으로써 우리를 독립적 단계나 상호의존적 단계로 한 단계씩 성장시켜 주는 것이 독서이다.

독서는 의심이다

데카르트의 '나는 생각한다. 고로 존재한다.'라는 말은 '존재하는 나'는 사유할 때만 존재할 수 있고 사유와 더불어 존재할 때만 사물의 본성과 실재성에 다가설 수 있다는 의미이다. 우리는 사유할 때에만 존재하고 있음을 증명하는 것이므로 기존의 관념이나 지식 그리고 사물들에 대해 의심을 가져야 한다는 것이다.

책을 읽을 때에도 마찬가지이다. 데카르트가 기존의 철학적 진리들에 의심을 던져서 새로운 길을 열었던 것처럼 우리도 기존의 독서법들에 대해 의문을 가져보아야 한다. 최인호는 그의 저서 『지독재독』에서 '회의(懷疑)하며 읽기'를 제안하며 회의의 대상으로 네 가지, 즉 '내 삶에 도움이 되는 책을 읽고 있는지', '제대로 이해하면서 읽고 있는지', '지금 나에게 필요한 책을 읽고 있는지', '읽고 있는 책의 작가는 믿을 만한지' 등을 거론한다.

우리는 책을 선택할 때에 다섯 가지, 즉 자신에게 유익한지, 책의 저자는 믿을 만한지, 끝까지 이해하고 읽을 수 있는지, 읽을 환경은 되는지, 가격은 적당한지 등을 생각하게 된다. 여기에서 생각한다는 것은 '과연 그럴까?'라는 의심을 갖게 됨을 뜻한다. 책을 구입하고서 실제로 그 책을 읽으면서는 우리는 세 가지, 즉 자신에게 유익한 독서인지, 제대로 이해하면서 읽고 있는 것인지, 저자의 의미는 맞는 것인지 등을 의심해야 한다.

첫 번째로 제대로 이해하면서 읽고 있는지를 의심해야 한다. 글을 읽을 때에는 그 글의 전경 의미와 배경 의미 둘 다를 이해할 수 있어야 한다. 단어나 문장의 의미에 기초하여 글의 논리적 구조를 분석한 후에 이들을 통합하여 전경 의미를 이해해야 하고 전경 의미와 함께 자신의 실제 및 지적 경험 등을 바탕으로 행간에 숨어 있는 저자의 속뜻, 즉 배경 의미를 찾아내야 한다. 이것이 완성될 때 우리는 작가의 의도와 글의 주제를 제대로 이해하며 읽고 있다고 말할 수 있는 것이다.

두 번째로 자신에게 유익한 독서인지를 의심해보아야 한다. 재미,

정보, 지식, 사상 등을 고려하여 그 책을 선택하였으나 막상 책을 읽어보니 자신의 목적에 부합되지 못하는 경우도 있기 마련이다. 시간이 중요한 현대사회에서 독서를 위한 독서는 그만두어야 한다.

현대인들은 독서의 중요성을 언론이나 방송매체를 통해 자주 각인당하며 산다. 그래서 끌려다니듯이 정신없이 독서를 하려 애를 쓴다. 그러나 책을 읽으면서 자신에게 도움이 되는지에 대해 의심해보지 않으면 무슨 소용이 있겠는가? 아무리 유명한 베스트셀러일지라도 우리에게 유익한 책이 아니라면 아까운 시간만 낭비할 뿐이다. 남들이 무척 재미있다고 추천하는 소설책이라도 내가 진정으로 재미를 느끼고 있는지 따져보면서 계속 읽어 내려갈지 아니면 도중에 그만둘지를 결정해야 한다.

세 번째로 저자의 의미는 맞는지에 대해 의심해야 한다. 책을 읽을 때에 독자는 저자에게 약간 기가 죽기 마련이다. 같은 말이라도 인쇄되어 나온 글자에는 어딘가 권위가 있어 보인다. 책은 말보다 오랜 시간이 걸려 나온다. 말은 그때그때 생각을 실시간으로 외부에 내보내지만 글은 생각을 일단 글로 옮겨본 뒤에 다시 수정하고 또 수정해서 최종적으로 밖으로 내보낸다. 따라서 말보다 글은 논리적이고 체계적이다. 학창 시절에 배우는 교과서가 틀릴 것이라는 생각을 하지 못한다든지, 언론에 발표된 기사가 생뚱맞게 틀리지 않을 것이라든지, 전문서가 잘못된 내용으로 구성되어 있지 않을 것이라고 확신하기 때문에 인쇄된 글에 대해서 의심하지 않는 경향이 있는 것 같다.

그러나 책에는 오자, 탈자, 글의 오류 등뿐만 아니라 엉터리 주장이나 거짓말 등이 있다는 사실을 명심해야 한다. 자신의 경험을 일반화시켜서 다른 사람들에게도 적용 가능하다고 주장하는 글도 있고 10년 이상의 경험을 쌓고 연구를 통해 전문성을 갖추어야 함에도 책 몇 권 읽고서 자신을 전문가인 것처럼 내세우는 글도 있으며 자신의 경험이나 관점에 과도하게 치우친 경직된 사고방식으로 글을 쓴 책도 있다. 따라서 글을 읽을 때에는 저자의 의미가 틀린 것은 아닌지 의심해보아야 한다.

책을 읽으면서 의심한다는 것은 '정말인가?'라고 사유한다는 것을 뜻한다. 데카르트가 말한 것처럼 사유가 멈추는 순간 우리의 존재도 멈추게 된다. 현대인들은 사유하는 방법을 잊고 살아가는 듯 보인다. 이는 사유보다 감각적인 실체들에 더 매력을 느끼고 있기 때문일 것이다. 우리는 잃어버린 사유의 방식과 대상을 책에서 되찾을 수 있다. 직접 경험할 수 없는 다양한 소재와 삶의 모습들을 만날 수 있는 공간이 바로 책이기 때문이다. 의심을 하면서 책을 읽을 필요가 있는데 이러한 사유는 독서력에서 나오는 것이니 결국 올바른 독서는 꾸준한 책 읽기에서 얻어진다는 것을 알 수 있다.

독서는 끊임없는 대화이다

혼자 사는 사람은 자신에 대해 얼마나 알 수 있을까? 산속에서 오랫동안 혼자 생활하는 사람은 그 산에서 자라는 나무, 풀, 약초, 버섯 등은 잘 알지 몰라도 바깥세상뿐만 아니라 다른 사람들에 대해서는 아는 것이 없다. 사람은 다른 사람과의 대화를 통해 상대를 알고 자신을 알 수 있게 되는 것이다.

소크라테스는 '너 자신을 알라.'라는 말을 통해 자신이 누구인지를 먼저 깨닫는 것이 타자(他者)의 본질에 접근할 수 있는 길임을 주장한다. 그는 제자들과의 대화를 통해 진리에 도달하기 위해서는 먼저 자신의 무지(無知)를 깨달아야 한다고 가르쳤다. 자신이 아무것도 모른다는 것은 조용히 혼자 지내는 생활에서가 아니라 다른 사람과 더불어 대화하면서 깨우칠 수 있다는 것이다.

인간의 경험과 지식은 누구나 한계가 있기 마련이다. 아무리 많은 지식을 익힌 어떤 사람이라고 해도 동네 거지가 실생활에서 얻은 삶의 지혜까지 알 수 없다. 그 사람은 거지로부터 동네 누가 인심이 좋은지, 구걸한 음식은 어떻게 보관해야 하는지, 추울 때는 어디서 잠을 자야 하는지, 얼굴만 보고서도 사람 됨됨이가 어떠한지 알아내는 비법 등에 관해 배울 수 있어야 한다. 그 사람은 자신이 비록 많이 배웠다고 하나 동네 거지와의 대화를 통해 자신의 지식에 한계가 있음을 성찰할 수 있게 된다.

소크라테스는 다른 사람과의 대화를 통해 우리 자신의 무지를 알아야 하고 이를 바탕으로 아이 낳는 것을 도와주는 '산파술'처럼 상대방이 지혜를 낳는 데 도울 수 있을 정도의 지혜를 우리 자신이 쌓아야 한다고 주장했다. 그는 이와 같이 2단계의 대화 방법, 즉 첫 번째는 자신의 무지함을 깨우치는 단계, 두 번째는 자신이 남의 지혜를 도와주는 단계 등을 제시하였다.

현대인들이 소크라테스가 말한 것처럼 자신이 무지하다는 것을 인식하기란 너무나 어렵다. 자신이 남과 비교하여 지식이 떨어져 있다는 느낌을 가지게 되면 지식을 채우려 노력하는 대신에 그 사람을 멀리 두려 애쓴다. 책을 읽을 때에도 자신의 무지가 느껴지는 순간 그 책을 덮어버린다. 그러나 책 읽는 도중에 자신의 무지를 발견하는 것은 다른 사람과의 대화로부터 발각되는 자신의 무지보다 훨씬 나은 일이다. 책의 저자는 우리 자신의 무지를 비난하는 대신에 우리를 친근하게 이끌어주기 때문이다.

데카르트는 "좋은 책을 읽는다는 것은 과거의 훌륭한 사람들과 대화하는 것이다."라고 말했다. 또한 '맹자(孟子)'의 만장편(萬章篇)에는 '책을 읽음으로써 옛 성인을 높이고 벗하며 그와 사귀게 된다.'고 쓰여 있다. 동서양의 모든 책에는 훌륭한 사람들의 삶이 녹아 있고 우리들은 그런 책을 읽을 때 그들과 대화를 나누며 벗할 수 있다. 이와 같이 책은 나의 무지를 깨닫게 해줄 뿐만 아니라 저자와 훌륭한 벗이 될 수 있게 해준다.

책과는 어떻게 대화를 해야 하는 것일까? 책과 대화한다는 것은 그 책의 저자와의 대화이며 그 책의 내용과의 대화이다. 작가가 나타내는 세계관과 우리 자신의 세계관이 어떻게 다르며 우리의 삶이 작가의 삶보다 무엇이 부족한지를 질문하는 것이다. 우리 자신이 모르고 있던 사실들을 작가는 어떻게 알았는지 또한 어떻게 서술하는지를 묻는 것이다. 그리고 작가가 전달하려는 세계관과 사실들을 우리의 상황에는 어떻게 적용할 수 있는지를 따져보는 것이다.

그러나 책을 읽으면서 질문한다는 것이 결코 쉬운 일은 아니다. 우리는 책을 읽으면서 무엇을 모르고 있는지를 찾아내야 한다. 책 읽기를 통해 작가와의 대화가 이해 안 될 때에는 무엇 때문인지를 살펴보아야 한다. 문장 속의 어떤 단어 때문인지, 어떤 문장 때문인지, 어떤 구절 때문인지를 찾아내어 '되돌아 읽기'를 습관화해야 한다. 단어가 이해 안 될 경우에는 인터넷 검색을 통해 그 단어 주변 지식을 얻어야 한다. 문장이 이해 안 되는 경우에는 그 문장 전후를 따져보아야 한다. 구절 이해에 어려움이 있을 경우에는 이미 읽은 구절들 중에 우리들이 놓치고 있는 내용은 없는지를 '되돌아 읽기', 즉 이미 읽고 지나친 구절들을 다시 꼼꼼히 읽고 이해해두어야 한다.

작가가 서술하는 사실들을 이해하면서 우리 자신을 되돌아볼 줄 알아야 한다. 작가가 서술하는 사실들에 대해 우리들이 평소 모르고 지냈다는 사실에 우리의 무지를 깨우쳐야 하고 풍부한 지식을 가지고 있는 작가에 대해 감탄하고 존경하는 마음을 가져야 한다.

책 읽기를 통해 자신의 무지를 성찰한 후에는 자신이 잘 알지 못했던 사실들이 무엇인지를 깨달아야 한다. 또한 이러한 깨달음을 우리 자신의 현재 상황과 연관 지어 재해석할 수 있어야 한다. 이는 '열린 독서'를 통해 이룩할 수 있다. '열린 독서'는 자신이 평소에 잘 알고 있는 분야와 전혀 다른 분야의 책들을 함께 읽어가는 것을 말한다. 예를 들어서 첨단기술개발에 관련된 일을 담당하는 사람이 인문, 경영, 경제, 법, 예술 등의 책을 첨단기술 관련 책만큼 자주 읽는 것이다. 상품개발 기술자는 기술 관련 서적만 읽어서는 안 된다. 상품의 사용자인 인간에 관한 심리, 문화, 철학 등에 관한 책들과의 끊임없는 대화를 통해 분야 간의 경계를 허물고 통섭을 향해 전진해야 한다. 이러한 열린 독서를 통한 타 분야와의 통섭이야말로 독창적인 상품 개발의 커다란 밑거름이 되는 것이다. 열린 독서는 우리 업무 분야를 보다 더 깊이 있게 만들어줄 뿐만 아니라 우리 자신의 삶을 풍요롭게 만들어준다.

공자도 '불치하문(不恥下問), 즉 모르는 것을 아랫사람에게 묻는 것은 결코 수치스러운 일이 아니다.'라는 철학으로 공부에 온 정신을 쏟았다. 우리도 작가와의 끊임없는 대화를 통해 우리 자신을 깨우치고 사물의 이치를 깨달음으로써 배움을 키워 나아가야 한다.

독서는 질문이다

플라톤의 『국가』에는 소크라테스가 트라시마코스라는 똑똑하고 야심찬 청년과 만나서 논쟁하는 장면이 있다. 소크라테스가 '정의란 무엇인가에 대해 사람들과 이야기하고 있었는데 트라시마코스가 "정의란 정권을 잡은 통치자의 이익일 뿐이며 통치자들이 자신들의 이익을 위해 만든 법에 국민들이 복종하는 것이 정의"라고 끼어들었다. 소크라테스가 "그 통치자들도 실수를 하긴 하는가?"라고 묻자 트라시마코스는 "어떤 점에서 실수를 할 수 있는 사람들임에 틀림없다."라고 대답했다.'

소크라테스가 "통치자들이 실수로 자기 이익을 해치는 법을 만들었는데 국민들이 그 법을 따라야 한다면 '정의는 강자의 이익'이 아니라 강자에게 손해를 끼치게 되는 것 아닌가?"라고 물었는데 트라시마코스는 그만 말문이 막혀버렸다고 한다. 자기가 처음 주장했던 말을 스스로 부정하는 결과가 나온 것이다. 소크라테스 문답법은 오늘날에도 잠들어 있던 이성의 눈을 깨우쳐 사물을 새롭게 보게 하는 힘이 있다.

상대방에게 던지는 질문은 상대방으로 하여금 말을 계속 이어가게 하고 자신에게 묻는 질문은 세상의 진리를 깨우치게 한다. 상대방과 대화하면서 던지는 질문은 상대방의 말을 이해하지 못해서가 아니라 상대방의 이야기에 관심을 표명할 때에도 활용된다. 또한 상대방에게 점점 더 깊은 내용에 대해 질문하는 것은 서로가 토론하기 위한 전초를 세우는 일이다.

자신에게 던지는 질문은 호기심에서부터 시작되며 새로운 창조를 만드는 일이다. 레오나르도 다빈치의 창조적 작업은 단지 책상에 앉아서 열심히 일했던 결과가 아니라 틈만 나면 시골길을 거닐면서 자연을 관찰하고 질문을 던졌기 때문에 가능했다. 그 수많은 질문을 자신의 노트에 빽빽이 적고 생각을 덧붙여 나갔다. 이를 토대로 그는 과학, 건축, 군사, 회화, 조작, 해부학 등 수많은 분야에서 아이디어를 창출해냈다. 그는 훌륭한 예술작품들을 남겼을 뿐만 아니라 글라이더, 기중기, 스파게티 뽑는 기계 등도 발명하였다.

그의 노트에는 '인간의 행위는 얼마나 많은 종류를 가지는가?' '세상에는 얼마나 많은 종류의 동물, 나무, 꽃들이 있는가?' '얼마나 다양한 언덕과 평지, 샘과 강, 도시, 건물들이 있는가?' '왜 바다에서 발견되는 산호초나 해초의 흔적, 조개껍데기 등이 산꼭대기에서도 발견되는 것일까?' '왜 번개가 치면 천둥이 그 뒤를 따라 이어지는 것일까?' '새는 어떻게 공중에서 버티고 있을 수 있을까?' 등의 질문들이 적혀 있었다고 한다.

18세기의 물리학자 존 틴달은 왜 하늘이 파란지 의문을 제기하고 빛의 산란이 그 원인이라는 사실을 밝혀냈다. 피타고라스는 물체의 길이에 따라 음의 높낮이가 다른 이유를 궁금하게 여겼다. 아인슈타인은 '내가 우주를 날아다니는 광자(光子)라면 무엇을 보게 될까?' 하는 질문으로부터 상대성이론을 생각하게 된다. 유사 이래 사과가 떨어지는 것을 수많은 사람들이 보았지만 아이작 뉴턴은 사과를 잡아당기는 힘이 지구에 있지 않을까라는 질문을 자신에게 던지면서 만유인력을 발견해냈다.

중국의 춘추전국시대 노반이라는 사람은 어느 날 산길을 걷다가 풀에 손등을 베었는데 약한 풀잎이 어떻게 손을 베게 할까라는 질문을 던지고서 풀잎이 반들반들하지 않고 삐죽삐죽 생긴 것을 관찰하여 톱을 만들었다고 한다. 이렇게 예술, 과학, 정치, 사상 등에 이르기까지 창조적 업적을 남긴 사람들은 모두 다 자신에게 질문을 던지는 것에서부터 출발하였다.

독서는 질문의 샘이다. 오준호는 그의 저서 『소크라테스처럼 읽어라』에서 창조적 독서는 생각하는 독서이고 생각하는 독서는 질문하는 독서라고 말했다. 질문은 모르는 것을 알기 위한 수단이면서 우리의 사고 과정 자체이다. 우리의 사고는 질문-대답으로 구성되기 때문에 생각을 하려면 질문이 우선되어야 한다. 우리가 자꾸 '왜?'라고 상대방에게 묻는 것은 상대방의 말을 이해하지 못했거나 상대방을 괴롭히려는 것이 아니라 우리 자신이 뭔가를 생각하고 있다는 것을 나타내려는 것이다.

독서에서 질문이 없으면 구체적인 감상이 나올 수 없다. 독서하기 전에는 제목과 목차, 책 소개 등을 살펴보면서 질문을 해보아야 한다. '왜 이런 제목을 붙였을까?' '저자는 무슨 말을 하려는 것일까?' 등과 같은 질문으로 책 내용을 추측해보고 관련된 배경지식도 떠올려보아야 한다. 독서 중에는 '이 부분은 무슨 의미일까?' '왜 이런 표현을 했을까?' 등의 질문으로 내용을 해석해보고 작가의 의도를 추리해본다.

독서 중에는 책의 단어나 문장에 밑줄, 세모, 네모, 물음표 등을 해두든지 혹은 여백에 간단히 메모하고서 그다음 단락으로 넘어간다. 독서를 마친 후에는 독서 전과 독서 도중에 궁금증이 떠올랐던 것들에 대해 질문들을 적어본다. 질문에 바로 대답할 수 있으면 답을 적어보고 생각이 나지 않으면 또 넘어간다. 이와 같이 질문을 던지고 답을 적다 보면 읽은 내용이 눈앞에 생생하게 떠올려지고 저자를 깊이 이해하게 되며 자신의 생각이 여러 방향으로 퍼져 나가면서 아이디어가 떠올려진다.

독서에서 질문을 던지는 것은 책의 내용을 보다 상세히 파악하기 위한 수단이 될 뿐만 아니라 자신의 사고 방향을 폭넓게 확충할 수 있게 되어 풍부한 아이디어를 구상할 수 있는 능력까지 제공해준다.

독서는 언어 능력을 발달시킨다

언어 교육은 스킬 학습과 오류 교정 등의 두 가지 방법으로 이루어진다. 스킬 학습이란 언어의 규칙과 단어의 의미 또는 철자를 학습하고 규칙을 자동으로 사용할 수 있도록 연습하는 것을 말한다. 그리고 오류 교정은 오류를 교정해줌으로써 학생이 규칙과 단어, 철자에 관한 지식을 수정하여 사용하도록 해주는 것이다. 많은 학자들이 언어는 너무 복잡해서 의도적이고 의식적으로 언어규칙을 하나씩 배울 수 없다고 말한다.

성인의 어휘는 4~15만 개로 추정되며 초등학교 학생의 경우 하루에 8~14개 이상의 단어를 습득한다고 알려졌다. 사람은 어휘를 습득할 때 문법 지식도 함께 습득한다. 피네건(Finegan)에 의하면 같은 뜻을 가진 것처럼 보이는 단어도 약간 다른 개념으로 언급되거나 다른 방법으로 사용된다고 한다. 스킬 학습과 오류 교정 등을 중점적으로 실행하는 직접 교수에서 어휘 지도는 간단한 동의어를 가르치는 데 초점을 둔다. 이런 방법으로는 단어가 가지고 있는 의미의 일부분만을 전달할 뿐이며 사회적인 의미나 문법적인 속성을 전달하지 못한다.

그런데 독서만으로 언어 발달이 충분하다는 것을 보여주는 주목할 만한 사례가 있다. 흑인 차별 대우에 저항한 미국의 소설가 리처드 라이트(1908~1960)의 할머니는 그가 집에 가져온 책을 세속적이라며 태워버렸다. 리처드 라이트는 자신의 집에서 하숙으로 묵고 있는 학교 교사가 소설을 읽어준 덕분에 이야기를 읽고 듣는 것에 흥미를 느끼게 되었지만 책을 접하기가 어려웠다. 그는 신문을 읽기 위해 신문을 배달했으며 백인만 도서관에서 책을 대출할 수 있었기 때문에 백인 동료의 도서관 카드를 사용했다. "나는 글을 쓰고 싶었지만 영어도 몰랐다. 영어 문법책을 샀지만 따분했다. 문법이 아닌 소설에서 언어 감각이 늘어가는 것을 느꼈다."라고 그는 말했다.

흑인 운동가 맬컴 엑스는 학교에서 일찍이 두각을 나타내어 학급 반장도 맡았지만 길거리 생활로 인해 학교에서 배운 것을 다 잊어버렸다. 그는 종교 지도자 모하메드에게 보낸 편지를 25번 정도 고쳐 썼지만 철자와 문법이 엉망이어서 자신도 읽을 수가 없었다. 고등학교 공부도 못 했지만 감옥에서 독서를 통해 공부했다. 처음에는 어휘를 늘리기 위해 사전으로 공부하면서 독서를 했고 점점 독서광이 되어가면서 자유 시간이면 언제나 도서관이나 자신의 침대에서 책을 읽었다. 그는 출신 학교가 어디냐는 물음을 받으면 '책'이라고 대답했다.

12살 코헨(Cohen)은 터키에서 영어를 사용하는 학교에 다녔다. 첫 2년간 영어를 집중적으로 공부했고 두 달 뒤에 영어를 읽기 시작했다. 그는 영어책을 보이는 대로 다 읽었다. 집에 있는 영어책, 도서관에서 빌린 영어책, 서점에서 구입한 영어책 등을 읽으면서 중학교에 입학할 즈음에 그는 책벌레가 되어 있었다. 그런데 중학교 때 영어 선생이 숙제로 내준 에세이를 작성하여 제출하였으나 채점을 받지도 못하고 선생님으로부터 야단만 맞았다고 한다. 선생님은 누가 그의 작문 숙제를 도와주었는지 알고 싶어 했다. 선생님은 문장과 단어에 밑줄을 긋고는 어떻게 그 뜻을 아느냐고 물었는데 그 단어들은 학교 수업 수준을 훨씬 뛰어넘는 것들이었다. 그는 몇 년이 지나도록 어떻게 그 단어들을 알게 되었는지 몰랐다고 했지만 사실은 독서를 통해 저절로 알게 되었던 것이다.

어느 연구에서는 철자 지도를 받은 3, 4학년 학생들이 지도를 받지 않은 학생들에 비해 월등하게 뛰어났다고 한다. 그러나 5, 6학년이 되면서 이 효과가 사라졌고 철자 지도를 받은 학생과 그렇지 않은 학생 사이에 철자의 정확성에서 차이가 없었다고 한다. 직접 지도로 각 단어의 철자를 배우는 데는 20분씩이나 걸린다고 한다. 독서를 통해 자연스럽게 알게 되는 철자를 직접 지도 방식으로는 너무 오랜 시간이 소요됨을 알 수 있다.

뉴질랜드에서 실행된 연구에서는 '전통 문법이든 변형 문법이든 영어 문법은 중고등학생의 언어 성장에 영향을 미치지 않는다.'라는 결론을 내렸다고 한다. 복잡한 문법 구조에 대한 학습은 읽기나 쓰기에 도움이 되지 않는다. 오히려 복잡한 문법을 숙달하는 데에는 읽기가 가장 효과적인 것이다.

독서는 몰입 활동이다

일반적으로 배움의 과정은 즐거움 대신에 괴로움이 더 크다고 인식되고 있다. 피교육자는 힘들고 배고프며 춥다는 말이 있듯이 공부라는 것이 쉬운 일은 아니다. 그러나 고통을 감내하며 어떤 일을 수행하는 것보다는 즐거운 마음으로 행하는 편이 결과적 측면에서 훨씬 낫다고 한다. 보람된 열매를 맺기 위해서는 모든 일을 즐겁게 처리해야 함이 여기에 있다.

공자는 알기만 하는 사람은 좋아하는 사람만 못하고 좋아하는 사람은 즐기는 사람만 못하다고 말했다. 그는 제자 자로에게 다른 사람이 자신에 대해 물으면 '발분망식 낙이망우 부지노지장지운이(發憤忘食 樂以忘憂 不知老之將至云爾), 즉 배움을 좋아하여 알고자 하는 마음이 생기면 밥 먹는 것도 잊고 즐거움으로 걱정을 잊으며 늙음이 닥쳐오고 있다는 것조차도 알지 못하는 사람'이라고 소개하라고 말했다. 공자는 자신이 좋아하는 것에 몰입하면 발분망식하고 낙이망우의 경지에 이를 수 있음을 그의 경험을 바탕으로 우리에게 알려주고 있다.

미국의 심리학자 미하이 칙센트미하이는 몰입(flow)이란 어떠한 활동에 노력 없이 자연스럽고 깊게 빠져드는 상태에 이르는 것이라고 말했다. 몰입 상태에서는 삶에 대한 걱정은 물론 심지어 자기 자신에 대한 감정까지 사라져버린다. 시간 개념이 바뀌어 몰입하고 있는 활동에만 빠지게 된다.

그런데 흥미로운 것은 바로 '독서'가 세상에서 가장 많이 언급되고 있는 몰입 활동이라는 점이다. 이탈리아 북부의 어떤 사람은 책을 읽을 때면 읽는 즉시 책에 몰입하게 되고 평소에 걱정하던 문제가 사라진다고 말했다. 영국의 서머싯 몸(Somerset Maugham)은 "대화도 시간이 지나면 지루하고 게임도 지루해진다. 지각 있다고 하는 나 자신의 생각조차 무미건조해진다. 그러나 책을 읽을 때만큼은 마치 아편 중독자처럼 책에 빠져들게 된다."라고 말했다.

몰입에 들어가는 시점은 개인마다 상황마다 다르다. 영화나 TV와 마찬가지로 독서에서도 몰입에 도달하는 데에는 어느 정도 시간이 요구된다. 자기 자신을 잊어버릴 정도로 즐거움에 빠져드는 몰입이 바로 앞에서 기다리고 있는데 그만 중도에 포기한다면 당첨된 복권을 맞춰보지도 않고 잊어버린 것과 무엇이 다를까?

자율독서의 이점

학생들이 전통적인 언어 수업보다 자율독서를 더 선호하는 이유는 바로 흥미 때문이다. 연구에 의하면 8개월간의 자율 읽기 프로그램이 끝난 학생 그룹은 전통적인 읽기 수업을 한 그룹에 비해 읽기 수업에 대한 흥미가 상당히 높은 것으로 나타났다.

넬(Nell)은 잠자기 전 침대에서 책을 읽는 것이 왜 즐거운가에 대한 증거를 보여줬다. 책을 즐겨 읽는 사람들에게 자율적으로 책을 선택하여 읽도록 한 후 심박속도, 근육활동, 피부 전위와 호흡 속도 등을 측정하였다. 또한 독서를 할 때, 눈을 감고 휴식을 취할 때, 암산을 할 때, 무언가를 응시할 때 각각 각성 수준을 비교하였다. 측정 결과 독서할 때는 눈을 감고 휴식을 취할 때에 비해 각성 수준이 증가했으나 독서를 끝낸 후에는 각성 수준이 현저하게 감소하여 기준치 이하로 떨어졌음이 밝혀졌다. 이는 잠자리에서의 책 읽기는 각성된 상태에서 이루어지지만 책 읽기가 끝난 후에는 온전한 휴식으로 이어지게 된다는 것을 말하는 것이다.

원하는 책 읽기를 실행하는 대부분의 교사는 아이들이 좋아하기 때문에 자율독서 수업 방식을 좋아하며 이러한 수업 방식 때문에 모든 학생을 지도해야 하는 어려움이 해결되었다고 말했다. 사이먼턴(Simonton)은 유년기와 청소년기에 다양한 분야에서 흥미를 가지고 책을 읽는 것은 미래의 성공과 긍정적인 관련이 있다고 했다. 또한 고등학생을 대상으로 한 연구에서는 창의성이 뛰어나다고 여겨지는 학생들은 평범한 학생들보다 책을 더 많이 읽는다는 것과, 매우 창의적이라고 생각되는 학생들은 연간 50권 이상의 책을 읽는다고 보고하였다.

자율독서의 또 다른 이점으로는 스스로 책을 많이 읽을수록 쓰기에 대한 불안감이 적어진다는 점이다. 읽기는 독해력, 문체, 어휘, 문법, 철자법 등을 발달시킬 수 있는 확실한 방법이다. 또한 읽기는 즐거운 것이며 인지 발달을 촉진하고 쓰기 불안감을 낮추어준다. 읽기야말로 읽고 쓰는 능력인 리터러시(literacy)를 발달시킬 수 있는 유일한 방법이다.

읽기가 언어 습득을 위한 유일한 방법이라면 언어 발달과 리터러시 발달을 위해서 널리 실시되고 있는 직접 교수 방법, 즉 반복 훈련과 연습을 통한 교육은 재검토되어야 한다. 직접 교수로 언어를 가르칠 때 우리가 주로 사용하는 방법은 시험이다. 그러나 책과 함께 자란 아이는 시험에 통과하고 그렇지 못한 불운한 아이들은 낙제하고 만다. 책과 함께 자라고 책 속에서 평소 어휘를 접하는 아이들은 시험에 제시된 20개 어휘 중 15~16개는 이미 알고 있을 수 있다. 그러나 책을 평소 접하지 않는 환경에서 자란 아이들에게 20개의 어휘 목록을 제시하면 그중에서 겨우 5~6개 정도만 알고 있다. 이 아이들에게 직접 교수란 낙제할 수밖에 없는 시험에 불과하다. 이 아이들은 아동 학대의 희생자처럼 자기 자신을 탓하게 된다.

자율독서는 즐거움을 낳게 되고 이러한 즐거움은 몰입으로 유도되며 또 다른 책 읽기로 인도된다. 즐거운 마음으로 책을 읽으면 모르는 단어의 뜻을 자신도 모르게 저절로 이해하게 된다. 문장 속의 어휘를 책 읽기로 배우는 것이 아니라 단어 사전 외우듯이 외국어를 공부하는 방식은 효과적이지 못하다. 단어만을 암기하기 위한 단어 공부는 그 단어의 실제적인 쓰임새를 깨우치지 못하기 때문에 우리 뇌 속에 오래 머물지 못하고 금방 사라지게 되는 것이다.

책을 읽으면 겸손해진다

겸손은 자신의 장점이나 성취에 대해서 절제된 평가를 하는 일반적 태도를 의미한다. 우리는 모든 개체에 대해 평가할 때에 절대적 가치보다는 상대적 가치를 기준으로 삼게 된다. 우리 자신을 평가할 때에도 다른 사람들의 수준과 비교하여 자신이 우월하다느니 열등하다느니라는 결론을 내린다. 주변 사람들과 비교하면서 자신이 열등하지 않고 우월에 가깝다고 생각하기 마련인데 이는 그들이 우리와 비슷비슷한 사람들이기 때문이다.

그러나 우리 주변보다 멀리 있는 사람들과 비교할 때에 우리의 수준이 그다지 높지 않음을 알게 되는 경우가 종종 있다. 주변 사람들을 넘어서 보다 폭넓은 대상 인원들과 비교 평가해보면 자신의 위치를 보다 정확하게 판단할 수 있다. 자신보다 훨씬 우수한 능력을 가진 사람들을 만나게 되면서부터 겸손한 태도가 시작된다.

책을 읽는다는 것은 대부분의 경우 저자와 소통하는 일이다. 저자의 의사에 대해 꼬투리를 잡으려 책을 읽으면 이는 소통이 이루어지지 못한다. 내가 가진 관점과 저자의 관점을 교환해가며 열린 마음으로 읽을 때에 비로소 책과의 소통이 가능해진다. 대화를 통한 소통이 우선 상대방의 의견을 경청하는 것부터 시작하듯이 저자와의 소통을 위해서는 무엇보다 책의 내용을 받아들이려는 정독이 필요한 것이다. 정독의 자세는 겸손의 태도로부터 출발한다.

책을 읽으면 누구나 겸손해지기 마련이다. 이 세상에서 자신의 지적 수준보다 낮은 책이 과연 몇 %나 있을까? 우리 자신은 혼자이지만 책의 저자들은 수백만 아니 수천만 명이나 되는데 그 많은 사람들과 어찌 대적할 수 있겠는가? 더군다나 각자의 저자들은 자신의 오랜 경험, 탐구, 연구, 지식 등을 바탕으로 집약하여 책을 만들어낸다. 따라서 책을 읽으면 읽을수록 더욱더 겸손해질 수밖에 없다.

이 세상에서 자신만이 옳다는 식의 유아독존(唯我獨尊)으로 행동하는 사람이라면 그는 필경 독서를 안 하는 사람이다. 책을 읽다 보면 세상에는 자신보다 훨씬 더 경험이 많고 더 훌륭한 사람들이 얼마든지 많다는 사실을 알게 된다. 독서를 통해 그들의 지혜를 배울 수 있다는 것만으로도 기쁘고 감사한 마음이 저절로 생겨난다. 이러한 마음이 곧 겸손인 것이다.

겸손한 사람은 약하고 수동적인 사람, 자신감이 없는 사람, 자신을 비하하는 사람이라고 생각되기도 한다. 그러나 겸손한 사람들은 자신에 대해 긍정적인 견해를 가지고 있고 내재적인 가치에 근거한 자기 가치감을 지니고 있으며 타인과의 유대감을 지니고 더 높은 권위와의 연결 속에서 살아간다. 겸손은 한계와 장점을 지닌 자신을 있는 그대로 정확하게 보려는 비방어적인 태도를 가진 채로 자신의 외부 일들을 받아들이고 이해하려는 포용이다.

우리는 상대방이 자신을 이해해주기를 바란다. 즉, 상대방이 겸손의 태도를 가지면 우리 자신을 이해해줄 수 있는데 그렇지 못하기 때문에 우리 자신과의 소통이 안 되는 것이라 여긴다. 상대방의 겸손은 강요할 수 없다. 우리 자신의 겸손을 키워가야만 상대방을 이해하게 되고 이로 인해 상대방도 우리를 이해할 수 있는 마당으로 나오는 것이다.

상대방을 이해하려는 겸손한 자세를 가지고 그 사람의 이야기를 경청해야만 소통이 시작된다고 말할 수 있다. 이러한 겸손한 자세로 상대방을 포용할 때에 우리 자신을 이해시킴으로써 진정한 쌍방향 대화, 즉 소통이 이루어지게 된다. 다른 사람을 이해하려 노력하지 않는 사람은 다른 사람들을 이해시키고 설득할 수 없다. 이것이 바로 인간의 마음을 움직이는 원리이다. 독서를 통한 겸손한 자세 습득은 다른 사람들을 이해하게 해주고 그 결과 다른 사람들이 저절로 우리 자신을 이해하고 포용하며 응원하도록 만들어준다.

리더십이라고 일컫는 '사람을 이끄는 기술'의 출발은 자신을 상대방에게 이해시키는 겸손에서 시작된다. 사람을 이끄는 기술은 양떼를 몰듯이 권력을 휘두르는 기술이 아니라 자석처럼 사람들이 저절로 이끌리도록 만드는 일이다. 30~40대에 다른 사람들을 이끌기 위해서는 20대 때부터 타인들을 이해시키려는 자세로 꾸준한 노력을 기울여야 한다. 이러한 노력은 우리 자신이 다른 사람들을 이해하려는 시도, 즉 겸손한 자세에서 비롯된다. 독서를 통해 겸손을 습득해야만 우리는 많은 사람들을 이끌 수 있는 진정한 리더의 소양을 갖추게 되는 것이다.

독서는 인내심이다

사람들이 책을 읽지 않는 이유들 중의 하나는 책 읽기가 어렵고 힘들기 때문이라고 한다. 책 읽기는 TV를 시청하거나 영화를 보는 일보다 분명히 재미없고 어렵다. 책 읽기가 고통이 되는 이유는 책이 독자에게 자신을 해독할 능력을 요구하기 때문이다. 책을 온전하게 읽으려면 단어의 뜻을 알아야 할 뿐만 아니라 문장 전후의 문맥도 이해해야 한다. 철학서나 사상서를 읽을 때에는 수험단어나 전공단어에 가까울 정도로 어려운 개념적 용어가 상당히 많이 등장한다. 수험서나 전공서는 선택이 아니라 필수이기 때문에 싫어도 억지로 읽어야 했지만 취미로 한번 읽어보겠다고 집어든 책이 어렵게 느껴진다면 대부분의 사람은 슬며시 책을 덮어버릴 것이다.

책 읽기가 고통이 되는 또 하나의 이유는 책 내용 파악을 위한 적극적인 의지가 필요하다는 점이다. 책 읽기는 TV 화면을 보는 행위나 라디오에서 흘러나오는 음성을 듣는 행위와는 달리 우리를 항상 긴장시킨다. 책 읽기는 우리 머릿속으로 책 내용을 따라가면서 의지적으로 상상해야 한다. 소설 속의 주인공이 파도치는 바닷가에서 울부짖는다는 문맥을 읽을 때에 독자는 주인공의 모습과 장면들을 머릿속에 지속적으로 상상해두고 있어야 한다. 주인공의 장면을 인지함에 있어 화면을 통한 직접적인 방법이 상상을 통한 간접적인 방법보다 훨씬 쉽고 재미나다는 것은 당연하다.

그러나 최인호는 그의 저서 『지독재독(遲讀再讀)』에서 '위백규의 우물론'을 소개하면서 "어려운 책이라면 인내심을 가지고 천천히 그리고 깊게 읽어라"라고 말한다. 조선 후기 실학자이며 지조 깊은 선비였던 위백규(1727~1798)는 독서법을 우물 파기에 비유했다. 그는 우물을 파는 사람은 먼저 석 자의 흙을 파서 축축한 기운을 만나게 되면 더 파서 여섯 자 깊이에 이르러 그 탁한 물을 퍼내야 하고 또 파서 아홉 자의 샘물에 이르러서야 달고 맑은 물을 길어 올릴 수 있다고 한다. 고작 석 자 아래의 젖은 흙을 가져다가 부엌 아궁이의 부서진 모서리나 바르면서 우물을 판 보람으로 여겨서는 안 된다는 것이다. 이는 깊이 있게 읽지 않는 독서를 비판한 것이며 어설픈 독서로 세상에서 쓰임을 받고자 한 태도를 나무라고 있는 것이다.

위백규의 우물론은 현대인의 잘못된 독서 습관의 지적에도 적절하다. 현대인들은 책을 읽을 시간이 없다는 이유로 주마간산(走馬看山)으로 읽어 내려간 책의 내용을 이해하지도 못한 채 주위 사람들에게 알려주기 바쁘다. 이런 현대인의 독서는 고작 석 자 아래의 젖은 흙에 스며든 물을 건져내서 그것이 맑고 깨끗한 우물인 것처럼 주위 사람들에게 건네는 꼴이다.

우물론을 통해서 얻을 수 있는 현대인들의 올바른 독서법으로 두 가지, 즉 인내와 독파를 제시한다. 첫째, 독서는 결코 단숨에 완성할 수 있는 것이 아니고 인내와 뼈를 깎는 노력이 반복될 때에 조금씩 올라가는 것이다. 독서는 히말라야 같은 거대 산을 오르는 것과 다르지 않다. 이러한 높은 산을 오르기 위해서는 낮은 산 오르기부터 연습하지 않으면 안 된다. 그런데 낮은 산 오르기가 쉽고 재미있다고 하여 계속 낮은 산만 반복하여 오르내린다면 고산(高山)을 오를 힘을 축적하지 못한다.

독서도 자신의 수준에 맞는 쉬운 책부터 읽는 것이 바람직하다. 그러나 읽기 쉬운 책이 주는 달콤함은 어려운 책을 접할 기회를 빼앗을 수도 있기 때문에 자신의 수준보다 높은 책을 접하면서 논리적으로 읽어가는 연습을 게을리하지 않으면 안 된다. 이 훈련에 가장 적합한 책은 동서양의 철학이나 사상에 관련된 것들이다. 분명히 초보 독서가들에게는 이러한 철학서들이 결코 쉬운 상대는 아니지만 포지하지 않고 여러 번 반복해서 읽는다면 그 책들도 어렵지 않게 정복할 수 있다.

독서가 취미라는 사람들도 있지만 이렇게 되기 위해서는 갖은 노력이 수반되어야 한다. 취미라고 해도 자신의 역능(力能)이 발휘되지 못하면 오래 지속되기 어렵다. 처음에는 책 읽기가 재미있으나 독서력이 향상되지 못한 채 늘 그 자리에 머물러 있게 되면 취미가 사라져버린다. 따라서 독서가 취미로 되기 위해서는 반복적인 인내와 각고의 노력이 뒤따라야 하는 것이다.

두 번째로 독서는 한 분야를 깊게 독파해야 한다. 석 자를 파고 우물이 고이지 않는다고 하여 다른 곳을 판다면 흙탕물로 가득한 웅덩이만 존재할 뿐이지 결코 우물을 팔 수 없다. 흙탕물도 어디냐며 스스로 만족할 수는 있지만 그것은 혼자서만 좋아해야지 다른 사람에게 자랑하듯이 떠들어대는 것은 올바른 행동이 아니다. 우물을 파기 위해서는 석 자의 흙탕물보다 더 깊이 파들어 가야 한다.

독서에서 한 우물을 깊게 파는 방법은 관련 서적들을 두루 읽는 것이다. 관심 있는 분야를 읽어갈 때 한 권의 책 혹은 한 분야만의 책을 읽는 것은 장님 코끼리 만지기의 오류를 범할 우려가 있다. 따라서 어떤 분야에 관심이 있다면 그 분야와 동일한 그리고 가까운 범주 안의 다른 책들을 병행해서 읽는 것이 필요하다. 위백규의 우물론에서와 같이 현대인들도 올바른 독서를 위해서는 인내와 독파의 방법 둘 다를 갖추어야 한다.

04_
효과적인 독서

독서는 훈련이 필요하다

우리들은 어린 시절에 한글을 배웠던 터라 어떻게 한글을 깨우쳤는지 자세히 기억하지는 못한다. 60, 70년대에 아이들이 '가갸거겨고교구규그기' 순으로 나열된 글자판으로 한글을 배웠던 기억이 어렴풋이 떠오른다. 문장을 통해 글자를 배운 것이 아니라 글자부터 배워야만 문장을 제대로 읽을 수 있을 것이라는 생각에서였을 것이다.

지난 일들을 잘 기억해내지 못하는 어린 나이에 글자를 배웠기 때문에 별도의 훈련 없이 한글을 깨우쳤다고 생각할 수 있으나 사실은 한글을 올바르게 읽을 수 있기까지 수많은 시행착오를 겪었던 것이다. 우리들 스스로가 각고의 훈련을 통해 맞춤법에 맞는 한글을 읽고 쓸 수 있게 되었다.

책은 글의 묶음이고 글은 여러 개의 단락으로 나뉘며 단락은 또다시 글자들로 구성되는 문장들로 이루어져 있다. 글자를 읽을 수 있다고 해도 책 내용을 파악하기 위해서는 독서력을 갖추어야 한다. 독서력이란 무엇인가? 독서력이란 저자의 의미를 신속하고 정확하게 파악하는 능력에 해당한다.

채석용은 그의 저서 『나를 성장시키는 독서법』에서 신문 칼럼과 같이 짧은 글을 읽고 요약한 뒤 비판하는 훈련을 통해 독서력을 향상시킬 수 있다고 말한다. 그는 신문 칼럼 내용을 하나의 문장으로 요약하는 훈련을 쌓다 보면 길게 이어지는 단락들의 집합체인 책의 내용을 일목요연하게 구분 지어 파악해나감으로써 맥락을 놓치지 않는 효과적인 독서를 할 수 있다고 서술한다.

그러나 글 읽는 훈련을 위해 칼럼의 단락을 구분 짓고 단락마다 몇 문장으로 요약하고 난 후에 이들 요약한 문장 가운데 가장 핵심적인 문장 하나, 혹은 두세 개를 하나의 문장으로 줄이면서 칼럼 전체의 내용을 파악하는 방법은 결코 쉬운 일이 아니다. 국어 교과서에 대한 독서력 향상을 위해서는 그러한 훈련 방법이 적합할는지 모르지만 신문 칼럼에까지 적용하기에는 다소 무리가 따를 수 있다. 즉, 치밀하고 복잡한 훈련으로 인해 독서의 즐거움이 감소된 나머지 책을 멀리하게 됨에 따라 결과적으로 독서력이 감소될 우려가 있다.

책은 비실시간 특징을 갖는 커뮤니케이션 미디어이다. 상대방과 대화할 때에는 즉각적으로 상대방 말의 의미를 이해하고 공감을 하거나 반론을 제기해야 하지만 책은 말과는 달리 저자가 말하려는 바를 실시간으로 파악하여 응대할 필요는 없다. 그렇다고 하여 책 한 권 읽는 데 주제마다 요약문을 작성한다면 그 분량이 방대해져서 복잡성을 초래하게 되고 책 읽는 일이 마치 우리 개인의 숙제처럼 느껴져서 금방 지쳐버릴 것이다.

책은 읽고서 요약문을 작성할 대상이 아니라 머릿속으로 글의 흐름을 파악하고 정리해 나가야 하는 커뮤니케이션 매체일 뿐이다. 책을 읽는 도중에 저자의 생각 따라잡기를 놓칠 경우에는 지나온 페이지를 다시 읽으면서라도 책의 의미를 정확하게 이해할 수 있어야 한다. 독서력을 위한 훈련은 자신의 독해력을 향상시킬 수 있는 책들을 골라서 차근차근 이해하며 읽어 내려가는 것이 제일 좋은 방법인 것이다.

독서왕을 부러워할 것 없다

하루에 몇 권의 책을 읽어 치우는 독서왕을 부러워할 필요는 없다. 책을 따져보지 않고 많이만 읽다 보면 앞에 읽은 책 내용이 뒤에 읽은 책 내용에 묻혀버려 그 책 내용을 능히 활용하지 못한다. 생각 없이 그저 읽어 치우는 독서는 자칫 안 읽느니만 못할 수가 있다. 수험생의 경우에는 더욱 그러하다. 두꺼운 수험서를 며칠 만에 다 읽었다고 자랑하지만 정작 책 내용을 물어보면 아무것도 기억하지 못한 채 책만 뒤적이는 사람도 있다.

책을 많이 읽는 것보다 새겨 읽는 것이 더 중요하다. 음식을 제대로 소화하지 못한 채 자꾸 먹기만 한다면 배탈이 나는 것은 당연하다. 책을 조금만 읽고도 핵심 의미를 꿰뚫어 자신의 것으로 만드는 사람이 있다. 어떤 사람은 읽은 책도 많고 공부도 열심히 하는데 막상 쓴 글을 보면 제소리 한번 내지 못하고 변죽만 울린다. 열 권, 백 권의 책을 읽어도 꼭꼭 씹어서 소화하지 못하면 읽지 않은 것과 무엇이 다른가?

어떤 사람은 '논어' 한 권을 읽고서 마치 자기 말처럼 책 내용을 모두 외우지만 막상 어떤 경우에 닥치면 생각이 책 속에 미치지 못하고 늘 읽은 것과 반대로 행동한다. 또 다른 사람은 능히 한두 장도 외우지 못하지만 화나는 일이 생기면 어렴풋이 '화가 날 때에 마음대로 하면 반드시 뒤에 어려움이 있다.'라는 논어의 한 구절을 떠올리고는 마침내 참고 화를 가라앉힌다. 이 둘 중에서 누가 더 훌륭한가?

독서는 실천이 중요하다. 글을 읽고서 실천하지 않으면 차라리 안 읽느니만 못하다. 책 꽤나 읽었다면서 입만 열면 덕(德)에 관한 말들을 줄줄 꿰는데 하는 행실은 간사하고 일마다 속임수를 쓰는 사람이라면 차라리 글을 몰라 무식한 속인만도 못하다. 속인은 해(害)가 자신에게만 미치지만 이런 사람은 그 해(害)가 남에게까지 가닿으니 문제가 심각하다.

그러나 하루에 몇 권씩의 책을 읽어서 지금까지 누적된 책 권수가 수천수만 권 된 사람의 지식과 지혜는 높게 쳐주어야 한다. 독서력을 키우지 않고서는 절대 그리 많은 책을 읽을 수 없다. 책의 내용을 파악하지 못한 채 겉으로만 오랜 시간을 두고 그렇게나 많은 책을 읽는다는 것은 사실 불가능하다. 책 내용을 읽고 일상에서도 그렇게 생각하고 그와 같이 행동해야겠지만 우선은 자신의 정신적 내공을 충분히 쌓아야 할 필요가 있다. 그러다 보면 여태껏 읽어왔던 책 내용이 우리의 무의식적 뇌 공간에 차곡차곡 쌓여서 우리들의 모든 행동이 성현의 말씀에 한 치의 어긋남이 없는 날이 찾아오게 될 것이다.

독서는 독해력이다

독해력은 원래 외국어 공부할 때에 자주 등장하는 단어이다. 그러나 모국어로 된 책을 읽을 때에도 여전히 독해력의 중요성은 강조되어야 한다. 세상의 모든 글은 단어, 구문, 문장, 문맥, 단화(短話), 장화(長話) 등의 순으로 확대 구성된다.

오준호는 그의 저서 『소크라테스처럼 읽어라』에서 책 읽기는 정확한 독해→비판적 평가→창조적 상상의 단계를 거친다고 말한다. 독서는 저자와의 커뮤니케이션이므로 정확하고 능동적인 독해 없이는 비판, 평가, 상상, 공감 등과 같은 후속 과정이 제대로 이어질 수 없다. 독해력이 떨어진 채로 남의 책을 읽는 다는 것은 상대방 말을 잘 알아듣지 못하는 상태에서 대화하는 것과 다르지 않다.

독해력의 첫 번째 단계는 어휘 이해이다. 외국어 원서를 읽을 때에 모르는 단어가 나오면 사전부터 찾지만 한국어 서책 독서에서는 국어사전을 챙기지 않는다. 외국어나 한국어나 모르는 단어는 우리의 기억 입장에서 동일하다. 즉, 그 단어의 의미를 우리 뇌 속에서 찾으려 해도 정확히 찾지 못하거나 어설프게 언저리 주변의 의미만 꺼내오게 된다. 독해력을 위한 제일 첫 번째 노력은 어휘력 증강인데 영어 단어 암기하듯이 국어 단어를 외울 수는 없을 것이므로 결국 독서를 통해 어휘력을 향상시켜 두어야 한다.

우리는 문장 속의 단어를 읽으면서 추론을 하게 되고 이어서 평가가 진행된다. 예를 들어서 사과라는 단어를 읽으면 맛있다, 익었다, 매달렸다, 붉다, 시퍼렇다, 떨어졌다 등등의 동사가 나올 것이라고 추론하게 되고 이어서 문장 구성이 옳은지, 의미가 옳은지, 저자의 의도는 무엇인지 등과 같이 종합평가를 수행한 후에 우리 뇌의 작업기억 속에 이러한 상황을 저장해둔다.

한 문장을 읽고서 우리는 다음 문장을 추론하게 되고 이어서 평가를 수행한다. 여기에서는 한 문장을 한 단어인 것처럼 다루기 때문에 이어지는 문장이 어떠한 문장일지 추론하고 두 문장을 결합하여 평가하게 되는 것이다. 동일한 의미를 표현하기 위해 연관되는 여러 개의 문장들은 문맥을 이룬다.

하나의 문맥을 읽고서 다음 문맥을 추론하며 단어와 문장에서처럼 평가를 진행한다. 한 문맥과 다른 문맥들과의 연관성을 파악하기 위해서는 문맥을 하나의 개체로 취급할 필요가 있다. 즉, 머릿속에 문맥 속의 모든 문장을 기억하는 것이 아니라 그 문맥의 의미와 평가만을 기억하고 있는 것이다. 문맥 안에 자극적이고 감동적인 문장을 만나게 되면 그 부분을 저장해둔 신경세포들이 활성화되어 상대적으로 오래 기억할 수 있게 된다.

한 개 이상의 문맥들은 서로 의미적으로 이어져서 단화를 구성하게 되고 단화들은 다시 긴 이야기인 장화를 구성함으로써 저자가 나타내고자 하는 의미를 독자에게 전달하는 것이다.

의미는 전경(前景) 의미와 배경(背景) 의미로 구분된다. 전경 의미는 논리적으로 드러나는 뜻이지만 배경 의미는 겉으로 드러나지 않는 속뜻에 해당한다. 단어, 문장, 문맥 등이 논리적으로 잘못됨이 없어도 배경 의미를 짚어보면 모순이나 궤변을 찾아내게 된다. 전경 의미 파악은 오로지 해독력으로도 가능하지만 배경 의미는 그 단어, 문장, 문맥 등에 관한 역사, 문화, 상식 등을 사전에 알고 있어야 하는데 이 또한 독서력의 유무로 결정된다.

책을 안 읽는 사람들은 일단 어휘력이 떨어지고 문장과 문맥의 논리적 의미 파악 능력이 떨어지며 이들의 배경 의미를 찾아내지 못하기 때문에 글이 조금만 어려워도 힘들어한다. TV나 인터넷 등과 같은 엔터테인먼트 매체 등의 영향으로 인해 집중력이 떨어짐에 따라 책을 읽지 않게 되고 독해력이 늘지 않고 있다.

독해력을 키우려면 수동적 글 읽기와 선입견을 버려야 한다. 수동적 글 읽기라는 것은 TV 시청하듯이 전달해주는 속도대로 일정하게 받아들이려 하는 것이다. 즉, 글을 읽는 속도나 책장을 넘기는 속도를 공장의 컨베이어 벨트 움직이는 속도처럼 일정하게 유지한다는 것이다.

독서는 수동적이 아니라 능동적 활동이다. 독서는 일정한 속도로 앞으로만 진행되는 것이 아니라 읽다가 필요하면 뒤로 돌아가서 정보를 재확인하기도 하고 글의 논리적 의미를 생각해보며 글 속에 없는 결론을 추론해보고 글의 속뜻을 헤아려보며 저자가 이 글을 쓴 의도를 따져보기도 하고 자기 자신에게 질문하고 메모하며 우리 자신의 기억을 더듬기도 하는 능동적 활동인 것이다. 독서는 시작 페이지에서 목적 페이지로 이동할 때에 시간이 흐름에 따라 직선으로 이동하는 것이 아니라 지그재그로 빙글빙글 나선을 그리며 목적지에 도착하는 역동적인 과정이다.

독서에서는 선입견을 버려야 한다. 선입견은 우리의 생각을 0의 지점에 두는 것이 아니라 −(마이너스)나 혹은 +(플러스) 지점에 두면서 외부 상황을 판단하려는 것이니 그 결과는 잘못되기 마련이다. 선입견에 사로잡히면 책 속에 어떠한 새로움이 있어도 이를 받아들이지 못하고 자기 생각을 재확인하는 것에서 앞으로 나가지 못한다.

독해력을 키움에 있어 능동적 글 읽기, 선입견 놓아두고 글 읽기만 있는 것이 아닐 것이다. 사람은 누구나 타고난 재주가 있기 마련이지만 이 세상 어느 재능도 노력하면 일정한 수준에 다다르지 못하는 것은 없다. 독서도 마찬가지이다. 비록 어렸을 적부터 책을 읽지 않은 사람이라도 지금부터 한 권씩 꾸준히 읽어 나간다면 독해력이 늘어나고 이에 따라 독서도 점점 더 즐거워짐에 따라 반복적으로 책을 읽게 되는 눈덩이 효과를 기대할 수 있을 것이다.

독서는 반복이다

사서삼경(四書三經) 중에서 『논어』는 현대인의 생활이나 사고방식에 무궁무진한 지혜를 주고 있다. 논어의 매력에 심취되어 1,000번 이상 읽은 경영자도 있다고 한다. 오늘날 인문학, 정치학, 경영학 등 다양한 측면에서 논어를 재해석하고 활용하기 위해 다양한 연구 활동이 진행되고 있다.

논어의 제일 첫 장에 등장하는 내용인 학이시습지 불역열호(學而時習之 不亦說乎), 즉 '배우고 때때로 익히면 어찌 기쁘지 아니한가!'라는 말은 학습의 즐거움을 나타낸다. 공자는 배우고 이를 실제로 실행해보는 일을 끝없이 반복하면 진리에 도달하게 될 것이며 그런 순간이 바로 학문의 즐거움을 맛보는 것이라고 말하고 있다.

공자는 모든 일을 수행함에 앞서 우선 배워야 함을 강조한다. 배움 없이는 그 어떤 익힘도 없을 것인바 배우지 않은 사람은 중대사에 나서지 말아야 한다고 경고한다. 배움이 부족한 자고가 벼슬자리에 앉으려 하자 공자는 그가 품성이 좋지만 배움이 없기 때문에 백성을 다스리는 것은 백성을 해치는 일이라고 꾸짖었다. 그러자 자로가 "책을 읽지 않은 사람이라도 한편으로 공부하고 한편으로 벼슬을 하면 되지 않나요?"라고 말했으나 공자는 화를 내며 자로를 나무랐다고 한다. 공자는 배움 없이, 즉 책을 읽지 않고서 무엇인가를 행하는 것만큼 위험한 것은 없다고 말하며 독서를 모든 일의 핵심이자 근본으로 삼았다.

공자는 수행 전에 반드시 배움이 있어야 함을 강조하였으며 이러한 배움은 생각과 늘 같이 있어야 한다고 가르쳤다. 그는 학이불사 즉망 사이불학즉태(學而不思則罔 思而不學則殆), 즉 "배움이 있으나 생각하지 않으면 미망에 빠지는 짓이고 생각만 하고 배움이 없으면 위태로운 일이다."라고 말했다. 공자는 생각하지 않고 책을 읽기만 하면 책의 지식만을 그대로 받아들일 뿐 자신의 것으로 만들 수 없기에 실천으로 옮기지 못함을 경고한다. 반대로 생각만 하고 독서를 하지 않으면 자신의 생각과 경험만을 소중하다고 여기는 사고의 편향성을 가질 위험에 놓인다는 것이다.

공자는 독서를 함에 있어 생각이 동반되어야 하고 이를 실천하는 과정을 수시로 반복해야 함을 역설한다. 그것이 책을 통해 무한한 즐거움을 얻을 수 있는 길이라고 생각했기 때문이다. 공자의 이러한 독서 체험 모습은 『사기(史記)』 중 '공자세가(孔子世家)의 위편삼절(韋編三絶)'이라는 말에서 찾아볼 수 있다. '위편'은 글씨가 새겨진 대쪽을 엮은 가죽 끈을 말하는 것이고 '삼절'은 그 끈이 세 번이나 끊어졌다는 것을 의미하는 것이니 공자의 반복적인 독서 모습을 상상해볼 수 있다. 이 기록에 의하면 공자는 학문적 완성기에 이른 말년에도 '역경(易經)' 읽기를 너무 좋아해서 책의 끈이 여러 번 끊어질만큼 『주역』을 수없이 반복해서 읽었다는 것이다.

당대 최고의 현인인 공자가 '주역'을 반복해서 읽은 이유는 그것을 읽을 때마다 구절들이 새로운 의미로 되살아났기 때문이었을 것이다. 공자는 평소 자신의 독서법인 '생각하며 반복적으로 읽기'를 통해 오랜 시간 '주역'을 탐구했던 것이다. 훌륭한 책일수록 곱씹으며 반복적으로 읽어갈 때 그 참맛을 경험할 수 있다는 것을 보여주는 것이다.

오늘날 우리는 어떠한가? 대부분의 독자는 책을 읽는 도중이나 읽고 난 후에 생각하는 것을 매우 싫어한다. 책을 읽는 것을 단순히 정보 취득 수단의 하나일 뿐이라고 생각하기 때문이다. 책의 내용으로 인해 고민에 빠지기보다는 그 책을 덮고 다른 책으로 옮겨가서 그곳에서 정보를 찾으려 애를 쓰는 경향이 있다. 어려운 책보다 이해하기 쉬운 책을 찾아 나선다. 아마도 그 옛날과 다르게 비슷한 내용을 다룬 책들이 여기저기 널려 있기 때문일 것이다.

그러나 오늘날에도 배움을 위한 독서에서는 같은 책을 생각하며 여러 번 반복적으로 읽는다. 이러한 독서법이 학업에 도움이 되기 때문이다. 단지 반복적 독서가 저자의 의도를 깨우치기 위해서가 아니라 암기를 위한 것이라는 점이 다르다. 즉, 반복적 책 읽기는 옛날 방식대로 남아 있으나 사색적 책 읽기는 남아 있지 않다. 스스로 사색하기보다는 해설서를 참고하여 남의 생각을 자신의 것으로 받아들이려고 한다. 세상살이에 바쁘다는 이유로 책 읽기도 '빨리빨리 문화'가 허용되고 있는 것이다.

프랑스의 교사이자 작가인 다니엘 페나크는 자신의 독서론『소설처럼』에서 독자의 10가지 권리를 제창하였는데 그중에 '책을 다시 읽을 권리'가 포함되어 있다. 책을 다시 읽어야 한다는 의무가 아니라 책을 다시 읽을 권리라고 표현한 것이 독자들에게 독서에 대한 평안함을 안겨준다.

필독서보다 자신에게 맞는 책을 읽어야 한다

어렵고 힘든 수험공부를 통해 대학교에 입학한 신입생들은 대학생으로서의 필독서라는 리스트를 보게 된다. 필독서는 대학생들에게만 국한되어 있지 않다. 글을 배우기 시작한 어린아이들부터 청소년들까지는 물론 교양인들이 읽어야 한다는 고전 리스트들도 눈에 띄곤 한다. 이제는 매스컴에서 떠들썩하는 베스트셀러도 읽어두어야 문화인으로서의 대우를 받을 권리가 있다고 여겨진다.

필독서 리스트야말로 우리들로 하여금 독서를 취미로 삼지 못하게 하는 원인들 중의 하나이다. 우선 필독서의 제목이 선뜻 우리들의 관심을 불러일으키지 못할 뿐만 아니라 해독의 어려움이 있을 것 같게 만들어버린다. 마치 책을 읽는 일도 수험공부의 일환으로 여겨지게 한다.

최인호는 그의 저서 『지독재독』에서 학교와 같은 교육기관이 우리들로부터 '사고의 습관'을 빼앗는다고 말한다. 학교에서 이루어지는 수업들은 교과서나 필독서의 범위 안에서만 사고해야 한다고 강조한다. 자유와 지성의 공간이라고 불리는 대학교에서조차 학생들 스스로 관심 분야의 책을 선정하지 못하고 학과 교수가 지정해주는 책으로 공부해야 하므로 그들의 지적 자유를 구속당하고 있는 것이다.

그러나 대학생들은 이러한 구속을 느끼지 못하며 공부한다. 고등학교 시절까지 수험공부에 얽매여 있다가 그것으로부터 풀려났기에 대학교의 구속적 상태를 오히려 자유의 결정체로 착각하고 있다. 이러한 현상은 창의적 인재를 원한다고 광고하는 사회와 기업에서도 이어지고 있다. 이 때문에 대학생들은 사회에 진출하기 위해 다양한 분야의 책을 읽기보다는 스펙 쌓기에 정열을 쏟고 있다.

이 외에도 '사고의 습관'을 빼앗는 구속체로는 TV와 인터넷이 있다. 이들 매체가 구속하는 대상은 무제한적이다. 대중 매체에서 소개된 책은 그 내용의 좋고 나쁨과 상관없이 너도나도 그 책을 읽으려고 줄을 섬에 따라 일약 베스트셀러 자리를 꿰차게 된다. 일반인들은 자신들에게 맞는 책을 선택할 권리를 빼앗기는 줄도 모르면서 이러한 책들을 읽느라 안간힘을 쓰게 된다. 대중매체가 구속하는 범위 안에 들지 못하면 문화인으로 인정받지 못한다는 불안감이 내재되어 있는 것이다.

존 스튜어트 밀은 『자유론』에서 "온 인류 중에서 단 한 사람이 다른 생각을 가지고 있더라도 그 사람에게 침묵을 강요하는 일은 옳지 못한데 이것은 마치 어떤 한 사람이 자기와 생각이 다르다고 나머지 사람 전부에게 침묵을 강요하는 일만큼이나 용납될 수 없다."라고 말했다. 그는 "설령 잘못된 의견이라도 그것을 억압하는 것은 틀린 의견과 옳은 의견을 대비시킴으로써 진리를 더 명확하게 드러낼 수 있는 소중한 기회를 놓치는 결과를 낳는다."라고 말했다. 고정화된 '사고의 습관'에서 벗어나서 다양하게 생각함으로써 진리를 발견하고 발전시킬 수 있는 에너지가 생성되는 것이다. 우리들은 이제 필독서라는 구속적인 울타리에서 벗어나 우리 자신을 성장시킬 수 있는 좋은 책을 골라 읽어야 한다.

좋은 책은 각자마다 다르게 선별될 수밖에 없고 또한 한 사람의 상황에 따라 달라진다. 사랑하는 사람과 헤어지면 길가에서 들려오는 그 많은 유행가 가사들이 시린 가슴속으로 파고든다. 연애 소설의 주인공들과 공감대가 형성된다. 삶이 무엇인가라는 철학적 사유에 빠져든 상황에서는 온갖 철학서를 읽고 싶어 하고 실제로 그 책들로 부터 많은 삶의 지혜를 얻을 수 있다.

중국의 임어당은 『생활의 발견』에서 모든 사람이 반드시 읽어야 하는 책은 이 세상에 존재하지 않으며 다만 어떤 사람이, 어느 때, 어느 곳에서, 어떤 상황 아래서, 일생의 어느 시기에 읽지 않으면 안 될 책이 있을 뿐이라고 말했다. 우리 자신에게 딱 맞는 책을 찾았을 때에 우리는 온몸이 짜릿해지는 느낌, 머리를 망치로 한 대 맞은 느낌, 심장이 빨리 뛰는 느낌 등을 갖게 된다. 이러한 경험은 한 사람의 인생을 바꾸어놓기도 한다.

하인리히 슐리만((1822~1890)은 어린 시절에 호메로스의 서사시 『일리아드』를 읽고서 사람들이 그저 신화라고만 생각해왔던 트로이 유적을 찾아내겠다고 결심했다. 그는 가난한 목사의 아들로 태어났지만 상점의 점원과 사환으로 어린 시절을 보내다가 상인으로 대성공을 거둔 뒤 트로이 유적 발굴에 평생을 바쳤다.

발명왕 에디슨은 어린 시절에 어머니의 권유로 파커의 『자연 과학의 학교』라는 책에서 '인간은 자연의 무한한 작용을 뒤덮고 있는 장막을 조금 들어 올렸을 뿐이다. 만약 인간이 자연의 실험실 구석구석을 살필 수 있다면 더욱 많은 불가사의한 일을 찾아낼 것임에 틀림없다.'라는 글귀에 크게 감동받았다. 그는 이 책에 나온 것들을 모조리 실험해보았고 이를 통해 간단한 시스템들을 만들었으며 지렛대와 도르래의 원리를 이해했고 태양계에 대한 지식을 터득하게 되었다. 이후 그는 백열등, 전화, 전차 등을 발명했으며 1,093개의 특허를 얻어 세계 기록을 보유하고 있다.

청계천의 평화시장에서 봉제기술자로 일했던 전태일은 '근로기준법'을 공부하면서 법이 지켜지지 않는 노동환경을 개선하겠다고 더욱 굳건히 다짐했다. 그러나 행정기관과 사업주들의 조직적인 방해로 노동환경 개선이 무산되자 그는 자신의 몸에 석유를 뿌리고 불을 붙인 채 '근로기준법을 준수하라! 우리는 기계가 아니다!' 등의 구호를 외쳤다. 병원에 실려 간 그는 어머니에게 '내가 못다 이룬 일을 어머니가 대신 이뤄주세요.'라는 유언을 남기고 그날 세상을 떠났다. 그의 죽음 이후 노동운동이 활발하게 전개되어 오늘날의 노동환경으로 개선되어 왔다.

이와 같이 자신에게 맞는 한 권의 책이 자신의 어두운 생각을 밝게 바꾸어놓고 아름다운 세상을 만들겠다는 목표를 세우게 해준다. 오준호는 그의 저서 『소크라테스처럼 읽어라』에서 좋은 책을 고르는 방법을 조언한다. 첫째로 베스트셀러를 고를 때에는 극단적인 책을 피해야 한다고 한다. 예를 들어서 '절대로', '반드시', '~하면 성공한다', '실패했다면 아직 ~하지 않았기 때문이다' 등과 같은 내용의 책은 저자가 자기의 주장이 갖는 한계나 보완점을 검토하지 않았다는 의미이기 때문에 도리어 공허하고 비현실적이라고 한다. 둘째로 좋은 번역서를 골라야 한다고 한다. 셋째로 고전 해설서를 현명하게 이용하라고 한다.

효과적인 책 읽기의 3대 원칙

책을 읽는 것은 글자를 읽는 것이 아니다. 책의 내용을 우리 것으로 만들어서 우리 생활에 활용할 목적으로 책을 읽는다. 즉, 어떠한 효과를 기대하며 책을 선택하고 책을 읽는 것이다. 무턱대고 책의 글자를 따라가며 읽는 것은 노력에 비해 수확이 적기 마련이다. 책을 어떻게 읽는 것이 효과적일까?

효과적인 책 읽기의 3대 원칙은 핵심 요약, 내용 발표, 반복 등이다. 첫 번째로 핵심 요약은 각 단원 혹은 각 페이지에서 저자가 말하려고 하는 핵심 내용을 추려내는 작업이다. 우리는 평소에 자신의 생각을 몇 마디만으로 요약해서 말하지 않는다. 어떤 개체에 대해 설명할 때에 개체의 개념, 개체의 특성, 개체의 운동, 개체의 영향 등과 같이 논리적으로 구성하여 설명에 임한다. 또한 각각의 항은 핵심 단어들로 구성하여 설명하게 된다. 이러한 방식은 남을 설득할 때에 더욱 효과적인 방법인 것이다.

글도 마찬가지이다. 저자는 책 한 권의 주제를 여러 개의 핵심 주제로 분류하고 이들 핵심 주제는 다시 여러 개의 소 핵심 주제로 세분하여 설명한다. 핵심 주제 설명 앞뒤에는 글의 글머리 부분과 글맺음 부분이 붙여지며 또한 핵심 주제에 따른 사례들도 열거된다. 저자는 다수의 대중을 염두에 두기 때문에 핵심 주제와 관련된 다양한 소재로 글을 쓰게 된다. 그러므로 책을 읽는 모든 사람이 각자 중요하다고 생각하는 부분들이 동일하지 않다. 자신에게 도움이 되는 핵심 주제만을 골라서 읽을 수 있고 핵심 주제 내에서도 전체 내용의 흐름만 따라잡을 수 있다면 자신이 관심을 갖는 문장 위주로 읽어도 상관없다. 책 전체의 주제를 구성하는 핵심 메시지, 특히 자신에게 필요한 메시지들을 중심으로 전체 내용을 이해하는 안목이 필요하다.

핵심 주제를 찾는 가장 빠른 방법은 책 제목, 장 제목, 절 제목,

단 제목들에 대해 미리 생각해보는 것이다. 국어시험에서 답을 빨리 고르기 위해서 예문을 먼저 읽는 것과 마찬가지로 제목들을 염두에 두고서 글을 읽는다면 핵심 주제를 빨리 추려낼 수 있을 뿐만 아니라 책 읽는 속도도 증강되어 효과적인 책 읽기를 실현할 수 있다.

300페이지 분량의 책에서는 핵심 내용이 60페이지 정도인 경우가 대부분이라고 한다. 따라서 우리는 한 글자씩 빠짐없이 읽어야 한다는 고정관념을 버려야 한다. 그것은 책 읽기가 아니라 문자 해독에 가깝다. 앞만 보고 길을 걸어서 목적지에 도착하면 그곳이 진정한 목적지인 줄 알지 못한다. 그저 발걸음을 옮겨왔다는 기억만 남아 있을 뿐이다. 그러므로 책을 효과적으로 읽으려면 목차를 중심으로 핵심 주제를 머릿속으로 생각하고 그 주제와 직접적으로 관련 있는 문구들을 찾아나서야 한다. 이렇게 찾은 핵심 주제는 머릿속으로 기억하든지 혹은 자신의 노트에 요약해둠으로써 책 전체의 주제를 찾는 데에도 활용할 수 있게 된다.

두 번째로 내용 발표는 책을 다 읽고 나서 그 내용을 구두나 혹은 글로 발표하는 것을 말한다. 강의 내용을 다른 사람에게 전달해야 하는 책임을 가지고 강의실에 들어가는 사람은 일반 사람과 집중도 측면에서 사뭇 다르다. 강의를 물 흐르듯 편안하게 듣는 것이 아니라 주제별로 요약해서 정리할 필요를 느끼게 된다. 머릿속으로 기억하기 힘들다는 생각이 들면 노트 필기를 하기 마련이다.

책 읽기에서도 마찬가지이다. 책을 읽고서 누군가에게 말 혹은 글로 설명하려면 독서의 집중도가 강해질 뿐만 아니라 자신이 설명하기 편하도록 책 내용을 정리하고 편집해두고 싶어 할 것이다. 남을 가르치는 일은 자신의 공부에 커다란 도움이 된다. 발표를 염두에 두고서 책을 읽을 때에는 책 내용을 더 정확하고 깊이 있게 이해할 수 있다. 책 읽기 과정에서 이해가 되지 않는 부분은 별도로 표기하여 책 내용을 전달하면서 함께 토론할 수도 있다. 나중에 자신이 참고하기 위한 목적이라면 책의 여백에 자신만이 알 수 있는 표기 기호들로 책 내용을 요약하면 큰 도움 자료가 될 수 있다.

강연을 많이 하는 전문 강사들은 책을 그냥 읽지 않는다. 강연의 소재로 활용할 목적으로 집중하여 책을 읽으면서 자신이 필요한 핵심을 뽑아 요약한다. 이렇게 발표를 목적으로 책을 읽으면 머릿속에 책 내용이 오래 기억된다. 전문가로 성장하기 위해서는 자신이 읽었던 책 내용을 발표할 것을 염두에 두고 책을 읽어야 한다. 자신이 읽은 책 내용으로 남들과 친밀하게 토론을 하고 이를 바탕으로 자신의 부족한 점들을 발견하여 또 다른 독서를 통해 이를 충당할 수 있게 되는 것이다.

세 번째로 반복은 책을 한 번 읽는 것으로 끝내지 않고 되풀이하여 읽음으로써 책 내용을 깊이 있게 이해할 수 있으며 또한 그 내용을 오래 기억할 수 있도록 해주는 효과가 있다. 한 권의 책을 천천히 읽는다고 해도 오래 기억하지 못하고 일주일 내에 잊어버리게 된다. 기억의 망각 곡선은 지수 함수의 형태를 띠기 때문에 기억하고서 처음 며칠 안에 대부분의 내용을 망각하게 된다. 그러나 오래 기억해 둔 내용은 시간이 흘러도 쉽사리 잊히지 않게 된다. 따라서 어떤 기억을 오래 유지하기 위해서는 그 기억 내용을 반복하여 기억함으로써 일정 기간을 넘겨야 할 필요가 있다.

돈과 시간을 투자하여 책 한 권을 열심히 읽었는데 얼마 지나지 않아 그 내용을 잊게 된다면 허망함을 느끼게 되고 더 이상 책을 읽고 싶은 마음이 사라지게 될 것이다. 반복 독서는 오래 기억할 목적 뿐만 아니라 처음에 이해하지 못했던 내용들이 상세하게 이해될 수 있고 생각하지도 못한 핵심을 발견하게 된다. 반복 독서는 우리에게 깊이 있는 깨달음을 제공해주는 것이다.

후한 말기의 학자 동우(董遇)는 독서백편의자현(讀書百遍義自見), 즉 책이나 글을 백 번 읽으면 그 뜻이 저절로 이해된다고 말했다. 이 말을 들은 어떤 사람이 책을 백 번이나 읽을 만한 여유가 없다고 하자 그는 세 가지 여분을 가지면 읽을 수 있다고 했다. 세 가지 여분 이란 겨울, 밤, 비 오는 때를 말한다. 겨울은 한 해의 여분이고 밤은 하루의 여분이며 비 오는 때는 한때의 여분이라는 것이다. 옛 선비 들은 책 한 권을 몇 번씩이고 반복하여 읽으며 암기 수준까지 이르 렀다. 오늘날에도 반복 독서를 통해 깊이 있는 깨달음과 함께 오랜 내용 기억 등의 효과를 기대할 수 있을 것이다.

자율독서의 효과

자율독서(Free Voluntary Reading: FVR)는 스스로 원해서 자발적 으로 책을 읽는 것을 말한다. 학교에 다니는 아이에게 있어서 FVR 이란 독후감을 쓸 필요가 없고 한 장(chapter)이 끝난 다음에 퀴즈 문제를 풀지 않아도 되며 모든 단어의 뜻을 사전에서 찾을 필요가 없는 것을 의미한다. FVR은 좋아하지 않는 책은 그만 읽고 원하는 책을 읽는 것을 말한다.

크라센은 그의 저서 『크라센의 읽기 혁명』에서 학교 자율독서 프로그램과 전통적인 언어 수업의 비교에 관한 연구를 소개하였다. 학교 자율독서 프로그램에서는 FVR을 자유롭게 실행할 수 있도록 학교 일정 중에 FVR 시간이 별도로 설정되었다. 전통적인 언어 수업에서는 교사가 책을 지정해서 읽히고 문법, 어휘, 독해력, 철자 등을 가르쳤다. 독해력 시험 결과를 토대로 학교 자율독서 프로그램이 전통적인 언어 수업보다 독해력 증진에 효과가 있음을 알 수 있었다고 한다. 학교 자율독서 프로그램에 참여한 학생들은 독해력뿐만 아니라 어휘력, 문법 시험, 쓰기, 말하기, 듣기 능력 등에도 효과적이었으며 일부 연구에서는 철자 습득에서도 향상됨이 밝혀졌다고 한다.

엘리와 만구하이의 연구에서는 자율독서가 외국어 습득에도 극적인 효과가 나타났다고 한다. 영어를 배우는 4~5학년 학생들을 세 그룹, 즉 전통적인 교수법, 자율독서, 함께 읽기(shared reading) 등으로 나누어 매일 30분씩 영어 수업을 진행하였다. 함께 읽기는 교사가 여러 번 영어 책을 읽어주고 책에 대해 서로 이야기를 나누며 다 같이 함께 읽고 역할극을 해보기도 하며 책의 일부분을 선택하여 그림을 그리기도 하고 그림과 관련된 내용을 쓰기도 하는 방식이다. 2년이 경과한 후 '자율독서'와 '함께 읽기'를 한 그룹 학생들이 전통적 수업을 받은 그룹보다 독해력, 쓰기, 문법 시험에서 훨씬 뛰어난 성적을 받은 것으로 나타났다.

영어를 외국어로 배우는 성인 학생들을 대상으로 한 베니코 메이슨의 연구에서는 학교에서 실시한 다독이 처음에는 매우 낮은 읽기 점수로 시작하였으나 최종적으로는 전통적인 방법으로 학습한 학생들보다 읽기 성적이 많이 향상되었음을 알 수 있었다. 이 연구에서는 억지로 영어를 공부하던 학생들이 영어책 읽기를 아주 좋아하게 되었고 자신의 영어 실력이 향상된 데 놀랐다는 일기를 썼다. 이 연구에서 흥미로운 점은 쉬운 책부터 시작하여 어려운 책으로 나아가는 선형적 진행이 아니라 어떤 학생은 어려운 책을 읽고 나서 쉬운 책을 읽었고 나중에 다시 어려운 책으로 돌아가기도 했다고 한다.

제2 언어로 읽기를 많이 한 학생들이 그 언어로 쓰기도 잘한다는 사실이 몇몇 연구에서 확인되었다. 자율독서의 양은 미국에서 온 유학생들의 듣기 실력, 문법, 쓰기, 독해력을 측정하는 영어 시험인 토플 시험의 성적을 예측할 수 있는 중요한 요인이 되고 있다.

키스 스타노비치(Keith Stanovich)는 피험자들이 작가 이름을 많이 알수록 어휘력, 독해력, 철자 사용 능력 등이 뛰어남을 밝혔다. 작가 이름을 많이 알고 있는 사람은 실제로 책을 읽고 있을 가능성이 높기 때문에 결국 다독하는 사람은 언어 실력이 상대적으로 뛰어남을 알 수 있다. 어느 연구에서는 공항에서 10분 이상 독서하며 비행기를 기다리던 사람은 그렇지 않은 사람보다 작가에 관한 시험과 간단한 어휘 시험에서 훨씬 더 나은 점수를 얻었다고 한다.

읽기 후 테스트에 관한 연구에서도 읽기의 힘을 증명해준다. 이 연구에서 연구대상자들은 글 속에 생소한 단어가 포함되어 있다는 것을 미리 알지 못할 뿐만 아니라 글 읽기가 끝난 후 어휘와 철자 시험이 있을 것이라는 것도 전혀 모른 상태에서 글을 읽고 난 후 어휘와 철자 시험을 보았다. 이 연구에서 연구자들은 익숙하지 않은 단어를 책에서 보게 될 때 '단어에 대한 지식이 확실하게 향상된다.'라는 결론을 내렸다.

어느 연구에서는 영어를 외국어로 배우는 성인 학습자들을 대상으로 『동물농장(Animal Farm)』에서 나오는 단어를 테스트했다. 한 그룹은 단어를 기계적으로 암기했고 다른 그룹은 책을 읽기만 했다. 연구대상자들은 어휘 시험을 본다는 것을 알지 못한 상태에서 일주일 후에 시험을 보았는데 단어를 기계적으로 외운 그룹의 점수가 더 높았다. 그러나 3주 후에 치른 시험에서는 두 그룹 간에 차이가 없었다. 시험을 두 번 보는 동안에 단어를 기계적으로 외운 그룹은 단어를 잊었지만 독서를 한 그룹은 실질적으로 어휘력이 향상되었다.

독자들은 문맥에서 단어의 의미를 파악해내지 못하거나 잘못 이해하기도 하지만 결국 그들은 문맥을 통해서 모르는 단어의 의미를 알게 된다. 책을 읽고도 알지 못하고 넘어가거나 사전을 찾아봐야 하거나 완전히 잘못 이해한 단어는 얼마 되지 않는다. 그러나 문맥에서 그 의미를 제대로 파악한 단어의 양은 엄청나다.

자율독서를 통한 언어 학습은 외국어 습득에 있어서 단어, 문법, 독해력을 향상시켜 주었다. 자율독서의 양이 많은 학생일수록 영어의 듣기 실력, 문법, 쓰기, 독해력 등을 측정하는 토플 시험에서 더 우수한 성적을 거두었다. 이와 같이 자율독서는 모국어의 독서력을 증강시켜 줄 뿐만 아니라 외국어 실력 향상에도 커다란 효과가 있음이 밝혀지고 있다.

책은 자신에게 맞는 것을 골라야 한다

일본의 현대 소설가 무라카미 하루키는 『무라카미 아침 일상』에서 '나의 독서 범위는 지금에 이르기까지 외국 문학 단 하나로 일관해왔다.'고 밝혔다. 그는 미국 소설들로부터 많은 영향을 받아서 '무라카미 월드'라고 불리는 독립된 문학세계를 구축해오고 있다. 만일 그가 일본 작가의 글을 읽었다면 오늘날 일본 최고의 작가가 되지 못했을 수도 있다.

하루키의 경우처럼 우리들은 누구나 자신에게 맞는 책들을 골라 읽어야 한다. 자신에게 맞지 않는 책, 자신을 더 벼랑으로 떨어뜨릴 책들은 차라리 읽지 않는 것이 낫다. 인생을 비관적으로 생각하며 '도대체 삶이란 무엇인가?'라고 매사에 관심 없이 대하는 청년이 염세주의 책들을 읽는다면 그는 자신의 생각이 옛날 성현들의 생각과 너무나 일치한다고 확신하며 점점 더 깊은 나락으로 빠져들지 모른다.

자신에게 맞는 책은 어떻게 고를 수 있는 것일까? 자신의 영향력 범위를 확장시킬 수 있는 책들을 읽어야 한다. 이 세상의 수많은 개체들은 크게 두 가지, 즉 우리 자신의 관심 범위 내에 존재하는 개체들과 관심 밖의 개체들로 구분된다. 관심 밖의 개체들을 대상으로 하는 책들은 누구라도 읽으려 하지 않을 것이다. 사람은 누구나 관심을 가지고 있는 분야, 예를 들어서 자신의 건강, 진학, 직장, 연애, 결혼, 자녀, 증권, 부동산 등에 관한 정보를 알고 싶어 하고 또한 그와 관련된 책들을 읽으려 한다.

그러나 어떤 분야에 관심이 있다고 하여 그 분야의 책을 읽는 것은 한번 고려해보아야 한다. 즉, 책을 읽어서 이해할 수 있어야 하고 자신의 영향력 범위를 확충시킬 수 있도록 책을 골라 읽어야 한다. 영향력은 외적 영향력과 내적 영향력 등의 두 부분으로 나뉜다.

외적 영향력 안에 있는 책은 자신의 행동을 긍정적·적극적 방향으로 이끌어주어서 영향력의 범위를 확장시켜 주는 정적인 효과를 가져다준다. 예를 들어서 고전소설 속의 주인공 행동을 닮아가려는 노력으로 주변 사람들을 전보다 더 많이 사랑하게 되고 세상의 모든 개체에 대해 보다 넓고 깊게 대할 수 있도록 해준다.

그러나 자신의 관심 범위 내에 있으나 외적 영향력의 범위를 벗어나는 책을 읽다 보면 통제력을 상실하여 정상적인 생각으로부터 벗어나게 하는 수가 있다. TV 연속극이나 영화에 시청 가능한 나이가 제시되어 있듯이 책 또한 사람의 성장 상태에 따라 독서 나이에 제한을 두어야 한다.

내적 영향력 안에 있는 책은 자신의 상상력을 긍정적으로 키워줌으로써 새로운 지식에 호기심을 갖게 하고 긍정적 사고방식을 키워준다. 이러한 책을 골라 읽으면 이와 연관된 다른 책들도 이어서 읽고 싶은 마음이 생기게 함으로써 풍부한 독서력을 키울 수 있게 된다. 우연히 읽게 된 한 권의 소설책에 커다란 재미를 느껴서 그 저자의 소설을 독파할 뿐만 아니라 소설 마니아가 되는 경우가 바로 여기에 해당한다.

그러나 내적 영향력 밖의 책을 읽는 것은 허황된 욕심만을 키워줄 우려가 있다. 도덕적으로 충만하지 않은 사람이 자신의 범위를 넘어선 책을 읽으면 책 내용을 곡해하여 자신의 욕심 채우기에 유리한 방향으로 해석하고 행동함으로써 사람들을 불행하게 만든다. 히틀러와 스탈린은 책 읽기에 열중했으나 이들은 자신의 내적 영향력 밖의 범위에서 책의 내용을 받아들임으로써 철저히 아집에 빠져들었다. 그들은 플라톤(Platon)을 읽으면서 스스로를 이데아 정신을 구현하는 철인이라고 생각했을 수도 있다. 마키아벨리(N. Machiavelli)를 읽으면서 살육과 전쟁을 정당화시키는 논리를 발견했을 수도 있고 아퀴나스(T. Aquinas)를 읽고서 종교 교리의 논리를 분쇄시키는 독단적 혁명의 원리를 찾았을 수도 있다.

자신에게 맞는 책이란 자신의 내적 및 외적 영향력 범위 내에 둘 수 있는 책을 의미한다. 어떤 분야에 관심이 생겨났다고 하여 아무 생각 없이 그 분야의 책을 골랐다가는 이해하기도 어려울 뿐만 아니라 설사 이해했다고 해도 득이 아니라 독이 될 수도 있음을 명시해야 한다. 올바른 독서를 통해 자신의 영향력 범위를 점점 더 확대해 나아감으로써 자신에게 맞는 책의 범위를 자신의 관심 분야에 일치시킬 수 있도록 끊임없는 책 읽기 노력에 온 힘을 기울여야 할 것이다.

독서는 눈이 아니라 뇌로 한다

인간은 일을 처리함에 있어 효율성을 따져본다. 동일한 자원을 가지고 어떻게 하면 더 많은 결과물을 얻을 수 있을까라는 생각에서부터 출발한 이러한 효율성은 수많은 생활도구를 발명하게 되었고 오늘날 기술과 산업 발전을 이끌게 되었다.

독서에서도 효율성을 추구하는 경향이 있다. 동일한 기간 내에 더 많은 양의 책을 읽는 것이 지식 축적에 도움이 될 뿐만 아니라 독서력을 향상시킬 수 있다는 취지로 속독법에 관심이 많다. 실제로 속독법 관련 학원이 속출하고 책을 빨리 읽는 법에 관한 책들도 많이 출판되어 왔다. 속독법 전문가들은 문장을 이해한 후에 눈을 움직이지 말고 눈을 움직이는 속도에 맞춰 문장을 이해해야 한다고 한다. 독서력은 훈련에 따라 얼마든지 향상될 수 있으므로 페이지를 대각선으로 읽으라느니 세 줄씩 한꺼번에 읽어야 한다느니 키워드 중심으로 읽어야 한다느니 등과 같이 여러 종류의 속독법이 제시되어 오고 있다.

그러나 책은 두 눈으로 읽는 것이 아니라 우리의 뇌로 읽는 것이다. 우리의 두 눈은 단지 글자들을 볼 뿐이다. 따라서 책을 빨리 읽기 위해서는 눈을 훈련할 것이 아니라 뇌를 훈련하는 방법을 찾아야 한다. 두 눈을 통해 뇌로 입력된 단어들은 우리의 기억 정보들과 비교되어 적합한 의미를 찾아낸다. 모르는 단어가 입력될 때에는 그 단어가 포함된 앞뒤 문맥을 통해 단어의 의미를 유추해 나간다. 단어의 의미가 이해되고 문장이 이해됨에 따라 문맥의 논리성을 판단하고 저자의 의도를 파악하게 된다. 이와 같은 동작은 모두 우리의 뇌에서 순차적으로 이루어진다.

두 눈으로 문장을 본다고 해도 뇌 동작이 빠르지 못하면 속독은 불가능하다. 속독을 위해서는 우선적으로 어휘력이 향상되어야 한다. 모르는 단어들을 접할 때에 우리 뇌는 자신의 저장정보를 열심히 찾게 됨에 따라 독해 시간이 지연되며 정보를 못 찾을 때에는 자신감이 상실되어 문맥을 파악할 수 없게 된다. 책을 많이 읽은 사람은 일단 높은 어휘력으로 인해 문장 해석에 어려움이 없을 뿐만 아니라 설사 모르는 단어를 만난다고 해도 독해력이 우수하기 때문에 문맥의 의미를 파악하는 데에는 커다란 지장이 없게 된다. 책 읽기를 통한 뇌 훈련의 결과는 단어 의미를 파악하는 데 시간이 짧게 걸릴 뿐만 아니라 문맥의 의미도 초고속으로 연결 구성됨에 따라 별도의 속독 훈련이 필요 없다고 한다.

김을호는 그의 저서 『꿈과 끼를 키우는 행복 독서법』에서 현재 모 대학 겸임교수로 있는 C씨를 소개하였다. 아버지가 사업에 실패한 후 C씨는 달동네로 이사하게 되었는데 밤이면 도둑과 강도가 들끓고 동네 아이들도 거칠어서 싸움이 끊이지 않았다고 한다. 다섯이나 되는 딸들이 그런 분위기에 물들까 걱정이 된 C씨의 아버지는 통행금지 시간을 오후 6시로 정했고 집 밖에서 누구와도 뛰어놀 수 없게 금지했다. C씨가 집에 갇혀서 오로지 할 수 있는 것이라고는 온 집 안을 가득 메운 책을 읽는 것뿐이었다.

어릴 때에는 그림책으로 집짓기 놀이를 하다가 한글을 익히고서는 책 속의 이야기에 매료되어 책을 읽기 시작했다. C씨는 한 글자씩 꼭꼭 씹어 먹듯이 정독을 했다. 몇 년이 지나자 집 안을 가득 메웠던 수천 권의 책을 다 읽어버렸고 언니들이 학교 도서관에서 매주 빌려다 준 문학전집도 모두 읽었다. 동네 부근의 시립 도서관에는 그녀가 읽을 책이 더 이상 없을 정도가 되었다. 그러던 어느 날 그녀가 책 읽는 것을 본 담임선생님께서는 '너는 왜 책은 읽지 않고 책장만 넘기고 있니?'라는 꾸중을 들었다고 한다. 그제야 그녀는 자신이 정독을 하고 있는데도 남들이 보기에는 책이 몇 페이지나 되는지 알아보려는 것 같은 속도로 책장을 넘기고 있었다는 사실을 알아차리게 되었다.

그녀는 한 점을 응시하면 적어도 그 점을 중심으로 한 페이지의 전반부 내용이 저절로 머리에 들어온다고 한다. 마치 속독학원의 훈련법과 비슷하지만 근본적인 차이가 있다. 그녀는 몇 년간 쉼 없이 책을 읽는 동안 그녀의 뇌는 자연스럽게 언어적으로 강도 높은 훈련을 받고 있었던 것이다. 비록 의도는 하지 않았지만 결과적으로 한 페이지의 이미지를 동시에 지식으로서 받아들이는 속독이 가능하게 되었다는 것이다.

속독은 단순히 책 읽는 방법을 훈련하여 하루아침에 이루어지는 것이 아니라 오랫동안 많은 책을 읽은 결과로써 오는 것이다. 눈의 집중도를 높여서 문장을 한꺼번에 보는 훈련이 중요한 것이 아니라 뇌의 집중도를 높여서 문장을 빠른 속도로 이해하는 독서력이 중요한 것이다. 독서는 책을 눈으로 보는 것이 아니라 책의 내용을 뇌로 이해하는 행위이므로 꾸준한 독서야말로 속독의 지름길임에 틀림없다.

다량의 독서에서 재미있는 책을 만날 수 있다

'고기도 먹어본 사람이 먹는다.'라는 말이 있듯이 무슨 일이든지 안 해본 사람은 그것의 즐거움을 알지 못한다. 영화관에 자주 안 가는 사람은 "요즘에 재미있는 영화가 있나? 옛날에는 많았었는데."라고 한탄하듯 말한다. 책을 안 읽은 사람들도 마찬가지이다. 그들은 "책이 뭐가 재미있겠어? 그저 탁상공론뿐이라 도대체 어디 써먹을 데가 있어야지 말이야."라며 책 많이 읽는 사람을 폄하하는 듯이 말을 한다. 그러나 영화를 많이 보거나 책을 많이 읽는 사람일수록 재미있는 영화나 책이 얼마나 많은지 모르겠다며 감탄할 뿐 불평하지 않는다.

사실 이 세상에서 재미있는 일을 만날 확률은 누구에게나 동일하다. 100편 중 1편, 100권 중 1권이라도 평생 기억에 남는 작품을 만날 수 있다면 그야말로 행운이다. 책 100권을 읽었는데도 운명의 책을 만나지 못했다면 200권을 읽고 그래도 못 만났다면 500권 아니 1,000권을 읽으면 그만큼 만날 확률은 높아지게 된다. 1등에 당첨되

려고 한꺼번에 복권을 많이 사는 것도 그만큼 당첨 확률을 높이려는
의도이다.

복권 당첨 확률을 높이는 일이야 간단히 돈으로 해결할 수 있지만
평생토록 기억에 남을 만한 운명의 영화나 책은 돈만으로 만날 수는
없다. 돈뿐만 아니라 시간도 투자해야 한다. 감탄시키는 작품을 만
날 확률이 1%라고 해도 이는 평균값에 해당하므로 누구나 100편
중에서 1편의 운명적인 작품을 만날 수 있는 것은 아니다. 혹자는
10편 중에서도 만날 수 있는 것이고 운이 나쁜 사람은 500편을 감
상해도 여전히 못 만날 수도 있다. 우리 자신에게 부여된 확률은 알
수 없으나 운명의 책을 만날 행운을 얻으려면 그에 상응하는 엄청난
양의 책을 읽어보려는 노력이 우선 뒷받침되어야 한다.

1%의 행운은 100권의 책을 읽는 노력으로 만들어지는 것이다. 그
러므로 100권의 책을 읽는 일에 노력을 기울이지 않고서는 1%의
행운을 만나기가 어렵다. 100권의 책을 읽지 않고서 자신에게 감동
을 안겨주는 책을 만나지 못했다고 불평하는 사람은 그저 불평꾼으
로 남을 뿐이다. 설사 100권의 책을 읽었음에도 자신의 책을 만나지
못할 경우에는 그 책을 만날 확률이 1% 이하임을 인식하여 보다 더
집중하여 책을 읽어야 한다. 확률이 1%라고 하여 100권 만에 우리
자신을 감탄시켜 줄 책을 만나는 것이 아니므로 100권 이상의 독서
에 투자해야 하는 노력이 필요한데 이것이 인생의 확률 법칙이다.

노력하지 않고 성공을 바라는 인생은 절대로 행복을 기대할 수 없
다. 마치 탐정 소설의 끝을 먼저 읽고서 처음부터 책을 읽어야 하는
것 같은 허망함을 경험하게 된다. 남들보다 먼 길을 돌아가든, 오랜
세월 동안 어렵고 힘들게 기울인 노력이 물거품이 되어버리든, 거기

에는 나름의 가치가 있기 마련이다. 노력의 결실이 나오지 않는다고 하여 실망한 나머지 그 일을 그만두어서는 참으로 안타까운 일이 아닐 수 없다. 조금만 더 계속 노력했더라면 분명히 행운이 찾아왔을 것인데 중도하차는 가슴 아픈 일이다.

다량의 독서를 통해서 재미있고 감동적인 책을 만날 수 있다. 일본의 유명작가인 고(故) 이노우에 히사시는 보유 서적만 15만 권 이상이었다고 한다. 15만 권의 책은 상상을 초월하는 엄청난 양이다. 웬만한 도서관에서도 이 정도 양의 책을 보유하지 못한다. 그런데 성공한 사람들의 대부분은 이 정도의 독서량을 소화한다는 것이 사실이다.

독서는 양이 아니라 질이라고 말하는 사람들이 많지만 양과 질은 상반된 개념이 아니다. 많은 양의 독서량을 소화하지 못하면 양질의 독서는 불가능하다. 센다 타쿠야는 자신이 읽은 양서들 중에서 몇 권만을 반복하여 읽는 사람은 독서를 하지 않는 사람이라고 말한다. 왜냐하면 책이 좋은지 나쁜지를 가려낼 수 있는 안목은 방대한 양의 책을 읽어야만 비로소 생겨나기 때문이라는 것이다.

우리 주변에는 수많은 책들이 존재한다. 한국에서는 매년 4만 권 이상의 신간이 출간된다. 우리 자신의 운명을 바꾸어줄 책이 매년 무수히 출판되고 있음을 알 수 있다. 책을 꾸준히 읽는 사람이 방대한 독서량을 소화해낼 수 있다.

다량의 독서를 위해서는 진심으로 좋아하고 재미있는 책을 읽는 것이다. 책장을 넘길 때에 손이 떨리고 심장박동수가 갑자기 빨라지는 그런 책을 읽어야 한다. 독서란 자신에게 즐겁고 재미있는 책을 읽는 행위이다. 남에게 보여주려고 머리를 싸매가며 어려운 책을 더

듬대고 읽거나 과제용 도서를 허벅지를 꼬집어가며 읽는 것은 거짓된 독서이다. 진정한 독서는 다른 사람의 시선에 신경 쓰지 않고 우리 자신의 이익만을 바라볼 뿐이다.

졸린 눈을 비벼가며 책을 읽는 것은 참된 독서가 아니다. 진정한 독서는 밤을 새워도 정신이 맑아지고 오히려 눈망울이 초롱초롱해진다. 책을 사서 서점 문을 나서자마자 책 내용이 너무 궁금하여 근처 카페로 재빨리 달려가거나 버스나 전철 안에서 모두 읽어버릴 정도가 되어야 한다. 독서에 흠뻑 빠져야 재미있는 책을 만날 확률이 높아지고 재미있는 책을 읽는 것은 독서력을 증가시켜서 매일 어떤 책이라도 읽고 싶어 하는 마음을 우러나게 한다.

강연을 목표로 독서를 하자

인간은 자신이 세운 목표 없이 행복할 수 없는 존재이다. 오늘보다 내일에 우리의 목표를 향해 한 걸음 더 전진할 것이라는 기대가 있어야 삶의 외로움이나 고통을 감내할 용기가 생겨난다. 에이브러햄 매슬로가 제안한 욕구계위의 가장 상위 단계가 자기실현 욕구이다. 자기 자신의 잠재력을 실현하고자 하는 욕구가 인간 누구에게나 내제되어 있다는 것이다. 다른 욕구들과 마찬가지로 자기실현 욕구를 충족시켜 주지 못하면 자신의 삶이 활성화되지 못한다. 따라서 자기실현 욕구의 대상인 목표를 설정하여 이를 실현함으로써 인간은 삶의 의미를 발견하게 된다.

책을 읽는 일은 자신을 깨우치는 적극적인 활동이다. 책을 통해 수많은 저자들의 경험, 지식, 지혜, 사상 등을 배울 수 있고 이를 통해 우리 자신도 지식을 쌓을 수 있으며 지혜를 창출할 수 있는 능력을 배양할 수 있다. 독서를 통한 우리의 경험, 지식, 지혜 등을 다른 사람들에게 발표하는 것은 어떨까? 우리 자신만을 위한 독서가 아니라 남들에게 도움을 줄 수 있는 독서로 거듭나기 위해서 우리는 사람들 앞에서 강연할 필요가 있다.

강연은 사회적으로 유명한 사람만의 전유물이 아니다. 오늘날의 유명 강사도 지난날에는 어느 강연의 수강자였을 것이며 스스로 공부하고 터득하여 많은 사람들 앞에서 자신의 이야기를 할 수 있게 된 것이다. 사람은 누구나 다른 사람들이 도저히 갖지 못한 자신만의 경험과 가치관이 있기 마련이다. 그래서 선인들은 아무리 하잘것 없는 사람들이라도 그들로부터 배울 점이 반드시 존재한다고 말했다. 이는 누구나 다른 사람들에게 가르침을 줄 수 있다는 의미이다. 따라서 우리는 누구나 강연할 테마를 축적하며 살아온 것이다.

그러나 강연은 일대일 대화가 아닌 만큼 준비할 거리가 많다. 첫째로 자신감이다. '별로 아는 것도 없는 내가 어떻게 강연을 할 수 있겠어?', '나 말고 똑똑하고 유능한 사람이 얼마나 많은데.', '나는 강연은 정말로 못할 거야.'라는 말들은 자신감을 꺾어버리는 악습적인 독백이다. 입 밖으로 나오는 말이 그 사람의 생각을 만들고 그 생각은 그 사람의 인생을 만든다.

사토 도미오는 그의 저서 『배우고 익히면 즐겁지 아니한가』에서 우리 뇌의 자율신경계는 '자동 목적달성 장치'라는 기능이 있다고 한다. 이로 인해 우리 몸은 목적을 입력하면 반드시 그 목적을 달성하는 방향으로 움직인다는 것이다. 예를 들어 '부자가 된다.'고 입력한 사람은 부자가 될 수 있고 '예뻐진다!'고 입력한 사람은 실제로 미인이 될 수 있다고 한다. 말을 입 밖으로 꺼낸다는 것은 그 말을 우리 뇌의 자동 목적달성 장치에 입력하는 것과 동일한 행위이다. 그러므로 자신이 이루고 싶은 소망이 있다면 틈이 날 때마다 소리 내어 외쳐야 한다.

우리 뇌의 자동 목적달성 장치는 우리가 감지하는 정보를 무의식적으로 가려내는 기능을 수행한다. 마치 내비게이션과 같은 기능을 수행한다. 목적지로 향하지 못한 길은 제외시키고 오로지 목적지에 도달할 수 있는 길만을 유도해주는 내비게이션처럼 자동 목적달성 장치도 목적달성을 향하는 행위만을 자동적으로 안내하게 된다.

그러므로 '나는 강연자가 된다.'라는 말을 되풀이하면 무의식적으로 강연자가 되기 위한 정보를 가려내어 받아들이게 되고 우리 자신도 모르게 자신감이 저절로 생성될 수 있다. 이미 강연자가 되어 있는 것과 동일하게 우리의 자동 목적달성 장치가 동작하므로 우리는 '강연자 되기'라는 목적지에 조금이라도 더 빨리 다가갈 수 있게 된다.

강연을 위한 두 번째 준비로서 강연 테마를 선정하는 일이다. 강연자들은 대부분 자신의 삶에서 체득한 경험과 지혜 등을 바탕으로 한 성공담을 참석자들에게 발표한다. 연봉을 1억 넘게 받는 보험 판매원은 보험 상품을 어떻게 판매해서 성공했는지에 대한 자신의 경험을 진솔하게 이야기하는 것만으로도 충분한 강연 테마로 삼을 수 있다. 스포츠 스타나 오지 탐험가는 어떠한 계기로 자신의 분야를 시작하게 되었는지, 자신의 지나온 길, 인생을 바라보는 자신의 생각, 앞으로의 계획 등에 관한 내용으로 구성된 강연이 일반 대중들에게 커다란 인기를 불러일으킨다.

그렇다면 자랑할 만한 커리어가 없는 사람은 어떠한 내용으로 강연을 할 수 있을까? 강연을 위해서는 자신만의 영역을 확실히 구축하기 위한 목표를 설정해야 한다. 우리가 살고 있는 삶의 네트워크에는 무수히 많은 개체들이 존재한다. 실체적 개체와 비실체적 개체로 구성되어 있는 삶의 네트워크 내에서 우리 자신이 제일 잘할 수 있는 개체를 선정하여 강연 테마로 삼는 것이다. 예를 들어서 가족 사랑, 요리, 둘레길, 야구선수, 영화, 음악, 성공 등과 같이 우리가 선택할 수 있는 강연 테마는 무수히 많이 있다.

강연 테마를 선정한 후에는 자료 조사 단계로 접어들어야 한다. 관련 분야의 정보 수집을 위해 서점이나 도서관에서 그 분야의 책들을 수집해야 한다. 수집한 책들을 일정 기간 내에 독파함으로써 우리들 누구나 전문가가 될 수 있고 이를 바탕으로 강연자로 나설 수 있다. 강연을 목표로 책을 읽으면 재미로 읽는 독서보다 훨씬 더 집중력이 높아지고 이해력도 빨라진다. 강연을 통해 부족한 점들을 다시 통찰의 독서로 이어진다면 우리도 그 어떤 전문가 못지않은 강연자가 될 수 있을 것이다.

타깃 리딩(Target Reading)

그리스의 철학자·수학자 피타고라스는 만물의 근원을 수(數)로 보았다. 네이버 지식백과에 의하면 피타고라스는 "1은 최초의 자연수 또는 단위수일 뿐만 아니라 시원, 전체, 궁극, 완전을 의미하고, 2는 2개의 단위수가 아니라 대립, 분열, 투쟁, 무한을 뜻하며, 3은 조화, 미, 질서, 신성을 나타내고, 4는 사물, 현실, 배분, 정의 등을 의미한다."라고 말했다는 것이다. 그는 "우주는 점·선·면·입체로 이루어져 있는데 이 점·선·면·입체를 상징적으로 나타낸 것이 테트락튀스(tetractys)인 [1·2·3·4]라는 4원소로서의 수에 대응하므로 물질세계에 있는 것은 모두 수들로 이루어져 있다."라고 말했다.

숫자 1, 2, 3, 4들 중에서 3을 주목해보자. 동서고금을 막론하고 인간은 유와 무, 음과 양, 대와 소, 호(好)와 불호(不好) 등과 같이 피타고라스가 말하는 대립과 투쟁의 숫자 2로 삼라만상을 나타내왔다. 오늘날 정보혁명의 핵심장치인 컴퓨터도 0과 1의 두 가지 상태만으로 동작한다고 믿고 있다. 그러나 실제로는 0도 1도 아닌 제3의 상태도 포함하여 컴퓨터가 작동하는 것이다. 인간은 태고 때부터 잘 알아차리지 못한 채 숫자 3을 애용해왔다. 삼신할머니, 삼세번, 삼시 세끼, 3진 아웃, 3원색, 3위일체, 후래자 3배, 3각 관계 등과 같이 우리들 삶 속에는 3이 늘 병존해오고 있다.

어떤 일의 발전 과정도 3단계로 표현하고 있다. 모든 변화를 3단계, 즉 준비, 진행, 결과 단계로 구분할 때에 독서는 긍정적 변화를 가져오는 준비 단계에 해당한다. 준비 단계는 우리가 원하는 결과를 기대하며 활동하는 프로세스를 의미한다. 그렇다면 독서 프로세스는 어떻게 3단계로 구성되는 것일까? 독서 프로세스는 독서 계획, 독서 활동, 독서 달성 등으로 수행된다. 독서 계획 단계에서는 독서 동기 강화, 책 선택, 읽기 일정 계획 등을 수립한다. 독서 활동에서는 읽기로 계획한 책을 읽어가며 저자의 경험, 지식, 사상 등을 이해하는 과정이다. 이 단계에서는 저자와의 소통을 통해 우리의 삶을 되돌아보고 그 의미와 가치관을 찾아가야 한다. 독서 달성 단계는 목표 지점(target)에 도달하는 단계를 말하며 이 단계는 다시 또 다른 독서 계획 단계와 겹치는 부분이다. 이렇게 독서 계획→독서 활동→독서 달성→독서 계획 등과 같이 순환 반복하는 독서 프로세스를 타깃 리딩(Target Reading)이라 부르기로 한다.

타깃 리딩은 X축을 시간으로 하고 Y축을 공간으로 정할 때에 원점은 출발지가 된다. 시간이 흐름에 따라 계획→활동→달성 등의 단계로 진행되는데 달성은 계획 단계에서 수립한 공간 축의 목적지에 해당한다. 목적지는 숫자로 나타내는 피상적인 목표, 예를 들면 1달에 3권씩 읽어서 1년에 36권을 읽겠다와 같이 숫자로만 나타내는 목표를 의미하는 것이 아니다. 대신에 정해진 시간 내에 구체적인 목표, 예를 들면 어떠한 전문지식을 습득하겠다든가, 관련 분야의 책을 써보겠다든가, 강연을 해보겠다 등과 같이 실제적 목표를 정립해야 한다.

타깃 리딩 모델의 원점, 즉 출발지가 계획 단계라고 할 때에 달성 단계는 출발지에서 사선 방향으로 어느 지점을 의미한다. 출발지에서 시작하여 목적지까지 도달하는 과정은 외부 환경과 내부 환경의 영향을 받기 마련이다. 3단계마다 계획했던 대로 진행되지 못할 가능성도 많이 존재한다. 따라서 각 단계는 피드백(feedback) 경로를 둠으로써 현 단계를 마칠 수 없다고 판단되면 그 단계의 첫 부분으로 피드백 하든지 혹은 전 단계 아니면 전전 단계로 피드백 해야 한다.

모든 계획 수립이 그러하듯이 타깃 리딩에서도 기간별로 나누어서 목표를 설정한다. 예를 들어 장기 목표를 3년 단위로 수립하고 단기 목표를 1년으로 구성할 수 있다. 이때에는 매년 초에 단기 목표를 정립하고 이를 달성하기 위한 계획을 수립하여 12월 말까지 책을 읽어 나가는 것이다. 이러한 3단계의 과정을 3번 순환 반복함으로써 장기 목표를 달성할 수 있도록 계획하고 활동해야 한다. 타깃 리딩은 우리 삶이 3이라는 숫자에 근거하여 진행되고 있다고 하는 점에 착안한 독서 모델이지만 누구나 외적 환경과 내적 환경에 적합하도록 자신만의 주관적 모델을 구성할 수 있을 것이다.

05_
독서 활동 단계

5.1. 독서 계획

독서는 계획적이어야 한다

독서는 우리들의 목표가 아니라 수단이다. 우리가 인생에서 어떠한 목표를 성공적으로 달성하기 위해 책을 읽어야 하는 것이기에 독서는 목표가 아니라 활동 수단이다. 우리가 출발점에서 목표점까지 이동할 때에 무작정 길을 떠날 수는 없다. 목표점은 우리의 삶에서 의미와 가치를 가지고 있는지, 목표점에 도달할 수 있는 에너지는 충분한지, 언제까지 목표점에 도달해야 하는지, 이동하는 과정에서 어떠한 문제들이 발생할 것인지, 그러한 문제 해결 방책은 준비되어 있는지 등을 면밀히 검토 분석한 후에 마음가짐을 새롭게 하고 출발해야 한다. 이와 같이 어떠한 목표를 달성하기 위해서는 계획을 수립하여야 한다.

독서도 마찬가지이다. 아무런 계획 없이 책을 읽는 것은 책 읽기로부터 효과를 얻지 못한다. 오히려 돈과 시간을 낭비하는 역효과를 가져올 수도 있다. 계획 없는 책 읽기는 무엇보다도 작심삼일이 될 우려가 크다. 목표점을 향해 한번 걸어가 보자 하는 식으로 길을 출발했다가는 중도에 어려움이 닥칠 때에 그 자리에서 멈춰버리기 쉽다. 책 읽기도 먼 길 떠나는 일과 마찬가지로 시작하기 전에 철저한 계획을 세워둬야 한다.

독서 계획을 짜기 전에 우리는 스스로 질문을 해보아야 한다. 책을 읽기 전에 우리는 '왜 책을 읽어야 하는가?' '어떤 책을 읽어야 하는가?' 등을 따져보아야 한다. 우리는 책 읽기를 통해 우리 자신의 삶을 개선하고자 한다. 자신이 부족한 분야를 책 속의 훌륭한 멘토들로부터 자문을 받기 위해 책을 읽는 것이다. 책 읽기도 다른 일들과 마찬가지로 실천 의지가 중요하다. 의지를 강하게 하는 요소는 강한 동기부여이다. 동기는 어떤 일의 방향과 힘을 결정해준다. 우리 자신의 삶 속에서 책 읽기가 절실하다는 것을 깨닫고 동기를 강화하여 책 읽기 계획을 세워야 한다.

독서도 여느 일과 마찬가지로 추진 단계가 있다. 이러한 독서 추진 단계는 목표 수립, 자료 조사, 자료 선택, 책 읽기, 핵심 주제 이해, 응용, 목표 달성 등의 단계 순으로 이루어진다. 독서 계획은 이 독서 추진 단계에서 목표 수립, 자료 조사, 자료 선택 단계까지를 의미한다. 그러나 구체적인 독서 계획은 각 단계의 시작일과 종료일을 명시해야 하며 또한 예상되는 어려움과 함께 각 단계에서 얻을 수 있는 결과물 등의 명시를 포함해야 한다.

첫 번째 단계인 목표 수립 단계에서는 책을 읽는 주된 목적을 정립한다. 재미로 읽을 수 있고, 정보를 얻기 위해 읽을 수도 있으며, 학업 목표일 수도 있고, 전문지식 축적일 수도 있으며, 자기 성찰일 수도 있다. 이 단계에서는 자신의 책 읽기 목적 선택과 함께 목표 지점 설정뿐만 아니라 목표 지점 도착 시기도 결정해야 한다. 즉, 우리 앞에 놓여 있는 수많은 길들 중에 어느 길을 가야하는지와 어디까지 가고자 하는지, 그리고 언제 그 지점에 도착하려는지 등에 관해 구체적으로 명시해두어야 한다. 또한 이 단계에서는 책 읽기 목표 지점까지 가는 과정을 여러 중간 목표지점을 둬서 이들 중간 목표지점에 도달하기 위한 중간 계획도 수립해두어야 한다. 이와 같이 책 읽기 목표 수립도 일반적인 다른 목표 수립 단계와 동일하게 수행되어야 함은 당연한 것이다.

두 번째 단계인 자료 조사 단계에서는 자신이 독파하고자 하는 분야에 어떠한 책들이 나와 있는지를 조사한다. 인터넷이 발달되기 전에는 도서관에 찾아가서 도서 분류 기호를 참고하여 관련 서적들을 직접 펼쳐보아야 했다. 그러나 최근에는 인터넷 검색을 통해 얼마든지 관련 서적들의 목록을 찾아볼 수 있다. 이 단계에서는 주변 사람들의 의견, 전문가의 추천, 인터넷 서평, 서점 방문, 도서관 방문 등을 통해 자신의 목표 분야에 관한 책 리스트를 작성해야 한다. 특히 각 책 뒤에 적혀 있는 참고문헌을 살펴보면 훨씬 빠른 시간 내에 관련 자료들을 조사할 수 있다. 참고문헌에 빈번히 노출되어 있는 책이야말로 영향도(impact factor)가 높기 때문에 믿을 만한 자료로서 충분할 것이다.

세 번째 단계인 자료 선택 단계에서는 자료 조사 단계에서 작성한 관련 서적 리스트를 보고 어느 책부터 읽을 것인지 순서를 결정한다. 가장 손쉬운 책 선택 방법은 해당 분야에서 최고 전문가로 인정받는 사람의 저서를 선택하는 것이다. 그 분야의 중심이 되는 책을 선택해야 한다. 모든 길은 로마로 통한다는 말이 있듯이 로마에 해

당하는 관련 서적을 선택하는 것이 그 분야를 이해하는 데 첩경이
될 수 있다.

예를 들면 마케팅을 공부하고 싶다면 인터넷 검색을 참고하여 마
케팅의 아버지라고 불리는 필립 코틀러 책과 차별화 마케팅으로 유
명한 잭 트라우트 책을 가장 먼저 읽는 것이 바람직하다. 경영학을
알고 싶어 한다면 피터 드러커나 톰 피터스의 책을 읽어보는 것이
좋다. 자기계발 분야에서는 맥스웰 몰츠나 스티븐 코비의 책들이 성
공으로 가는 길잡이가 되어줄 것이다. 미래학은 앨빈 토플러, 인간
관계론은 데일 카네기의 책으로 시작하는 것을 고려해볼 수 있다.
해당 분야의 중심을 제대로 이해하지 못하고 베스트셀러만을 찾아
다닌다거나 아무런 계획 없이 이 책 저 책들을 읽다 보면 핵심 주제
를 찾지 못하므로 우리의 삶 속에 이들을 응용할 수 없게 된다.

자신의 관심 분야 중심에 서 있는 스승들을 만났다면 이제 영역을
확장하기 위해 스테디셀러 책들을 선택한다. 스테디셀러는 오랜 시
간 동안에 걸쳐 많은 사람들이 꾸준하게 선택해오는 책이다. 스테디
셀러는 베스트셀러와는 다르다. 베스트셀러는 얼마 동안만 반짝 인
기를 끌다가 언제 사라질지 모른다. 실제로 베스트셀러 책들 중에는
몇 년도 버티지 못하고 이름도 없이 없어져버린 책들이 많다.

베스트셀러 책만을 쫓아다니다가는 나중에 무엇을 읽었는지조차
기억할 수 없기 때문에 자신의 분야를 알차게 채울 수 없다. 그러나
스테디셀러 책들은 그동안 읽어왔던 사람들로부터 신뢰를 받아왔기
때문에 읽을 만한 가치가 충분히 존재한다. 지금의 사회와는 완전
딴판이었던 시절의 고전이 오늘날에도 꾸준히 읽히고 있는 것은 바
로 많은 사람들로부터 쌓여진 높은 신뢰 때문인 것이다.

자료 선택 과정에서 무엇보다 중요한 것은 그 자료와 자신과의 부합 여부를 따져보는 일이다. 자신의 독해력 수준을 넘어선 책은 도중에 읽기를 그만둘 우려가 높다. 아무리 훌륭한 책이라고 해도 자신의 독서와 코드가 맞지 않으면 무용지물이 되어버린다. 자신에게 너무 어려운 책을 읽는 것은 책 읽기의 동기를 없애버린다. 그러나 자신에게 너무 쉬운 책은 자신을 개선시키지 못하고 시간만 낭비하게 된다.

자료 선택 단계를 통해 우리가 읽어야 할 책들이 골라졌다면 이제 읽기를 시작해야 한다. 어떤 책을 읽기 시작할 때에는 언제까지 다 읽을 것인가를 계획해야 한다. 시간 나는 대로 틈틈이 읽겠다는 식의 막연한 계획은 실제적이지 못하다. 하루 중의 언제, 하루에 몇 시간씩, 하루에 몇 페이지씩, 일주일에 몇 페이지씩 등과 같이 구체적인 독서 계획이 마련되어야 한다. 이렇게 하루 단위 혹은 일주일 단위로 계획표를 만들어서 이를 항상 볼 수 있는 곳에 비치하면 반복적인 독서 자극을 통해 성공적으로 책 읽기를 달성할 수 있을 것이다.

독서량 계획

우리는 새해 첫날에 한 해 동안 무슨 일을 어떻게 하겠다고 하는 신년 계획을 수립한다. 그러다가 1월 말 무렵에는 우리들이 세웠던 계획대로 실행하지 못함을 알게 되고 신년 계획을 없었던 일로 일찌감치 마무리 짓고 만다. 신년 계획을 세웠을 때의 흐뭇함, 기대, 희망, 포부, 의지 등은 안타까움, 포기, 절망, 비하, 나태 등으로 전환된다. 그해 12월이 되면 한 해를 뒤돌아보며 후회하고 반성한다. 이러한 자기반성을 통해 내년에는 그야말로 활동적인 한 해를 꼭 보내리라는 강한 다짐 속에 새해를 맞이할 준비를 다시 하게 된다.

그런데 매년 직장에서 수립한 사업계획은 중도에 사라지는 법이 없다. 원래의 계획보다 일정이 늦어지는 경우는 있어도 계획 자체를 포기하는 일은 없다. 왜 개인계획과 회사계획은 이와 같이 다르게 진행될까? 물론 회사는 개인보다 주된 사업을 수행하기 때문일 것이다. 회사 일을 제대로 수행하지 못하면 직장을 잃게 된다는 두려움 때문에 우리는 개인 일보다 회사 일을 우선시한다.

그러나 개인 일은 회사 일 못지않게 중요시되어야 한다. 회사가 잘 되기를 바라는 것도 결국은 우리 자신의 미래를 걱정하기 때문이다. 우리 자신의 미래를 위해서는 우리가 매년 세우는 개인계획도 회사 계획과 함께 반드시 실천하고야 말겠다는 강한 의지를 가져야 한다.

독서 계획도 실천하기가 쉬운 일이 아니다. 우리가 관심 있는 분야의 책들을 조사하고 그중에서 고심 고심하여 선택한 책을 읽어 나갈 때 전혀 예상치도 못한 바쁜 일이 독서의 길을 막곤 한다. 독서 계획을 그만두는 이유가 바쁜 일 때문만은 아니다. 책 내용이 재미없거나 이해하기 어려울 때도 포기하고 싶어지고 무엇보다도 복잡한 삶 속에서 짜증나고 불안하며 우울한 기분이 들 때에는 읽던 책을 집어던져 버리고 싶은 마음이 불끈 솟아난다. 독서가 자신의 일을 해결은커녕 자그마한 위로도 해줄 리 만무하다고 여기기 때문이다.

그러나 독서는 일상생활의 한 부분을 차지하도록 해야 한다. 몸이 아프다든지 생활이 바쁘다든지 아무리 마음이 답답하다고 해도 먹고 일하고 잠자는 일은 우리 일상생활에서 빠뜨리지 않는다. 독서도 이와 같이 일상생활의 한 부분을 차지하게 하여 매일 빠뜨리지 않고 실천할 수 있도록 해야 한다. 독서는 일상생활과 달리 자신이 세운 계획을 바탕으로 실천해야 한다. 즉, 독서는 실천하기에 앞서 계획을 수립해두어야 한다.

독서량 계획을 3플랜으로 시작해보자. 3플랜에서는 책을 3권씩 읽는다. 서점이나 도서관에서 자신의 관심 분야 책을 3권씩 묶어서 선택하는 것이 바람직하다. 책을 읽을 때에 3권을 놓고 번갈아가며 읽는 방식도 고려해볼 만하다. 책 한 권을 처음부터 끝까지 읽는 일은 우리를 지루하게 만든다. 동일한 분야에 대해 세 사람의 저자들로부터 동시에 멘토를 받으면 한 사람으로 쏠리지 않고 다각적으로 이해할 수 있게 된다.

시, 소설, 수필 등과 같은 책들은 각각 서로 독립적이지만 정보서적, 전문서적, 교양서적, 자기계발서 등은 책들의 목차가 서로 중복되는 부분이 많이 포함되어 있다. 따라서 동일한 내용에 대해 세 사람의 저자들은 각각 어떠한 의견을 표현하는지, 이들의 의견은 어떻게 다른지, 누구의 의견이 우리 자신의 의견에 가까운지 등을 용이하게 파악할 수 있다.

분야가 서로 다르더라도 우리의 독서량 계획을 3권 읽는 것을 목표로 세워보자. 즉, 책 3권을 얼마 기간 동안에 읽을 것인가를 계획하는 것이다. 처음 독서를 시작할 때에는 책 3권을 한 달에 읽기로 계획하고 이를 실천한다. 그러면 1년에 30권을 읽게 되고 10년에 300권의 책을 읽을 수 있게 된다. 보통 사람은 책을 읽을 때에 1분에 100~200단어 정도를 이해한다고 한다. 페이지당 150단어의 교양서적을 읽을 경우 1분에 1페이지씩 읽을 수 있으므로 300페이지 분량의 책을 세 권 읽는 데 900분 소요되는 셈이다. 따라서 하루에 30분씩만 투자하면 한 달에 책 세 권을 충분히 읽을 수 있게 된다.

책 읽는 속도는 독서량에 비례하여 점점 빨라지기 마련이다. 책 세 권 읽는 데 한 달 걸렸지만 독서 속도가 빨라지면 20일에 책 세 권 읽기를 마칠 수 있게 되고 1년에 50권, 10년에 500권의 책을 읽게 된다. 독서량이 증가하면 독서 속도가 빨라질 수 있고 이는 다시 독서량을 증가시켜 이에 따라 점점 더 책 읽는 속도가 가속화된다. 처음에는 책 세 권 읽는 데 한 달 걸렸던 것이 20일, 10일 등으로 빨라지면 1년에 50권, 90권을 읽게 되고 10년이면 500권, 900권씩을 읽을 수 있게 된다.

독서계획을 수립할 때에는 자신의 독서력을 감안하여 책 3권 읽는 데에 언제까지 읽겠다는 독서량 계획을 구체적으로 짜야 한다. 책을 읽다 보면 책 3권 읽는 시간이 점점 단축되고 우리들의 독서력은 점점 더 증강될 것으로 확신한다.

독서 계획 단계에서 책 고르기

타깃 리딩(Target Reading)의 첫 단계인 독서 계획 단계에서는 우리가 읽어야 할 책을 골라야 한다. 책을 고르기 위해서는 왜 책을 읽으려고 하는지, 즉 독서 달성 목표가 무엇인지 점검해보아야 한다. 달성 목표라 함은 현재의 상태에서 긍정적 변화를 통해 도달하는 목표지점을 의미한다. 긍정적 변화는 현재의 상태와 목표지점의 차이를 극복하는 과정이다. 이효정은 그의 저서 『길 끝에서 길 찾기』에서 이러한 차이를 틈새라고 부르고 이 틈새를 채우기 위해서는 열정이 필요하다고 말한다.

틈새를 찾기 위해서는 우리 자신을 바라볼 수 있어야 한다. 우리는 학교나 직장을 다니느라 우리 자신에 대해 생각해볼 겨를이 없다. 우리 자신에 대해 생각할 시간에 밀린 공부나 일을 빨리 처리하고 다음 단계의 공부나 일로 넘어가야 할 것만 같다. 그러나 이러한 틀 속의 생활은 루쉰이 말한 것처럼 서서히 죽어갈 뿐이다. 틀 속에서 뛰쳐나와서 우리가 여태까지 달려왔던 지점이 어디만큼인가 확인해 보아야 한다. 틀로부터 나와서 주변을 바라보니 오래전의 그 자리 아니면 훨씬 이전의 자리일 수도 있지 않겠는가? 남들이 우리를 틀 밖으로 빼내주면 좋겠지만 그렇지 않으면 우리 스스로 틀을 깨부수고 밖으로 나와야 한다.

틀 밖으로 나온 후에 대화하고, 관찰하고, 생각하고, 행동함으로써 틈새를 찾아낼 수 있다. 우리가 어떠한 방향으로 변화하고 싶어 하는지를 찾을 수 있게 되는 것이다. 자신의 틈새를 찾는 여러 방법 중에서 제일 쉽고 안전한 방법이 바로 책 읽기이다. 책은 목표 달성의 행동 수단일 뿐만 아니라 목표 달성을 찾는 도구이기도 하다. 왜냐하면 자기만의 틈새를 찾아내어 독서를 통해 이 사회를 이끌어가는 리더들과 이미 좋은 영향을 끼쳤던 사람들의 이야기가 책에 소개되어 있기 때문이다. 세종대왕, 정약용, 김대중, 나폴레옹, 링컨, 에디슨, 헬렌 켈러, 오프라 윈프리 등은 책을 통하여 자신의 목적지, 즉 틈새를 찾은 사람들이다.

자신의 틈새를 발견하려는데 책부터 읽으라고 하니 난감한 생각이 안 들 수 없을 것 같다. 답을 몰라 누군가에게 질문을 하였더니

'우리의 질문 속에 답이 있다.'라는 식으로 받아들여질 수 있다. 인간은 크게 세 부분, 즉 육체(肉體), 육정(肉精), 정신(精神) 등으로 이루어졌다고 말할 수 있다. 여기에서 육정(肉精)이라 함은 육체와 정신의 가운데 부분으로서 인간의 본성에 해당한다고 정의하자. 인간이 컴퓨터와 동일한 구성 체계를 가지고 있지는 않지만 이들 둘을 모델화시킨다고 하면 컴퓨터의 하드웨어, 펌웨어, 소프트웨어 등에 각각 해당하는 개체로 육체, 육정, 정신이라 말할 수 있지 않겠는가?

정신은 3개의 개체, 즉 이성, 정서, 신성 등으로 이루어진다고 말할 수 있다. 이성은 외부 환경이나 자신의 기억을 입력으로 하여 합리적으로 판단하려는 개체이다. 우리의 일상생활은 단순하고 반복적인 일들이 대부분이지만 이성적 능력 없이는 인간이라 말할 수 없다. 가정, 학교, 직장, 사회, 국가 등에서 요구하는 모든 활동은 이성의 에너지로 수행되는 것이다. 책을 읽고 뜻을 이해하는 것도 이성의 힘이다.

정서는 공포, 분노, 슬픔, 기쁨, 흥미 등과 같이 우리가 느끼게 되는 주관적 자각이다. 외부 환경이나 내부 기억으로부터 유입된 감각정보는 우리의 정서를 자극한다. 책을 읽고 슬픔을 느낀다거나 재미에 푹 빠지는 것은 바로 우리가 정서 기능을 가지고 있기 때문이다. 신성(神性)은 이성적으로 판단할 수 없는 형이상학적 개체를 바라보는 특성이다. 신의 존재를 믿으며 신의 계율에 따라 행동하고 악의적 본능을 억제하며 영혼을 깨끗하게 하는 모든 활동은 우리 인간에게 신성(神性)이 있기 때문이다.

긍정적 변화를 통해 채우려고 하는 틈새는 우리 정신의 3개체들과 관련성이 있다. 종교의 계율을 공부함으로써 믿음을 강화시키려는 동기는 신성을 강화시킴으로써 틈새를 메울 수 있으며 책 읽기를 통해 즐거움과 감동을 얻기 위함은 정서의 틈새에 해당하고 독서를 통한 자기계발은 이성적 분야의 능력을 확립하기 위함이다. 이러한 틈새가 개인마다 다르다는 의미는 각자가 세운 목표지점이 다르다는 것이다.

따라서 자신의 현 상태를 인식한 후에 가고자 하는 목표지점을 찾아내어 우리 정신의 어느 기능에 해당하는지를 우선적으로 알아내야 한다. 주식투자나 경영 방법론 등에 관한 틈새를 메우는 것은 이성의 기능에 해당하므로 뚜렷한 목표의식이 설정되어야 한다. 또한 영성에 관한 틈새도 마찬가지로 '몇 권의 책 읽기를 통해 목표지점에 도달하겠다.'라고 하는 열정이 있어야 한다. 그러나 정서의 틈새를 위한 독서는 감동과 즐거움을 얻는 것이 목적이므로 책 읽기 자체가 행위이며 목적인 것이다.

독서 계획 단계에서의 책 고르기는 크게 두 가지, 즉 우선적으로 책 읽기부터 시작하는 방법과 목표설정을 먼저 완결 지은 후에 거기에 맞는 책을 고르는 방법 등이 있다. 시, 소설, 수필 등과 같이 정서의 틈새 메우기를 위한 책 고르기는 뚜렷한 목표지점을 설정하지 않고서도 읽고 싶은 책을 고르면 될 것이다. 그러나 이성과 신성의 틈새 메우기 목적으로 책을 고르려면 관련 분야의 책들을 서베이(survey) 해보아야 할 뿐만 아니라 자신의 환경과 독서력으로 충분히 소화시킬 수 있는 책인지도 세심히 검토해야 한다.

독서의 의지를 불태워야 한다

오늘날에는 다양한 산업이 발달함에 따라 직업의 수가 이전보다 무척 많아졌다. 정보화시대 이전만 해도 산업의 대부분은 제조업이 차지하였고 공장자동화가 정착되지 못하여 제품 생산 공장에서 종사하는 노동자의 수가 많았었다. 정보기술의 발달로 제조업보다는 서비스산업이 확충되고 있으며 그나마 남아 있는 제조업에서도 공장자동화가 이루어짐에 따라 공장 근무자의 수는 급감하게 되었다. 서비스산업의 발달은 다양한 직업군을 형성하게 되었고 이에 따라 오늘날에는 직업 선택의 폭이 훨씬 넓어진 것이 사실이다.

1980년대까지만 해도 직업군이 다양하지 못했던지라 제대로 된 직업을 얻기 위한 가장 안전한 방법은 공부밖에 없었다. 요즘에는 공부가 아니더라도 자신의 특기를 살려서 얼마든지 성공할 수 있다는 믿음을 누구나 가지고 있지만 1980년대에만 해도 공부만이 유일한 성공 전략으로 간주되었다. 현대에 와서도 이러했으니 조선시대에는 공부가 얼마나 중요시되었을까? 조선시대에는 죽음을 각오한 결심으로 공부해야 벼슬길에 오를 수 있었다.

권양(1688~1758)은 조선 후기의 문신으로서 별시문과에 병과로 급제한 뒤 무장, 함양, 한산 등의 수령으로 있을 때 선정을 베풀어 지역민들로부터 높은 칭송을 받았다. 궁색했던 어린 시절에는 사람들이 그를 쉽게 생각하고 가볍게 여겼다고 한다. 행동도 느리고 두뇌도 뛰어나지 못하여 사람들의 놀림감이 되었다. 그는 분노하여 죽음을 각오한 결심으로 힘써 공부한 끝에 과거에 급제하였다. 벼슬길에 오르고 집안일을 부지런히 수행하여 부족함이 없었으나 예순다섯 살에 삶을 되돌아보니 공부를 열심히 하지 않은 점이 후회되었다. 나이가 들어서도 학문에 대한 애착을 잃지 않은 그는 공부에 순서가 있다고 말하면서 먼저 인간성을 살리는 덕을 쌓는 공부를 한 뒤에 경서와 역사를 읽는 문예의 공부를 해야 한다고 주장했다.

전우(1841∼1922)는 조선 최후의 성리학자로서 이이와 송시열의 사상을 계승하여 전통 유학사상을 그대로 실현하려 했다. 그가 살던 시대의 사회는 개화와 보수, 국력쇠약 등이 겹쳐 혼란스러웠다. 그는 유교적 근본에 입각한 이상사회 건설을 후학에게 외쳤다. 급진 개화파인 박영효는 '개화를 위해 수구학자의 우두머리인 전우를 죽여야 한다.'고 고종에게 여러 차례 청을 했다. 전우는 개화와 신학문, 외세에 대해 관심을 보이지 않았다. 전우는 1905년 을사조약이 체결되자 상소를 올려 을사조약에 서명한 대신들의 처단을 요청했다. 그러나 나라가 기울어 1910년에 일본에 합병되자 비분을 참지 못하고 군산과 부안 앞바다의 섬을 옮겨 다니면서 수많은 제자를 양성하였고 60여 권의 저서를 남겼다. 그는 공부만이 국권을 찾을 수 있는 유일한 희망으로 보았다.

한일합방이 되자 많은 유학자들이 목숨을 끊었지만 그는 도학의 공부를 통해 실력을 갖추는 것이 독립의 길이라 생각했다. 전우는 가볍게 죽는 것보다는 공부를 통해 힘을 키울 것을 주장했다. 그는 간재집(艮齋集)에서 '만겁의 수많은 시간이 흘러도 끝까지 대한의 선비가 되어라. 평생을 기울여 공자의 학문을 닦아라.'라는 말로써 독서할 것을 적극적으로 당부했다.

조선 21대 왕인 영조(1694∼1776)는 탕평책을 실시하여 정국을 안정시킨 유능한 군주였지만 아들 사도세자를 비명횡사케 하였다.

그는 손자를 강하게 공부시켜야만 약육강식의 궁중에서 다른 왕족들과 신하들로부터 안전할 수 있고 나아가 나라를 책임지고 다스릴 수 있다고 믿었다. 그래서 손자의 교육에 극성스럽게 신경을 썼다. 할아버지의 애틋하고 강한 교육을 받은 손자 정조는 호학군주(好學君主)가 되어 책 읽기에 대한 몰입의 명언을 남겼다. 정조는 '더위를 이기는 데는 책 읽기가 최고이다. 독서를 하면 몸이 한쪽으로 치우치거나 기울지 않고 마음의 중심이 서기 때문에 외부의 기운이 들어오지 못한다.'라는 독서 피서 비법을 소개했다.

우리 선조들은 가문의 영광을 위해, 왕업의 계승을 위해, 나라를 지키기 위해, 생존을 위해, 뜻을 세우기 위해, 깨달음을 얻기 위해 독서의 의지를 강하게 불태웠다. 오직 독서만이 자신의 삶에서 잘 처신할 수 있다고 믿었으며 또한 이를 실행에 옮겨서 온갖 어려움을 슬기롭게 극복할 수 있었다.

독서에 관한 고정관념에서 벗어나자

우리는 '책'이나 '독서'라는 단어를 떠올리면 퍼뜩 '공부'라는 단어가 함께 떠올려진다. 책가방이 무겁다느니, 책을 사야 한다느니, 책값이 비싸다느니, 책을 안 가지고 왔다느니, 책과 씨름해야 한다느니 등의 말은 모두 학창 시절에 공부했던 추억으로 연관된다. 수험공부에서 제일 많은 시간을 할애하는 과목이 바로 국영수이다.

국어는 우리나라 말이라서 뭔가를 해석할 것도 없고 암기할 단어들도 없으니 다른 과목들에 비해 공부하기가 참으로 난감하기도 하다.

그런데 국어시험을 보면 알쏭달쏭하여 어느 문제 하나 자신 있게 풀었다고 말을 하지 못한다. 영어는 단어 외우는 일이 제일 힘들다. 암기했던 단어들도 며칠 지나면 어느새 우리 기억 속에서 사라져버리곤 한다. 처음 본 단어라고 확신하며 사전에서 그 단어를 찾아보면 단어 밑에 밑줄이 서너 개 그어져 있는 것을 보고 맥이 확 풀리기도 한다.

영어 못지않게 수학 공부에 할애하는 시간도 적지 않다. 수학책은 독서라 말할 수 없을 정도로 책장을 넘기기가 여간 어렵지 않다. 심지어 한 페이지를 이해하는 데 한 나절 아니 며칠 걸릴 때도 많을 것이다. 어렵고 힘든 수험과정을 거쳐 드디어 대학에 들어와도 '책'이라고 하면 강의시간에 배우는 어려운 텍스트를 떠올리게 된다. 대학교 책은 고등학교 교과서와는 달리 크기도 크고 두꺼우며 무거워서 가지고 다니기도 힘들 뿐만 아니라 내용의 난이도가 결코 만만하지 않다. 이러하니 학생 시절에 독서라고 하면 공부하지 않는 여유로운 학생들이 흥미삼아 책 읽는 행위라는 인식이 확산되어 왔다.

사회인이 되어서도 자격시험과 사내시험을 통과해야 하는 경우가 있으므로 '책=교과서 혹은 참고서', '독서=공부'라는 이미지가 결코 사라질 수 없게 되었다. 어떤 사람은 '책'이라고 하면 소설책을 떠올리기도 한다. 대표적인 세계문학이나 고전문학 또는 학창 시절 방학 기간에 읽어야 했던 필독서를 떠올리는 사람도 있을 것이다.

이와 같이 많은 사람들이 학교교육을 받는 과정에서 학교 교과서나 공부에 관계된 학습으로 또는 소설이나 이야기를 읽는 형태로 책 읽기, 즉 독서를 체험한다. 이제는 독서에 대한 우리의 이미지를 바꾸어야 한다. 독서에는 물론 공부가 포함되지만 모든 독서가 공부만은 아니다. 우리는 독서에 대해 어떠한 이미지를 가지고 있을까? 독서는 즐거움이라는 이미지를 가질 수 있을까? 독서는 생활의 필수라는 생각을 가질 수 있을까? 우리는 '책은 ㅁㅁ이다', '독서는 ㅁㅁ이다'라는 형태의 이미지를 새롭게 만들어야 한다.

운명의 책을 만나야 한다

만나지 않으려 해도 필연적으로 만나게 되어 있다는 것이 바로 운명적 만남이다. 이 세상의 모든 일은 우연으로 일어나서 사라진다. 사람들이 그 우연을 이성적으로 예측하기 쉬울 때에는 그다지 놀라지 않지만 도저히 일어날 것 같지 않은 일이 벌어지면 그 일을 운명적이라고 말하곤 한다. 인간의 이성으로는 도저히 예측하지 못했을 뿐만 아니라 사건 전후가 이해되지 않을 때에 우리는 이것을 운명이라고 여긴다. 아무리 나쁜 일이라고 해도 운명이라 생각 들면 그 일에 대해 거부감을 갖지 않고 순순히 받아들이게 된다.

그렇다면 운명의 책은 무슨 의미일까? 우연의 법칙으로 이어져 발생하는 우리 자신의 일들 중에서 그냥 우연이라고 받아들일 수 없는 특별한 전환점을 마련해준 책이 바로 운명의 책이다. 운명의 책은 우리의 삶을 바꿔놓는 책이다. 어느 날 평범한 회사원이 책 한 권을 읽는 도중에 가슴이 벅차오르는 감동을 느끼고서 다람쥐 쳇바퀴 도는 듯한 회사 생활을 그만두고 앞으로 어떻게 살아야 할 것인가를 찾기 위해 독서삼매에 빠지게 했던 그 책이 바로 운명의 책인 것이다. 늘 자신이 잘났다고 폼을 잡으며 자만심에 빠져 살던 어느 사람이 한 권의 책을 읽고서 겸손한 태도로 급변함으로써 주변 사람들로부터 칭송을 받아 사회의 훌륭한 리더로 이끌어준 책도 운명의 책에 해당한다.

운명의 책은 좋아하는 책과는 다르다. 깊은 감동과 함께 즐거움을 흠뻑 받아 몇 번이고 다시 읽은 책이라고 하여 운명의 책이 될 수는 없다. 운명의 책이란 그야말로 우리의 운명을 바꾸어줄 만한 소중한 책이다. 우리 인생의 터닝 포인트(turning point)를 제공해주는 책이 운명의 책이다. 하루하루 삶에 아무런 의미와 가치를 느끼지 못할 때, 고정 틀에서 벗어나지 못할 때, 남들의 권유에 이끌려 안정과 쾌락을 찾아 헤맬 때에 운명의 책을 읽게 된다면 우리의 세계관이 바뀌고 숨 쉴 공간이 없던 팍팍한 일상에서 자유를 느끼게 되며 인생의 목표를 설정하게 된다.

운명의 책은 어디에서 만날 수 있는 것일까? 운명의 책은 우리를 기다려주지 않는다. 우리가 찾아 나서야 한다. 다른 사람들한테는 운명의 책이라고 해도 우리 자신에게 운명의 책이 되는 것은 아니다. 우리 운명의 책은 우리와 똑같은 인생을 걸어온 사람밖에는 알 수 없다. 즉, 우리 운명의 책은 우리 이외의 그 누구도 찾아낼 수 없다.

베스트셀러나 고전들 중에 운명의 책이 있는 것도 아니다. 유명한 독서가가 추천해준다고 하여 운명의 책을 쉽게 만나는 것은 더욱 아니다. 우리 인생의 위기를 극복하기 위한 방법은 타인의 조언을 참고할 수는 있으나 우리 자신이 찾아내야 한다. 운명의 책을 찾겠다고 이 책 저 책 뒤적이는 것은 오히려 가까운 길을 멀리 돌아가는 꼴이 될 수 있다. 우리 자신의 외적 환경, 내면의 세계, 외부의 가르침을 겸손하게 받아들일 수 있는 준비태세를 갖췄을 때 비로소 우리 자신만의 운명의 책을 만날 수 있게 되는 것이다. 우리는 언제쯤 운명의 책과 대면할 수 있을까? 참으로 가슴 뛰는 일임에 틀림없다.

서점이나 도서관의 서가에 꽂혀 있는 책들을 둘러볼 때에도 무심코 보아서는 안 된다. 그러한 책들 중에 그야말로 우연찮게도 운명의 책을 접할 수 있기 때문이다. 책의 제목만으로 어떠한 내용의 책인지 짐작해보고 목차를 훑어보면서 전체적인 구성을 살펴볼 수 있다. 책의 머리말을 읽고서 우리 자신과 잘 통할 것 같은 예감이 들 때에 과감히 손을 내밀어야 한다. 그 책을 통해 저자와 대화를 나누고 싶다는 강렬한 호기심이 발동하여 그 책을 취하게 됨으로써 운명의 책과 만날 수 있는 확률을 높이게 된다.

센다 타쿠야는 그의 저서 『인생에서 가장 소중한 것은 서점에 있다』에서 운명의 책은 어려울 때 만나게 된다고 말한다. 모든 일이 악순환으로 돌아갈 때가 바로 독서를 해야 할 때라고 말한다. 날마다 행복한 시기에는 자신의 삶에 안주하기 쉽기 때문에 진정한 독서를 행할 수 없다. 연인과 헤어지고 나서야 사랑 노래의 가사가 제대로 들리는 것과 마찬가지로 연애소설의 진정한 맛은 실연의 경험이 있는 사람만이 알 수 있다.

연애에서만이 아니라 우리의 인생에서도 최악의 상태에서 비로소 운명의 책을 만날 수 있다. 무슨 일을 해도 잘 풀려 나가지 않아서 생을 마감하고 싶은 마음이 들 때에 진정한 의미에서 영혼을 흔드는 깊이 있는 독서를 하게 된다. 절박한 순간에는 겸손한 자세로 외부 지식을 받아들이게 되고 이성적 판단 능력이 최고조가 되기 때문에 운명의 책을 찾아내기가 그만큼 용이해진다.

행복한 시기에는 독서의 기초를 쌓기 어렵다. 독서의 기초 체력은 아무도 알아주지 않고 혼자서 고민하는 가난한 시절에 완성된다. 이름도 없고 가난한 시절에 책을 읽었던 경험이 훗날 큰 가치를 발휘한다. 눈물을 흘리고 목이 메여가며 저자의 가르침을 자기 것으로 만든 책이 비로소 운명의 책이 된다.

그렇다고 하여 어렵고 힘든 시기를 기다려서 운명의 책을 만날 수는 없다. 아무리 좋지 않은 책이라고 해도 길거리에서 만나는 사람과의 대화를 통해 얻는 가르침보다는 훨씬 많이 얻는다. 평상시에 많은 책을 읽다 보면 우리 자신의 인생 목표를 확 바꾸어줄 운명의 책을 만날 수 있게 되는 것이다.

5.2. 독서 활동

독서로 새벽을 열자

원시시대의 인간은 해가 떠 있을 때에 열매를 따먹거나 동물을 사냥하고 깜깜한 밤이 되면 동굴 안에서 잠을 잤었다. 원시시대 이후 농경시대에서도 인간은 동이 트면 농사를 짓고 저녁에 해가 떨어지면 수면을 취했다. 이와 같이 인간은 원래부터 주광성 생물이기 때문에 날이 밝으면 일어나서 먹을 것을 구하러 다니고 해가 지면 처소에서 수면을 취하는 생활을 해왔다.

농경시대에서도 호롱불이나 촛불에 의지하여 깜깜한 밤에도 일상생활을 했으나 주로 집 안에서 활동하는 데 지나지 않았다. 20세기 이후 전기가 발달하면서부터 인간은 밤을 낮처럼 활동하기 시작했고 이에 따라 아침형 인간이니 저녁형 인간이니 라는 말이 생겨난 것이다. 그러나 6백만 년 정도의 인류사를 생각해보면 밤에 활동한 기간은 고작 100여 년에 지나지 않으므로 자신이 저녁형이라고 주장하는 사람들도 사실은 유전자 속에 일찍 자고 일찍 일어나는 특성이 내재되어 있음에 틀림없다.

24시간의 지구자전 주기에 맞춰서 우리 몸 안에는 생체 시계가 존재한다고 한다. 24시간 주기의 생체 주기를 서카디언 리듬(Circadian rhythm)이라고 부르는데 인간의 체내에서는 이 리듬을 토대로 규칙적인 호르몬 분비가 이루어지고 있다. 낮에 활동하는 동안에는 다양한 스트레스를 이기기 위한 부신피질 호르몬이 분비되고 밤에 잠자는 동안에는 성장이나 세포를 재생시키는 성장 호르몬이 생성된다. 인간은 태어나면서부터 호르몬 활동으로 낮에는 뇌를 포함한 몸 전체가 활발하게 활동할 수 있도록 그리고 밤에는 내일을 위해 몸과 마음이 회복될 수 있도록 스스로 동작한다.

서카디언 리듬에 의하면 인간은 아침 7시경에 활동적인 호르몬이 최고조로 분비된다고 한다. 즉, 활동적 주기의 낮이라고 하는 이 시간에 공부를 하든지, 일을 하든지, 운동을 하든지 가장 효과적이라는 것이다. 그러나 오후가 되면서 활동성 호르몬은 서서히 감소하다가 해가 저무는 시점부터 멜라토닌이라는 호르몬으로 바뀌게 된다. 이때 우리 몸은 교감신경에서 부교감신경이라는 시스템으로 변화된다. 멜라토닌 호르몬이 분비되면서부터 우리 몸은 활동성이 약화됨에 따라 신진대사나 면역력도 약해지므로 이 시간대에 잠을 자게 되는 것이다. 특히 오전 1시부터 3시 사이에는 멜라토닌의 분비량이 가장 많아지므로 그 시간에 공부하는 것은 보약을 먹으면서 술을 마시는 것과 마찬가지이다.

우리 몸의 생체리듬을 활용하는 가장 좋은 방법은 아침에 활동하고 저녁에는 잠을 자는 일이다. 특히 아침에 책을 읽으면 질 높은 지혜를 만드는 화학작용이 잘 일어나게 되는데 이는 이때에 뇌가 가장 잘 정리되어 있는 상태이기 때문이다. 아침에 운동을 하고서 책을 읽으면 몸과 마음이 한층 더 상쾌해질 수 있겠으나 아침 시간이 모자랄 경우에는 운동보다 독서를 우선시해야 한다. 일어나자마자 책을 읽는 일이 처음에는 어색할지 모르나 익숙해지면 커다란 어려움이 없고 오히려 독서에 깊게 빠질 수 있다.

새벽에 책 한 페이지 혹은 몇 문장만이라도 읽고서 출근하는 시간에 이 내용을 깊이 숙고하고 저자의 의도를 분석하려 노력하면 이보다 더 큰 즐거움이 없을 것이다. 아침 출근 시간에 버스나 지하철에서 스마트폰 화면을 보거나 잠을 청하는 대신에 새벽에 읽었던 구절을 가슴속 깊이 새기며 일터로 나간다면 맑고 밝은 정신으로 하루 일을 시작할 수 있게 된다.

밤늦게까지 책을 읽는 사람이라면 독서시간을 새벽시간으로 돌려보자. 밤 시간에 2시간의 독서를 한다면 밤에 1시간, 새벽에 1시간으로 나누어서 책을 읽어보자. 잠을 자는 동안에 우리 뇌는 하루 종일 입력된 정보를 차곡차곡 정리해둔다. 따라서 잠자기 전에 읽은 책 내용은 수면을 통해 우리의 뇌 기억 속으로 정돈되어 저장되기 때문에 그다음 날 아침에 일어나면 밤에 읽은 책 내용이 생생하게 기억되는 것이다. 그러나 너무 늦게까지 책을 읽으면 쉬고 싶어 하는 우리 뇌는 정보를 정돈하여 저장하기는커녕 아예 받아들이려 하지 않는다. 따라서 늦은 시간까지 읽고 싶은 책 내용은 새벽 시간으로 돌림으로써 효과적인 독서를 기대할 수 있다. 단 5분이라도 좋으니 새벽 시간에 책을 읽기로 하자.

책 읽기의 바른 자세

책을 읽는 자세에는 여러 종류가 있다. 책상 앞에 똑바로 앉아서 책을 읽는 자세도 있고 마루나 침대에 엎드려서 책을 읽기도 한다. 버스나 지하철의 좌석에 앉아서 책을 읽거나 선 채로도 책을 읽기도 한다. 이북을 읽을 때에는 컴퓨터 화면을 응시하거나 스마트폰을 터치해가며 읽는다. 책 앞에서 우리 몸의 자세뿐만 아니라 책을 읽는 방식도 책 읽기에서 중요한 요소에 해당한다.

조선 후기의 실학자 홍대용은 책을 소리 높여서 읽으면 안 되는데 그 이유는 소리를 높이면 기운이 빠지기 때문이라고 했다. 눈동자를 이리저리 빨리 움직이면서 읽으면 더 빨리, 더 많이 읽으려는 욕심이 앞서서 마음이 부산해지고 한 곳에 집중이 어렵다고 한다. 전후좌우로 몸을 흔들며 읽는 것은 정신도 함께 흔들려 흩어지기 때문에 좋은 자세가 아니라고 했다. 몸을 기둥처럼 곧추세우고 눈은 책 위로만 고정시키며 소리는 기운이 빠지지 않을 정도로만 절도 있게 내는 것이 책 읽기의 바른 자세라는 것이다. 바른 자세로 책에 몰입해야만 책 속에 담긴 의미가 새록새록 내 것이 된다. 자세가 바르지 않으면 열심히 읽어도 손에 쥔 모래알처럼 흩어져 공부가 쌓이지 않고 흔적도 없이 사라져버린다.

책 읽는 자세는 독서의 목적이 무엇이냐에 따라 달라진다. 홍대용이 말하는 바른 자세의 책 읽기는 학문을 배울 때에 필요하다. 학문을 익힐 때에는 뜻을 이해하고 암기해서 자신의 것으로 만들어야 하므로 똑바른 자세로 몰입하여 책을 읽어야 한다. 학문 목적의 책은 차분하고 진중하게 읽어야 한다. 경망스럽게 소리를 크게 내서 읽으면 의미는 다 숨고 기운만 빠진다. 또박또박 읽지 않고 건성건성 읽으면 안 읽은 것만 못하다. 연관도 없는 구절을 끌어다가 자기주장을 합리화시키는 견강부회(牽强附會)하는 버릇이나 내용도 모르면서 아무렇게나 질문하고 떠들어대는 것은 참으로 고약한 습관이다.

그러나 학문 목적이 아니라 정보나 지식 습득을 위한 책 읽기라면 허리를 곧추세우지 않고 책을 읽어도, 손발을 움직이면서 독서를 해도, 음악을 들으면서 책을 읽어도 상관없다. 시나 소설을 읽을 때에는 공기 좋고 풍광 좋은 숲 속에서 벌레 소리, 새 소리, 골짜기 물소리 등을 들으며 한 장 한 장 읽어 내려간다면 독서의 아름다움에 흠뻑 더 빠질 수 있다.

스마트폰 화면으로 글자를 읽을 때에는 누구나 몰입하기 어렵다. 읽는 자세가 우리를 몰입시키는 것이 아니라 읽는 내용이 우리를 그 속으로 빠지게 하는 것이다. 관심 있고 재미나는 읽을거리는 그 어떤 자세로도 우리를 저절로 몰입시킨다. 결국 우리 자신의 읽을거리를 조금씩 넓혀 나가는 것이 독서력을 키울 수 있는 플로우(flow)세계로 우리를 인도해준다.

이해가 안 되는 구절은 넘어가자

우리는 책을 읽어 나아갈 때 이해하기 어려운 구절을 만나게 된다. 이럴 때에는 멈칫하다가 다시 읽어보게 되고 제대로 이해가 안되면 앞으로 나아가지 못하는데 이는 앞의 내용도 이해하지 못할 것 같은 불안감이 생겨나기 때문이다.

저자는 자신의 지식과 의견을 책 한 권 내에서 여러 장으로 나누어서 서술한다. 이는 독자로 하여금 저자의 의도를 이해하기 쉽도록 하기 위해서이다. 만일 책 한 권이 처음부터 끝까지 하나로 연결되어 있다면 저자와 독자 사이에 대화의 공감대가 형성되기 어려울 것이다. 한 권의 책은 여러 개의 장으로 나누어 구성되고 하나의 장은 여러 개의 절로 구분되며 하나의 절은 다시 여러 개의 구절로 이루어진다. 즉, 책 한 권은 크기가 서로 다른 모듈(module)로 구성되어 있는 것이다.

그런데 모듈과 모듈 사이가 서로 독립적인 구성 형태가 있고 비독립적인 형태가 있을 수 있다. 소설이나 TV 드라마는 비독립적인 형태로 구성되어 있다. 소설은 처음부터 이야기로 전개되기 때문에 그 전개 과정을 따르지 않으면 내용 자체를 이해할 수 없게 된다. TV 드라마에서 중간을 생략하고 최종회만 보면 드라마 줄거리를 알 수 없게 되고 이는 드라마의 재미와 감동을 기대하기 어렵다. 소설이나 TV 드라마는 이야기 형태로서 각각의 모듈이 서로 독립적이지 못하고 연관되어 있기 때문에 처음부터 끝까지 차근차근 저자의 스토리 전개를 따라가야 할 필요가 있다.

그러나 시나 수필은 대표적인 독립적 구성 형태이다. 독립적 구성 형태의 글을 읽을 때에는 관심 있는 소주제만을 선택하여 읽을 수 있다. 앞의 시를 읽고 충분히 이해해야만 뒤의 시를 읽고 이해할 수 있는 것은 아니다. 수필에서도 순서적으로 이해해야만 연속하여 저자의 글을 읽을 수 있는 것은 아니다. 독립적 모듈 구성 형태의 책을 읽을 때에는 이해 안 되는 구절을 만나도 마음 편안하게 앞으로 진행하면 된다. 이해 안 되는 구절이 앞 모듈에서 또다시 나올 것이라 생각되지 않기 때문이다.

교과서는 어떠한 형태로 구성되어 있을까? 교과서는 여러 개의 장으로 이루어져 있는 독립적 모듈 형태를 가지고 있다. 그러나 시나 수필처럼 각 모듈 간에 완전한 독립 형태가 아닐 수 있다. 예를 들어서 수학의 경우 앞 장에서 덧셈이 다루어지고 다음 장에서 곱셈이 서술될 때에 앞장을 이해하지 못하면 뒷장도 당연히 이해 못하게 된다. 교과서라고 해도 각 모듈끼리 서로 독립적 형태를 가지기도 하고 비독립적 형태를 가지는 경우도 있다.

그러나 우리들은 공부할 때에 앞 모듈 내용을 이해하지 못하면 뒤 모듈 내용도 이해하지 못할 것이라는 고정관념을 가지고 있다. 앞 모듈 중에서 전혀 이해되지 않는 어떤 구절이 그 뒤로는 다시 나타나지도 않고 전혀 영향을 미치지도 않는데 그 구절을 이해할 때까지 앞으로 나아가지 못한다면 이것이야말로 시간 낭비일 뿐만 아니라 이로 인해 독서의 흥미를 잃어버릴 수 있다.

우리가 책을 읽으면서 이해가 안 되는 구절은 일단 넘어가야 한다. 만일 이해 못한 구절이 뒤 모듈에서 다시 반복되고 그로 인해 뒤 모듈마저 이해하기 어렵게 된다면 다시 앞 모듈로 되돌아와 이해하면 그만인 것이다. 이해하지 못한 구절이 뒤 모듈들에서 다시는 안 나타날 수도 있는데 앞으로 나아가지 못해서 이러한 사실을 모른 채 그 구절을 이해하려 애쓰면서 머무르고 만다면 경제적 독서라 말할 수 없다.

앞 모듈에서 이해하지 못한 구절이 중요한 사항일 경우 뒤 모듈들에서 반복적으로 명시될 수밖에 없다. 저자는 자신의 핵심 의도를 강조하기 위해 반복적인 기법으로 서술하기 때문이다. 따라서 우리는 앞에서 이해하지 못한 구절을 뒤 모듈들에서 반복하여 읽다 보면 저절로 알아지게 될 수 있다. 이제는 모든 책을 처음부터 차근차근 읽어 나가야 한다는 고정관념에서 벗어나서 이해가 안 되더라도 멈추지 말고 계속 읽어 나가야 한다.

저자의 생각대로 읽어준다

책은 미디어의 일종이며 독서는 저자와의 커뮤니케이션에 해당한다. 커뮤니케이션은 자신의 생각과 상대방의 생각을 서로 주고받는 행위이다. 자신의 생각을 상대방에게 전달하는 동안에는 상대방이 우리 자신에게 집중해야 할 필요가 있고 반대의 경우도 마찬가지이다. 우리도 상대방이 말을 할 때에는 그의 말에 집중해야 한다. 상대방의 이야기를 적극적으로 들어주면 그는 기분 좋게 자신이 하고 싶었던 말, 할 수 있는 말, 마음속에 간직했던 말들을 모두 털어놓게 되고 이에 따라 듣는 사람은 당연히 그에 대한 정보를 더 많이 얻게 된다.

독서도 대화와 마찬가지이다. 책을 읽는 동안에는 저자의 의사,

의도, 감정, 경험 등에 집중해야 한다. 독서 중에 자신의 생각을 중심으로 저자의 생각을 읽는 것은 상대방의 말을 귀담아 듣지 않는 대화 태도와 동일한 것이다. 자신의 틀을 넓히려고 책을 읽는다면 나의 의식을 상대방 쪽으로 향하게 하여 저자가 바라는 대로 읽어준다는 자세를 취해야 한다.

책들 중에는 저자의 의사를 전달하려는 목적이 아니라 객관적인 정보를 나타내고자 하는 책이 있다. 신문 기사, 여행 정보, 인터넷 검색 등과 같은 글들은 저자의 생각보다는 보편적 지식과 정보를 전달하기 위해 작성된다. 이러한 글들을 대할 때에는 독자가 그 책의 저자가 누구인지에 관해서는 크게 관심을 가지지 않기 마련이다.

그러나 저자의 주관적 의견을 전달하려는 책을 읽을 때에는 우리의 의식을 책 쪽으로 향해두어야 한다. 우리 의식의 틀을 유연한 상태로 유지해놓고서 저자의 마음을 받아들일 준비를 해야 한다. '마음의 양식'이라는 말이 있듯이 독서는 우리의 마음에도 많은 영향을 끼친다. 책을 읽고 마음을 키우고 싶다면 스스로 우리 자신의 마음의 문을 활짝 열어야 한다. 새로운 지식과 눈앞의 결과만을 찾아내려는 자세만으로는 원숙해질 수 없다. 우리 자신의 마음을 열어두고서 책을 읽을 때에 저자의 생각을 받아들일 수 있는 공간이 그만큼 넓혀지는 것이다.

책 속의 말을 이해하려다 보면 내 안에서 떠오르는 생각들에 정신을 빼앗길 수 있다. 이는 상대방의 말을 들으면서 자신의 생각에 빠져드는 경우와 같다. 상대방의 말을 들으면서 우리는 그 말에 대한 평가를 자동적으로 내리려 한다. 예를 들어서 말이 너무 길다느니, 같은 말을 되풀이하고 있다느니, 지루하다느니, 무슨 말인지 모르겠다느니, 어떻게 해야 반박할 수 있을까 등등에 몰두하다 보면 상대방의 말에 집중할 수 없게 된다. 상대방이 무슨 말을 하는 도중에는 자신의 의식을 오로지 상대방 말을 이해하는 데에 집중해야 한다. 이러한 대화 태도야말로 상대방을 기분 좋게 만들 뿐만 아니라 상대방의 속마음을 더 자세히 알 수 있게 된다.

독서에서도 우리의 생각을 잠시 내려놓고서 저자의 생각대로 읽어 내려가야 한다. 우리의 의식을 저자의 생각 흐름에 맞추어야 한다. 열린 마음으로 저자를 바라보아야 한다. 이렇게 저자의 생각대로 읽어주어야만 책으로부터 더 많은 지식, 정보, 경험, 의사 등을 받아들이게 되어 우리가 폭넓게 성장할 수 있게 되는 것이다.

언제 어디서나 책을 읽자

우리는 책 읽는 것을 공부라고만 생각하기 쉽다. 자라면서 공부할 때에 책을 펴고 읽었으니 그리 생각하는 것도 일리가 없지 않지만 책 읽는 것은 딱딱한 공부하고는 성격적으로 다른 면이 존재한다. 우리가 독서라 함은 수험 공부와는 달리 자발적으로 책을 읽는 것을 말한다. 수험 공부는 내재적으로는 자발적이긴 하지만 외재적으로는 합격 목표라는 동기를 가지고 이루어지는 행위인 것이다.

학교 공부가 끝나 사회에 진출했는데 별도로 공부할 것이 무엇 있겠느냐며 책을 멀리하는 것은 책 읽기를 공부라고 생각하기 때문이다. 사회에 나와서도 정보 수집이나 지식 축적을 목적으로 책을 읽어야 할 의무감이 존재하긴 하지만 독서는 공부만을 위한 행위는 결코 아니라는 것을 명심해야 한다.

　우쓰데 마사미는 그의 저서 『수만 가지 책 100% 활용법』에서 "책을 읽는 것은 나를 읽는 동시에 나를 변화시키는 행위이다."라고 말한다. 같은 책을 읽더라도 모든 독자가 동일한 반응을 보이지는 않고 독자마다 그의 지식, 경험, 문제의식, 호기심 등에 따라 반응이 달라진다. 책을 읽는다는 것은 자기 자신을 읽는 행위이다. 책에 대한 평가는 그 책을 읽는 사람의 가치관에 따라 얼마든지 다를 수 있다.

　젊은 시절에는 아무리 읽어도 공감이 생기지 않던 책을 나이가 들어서 다시 읽어보면 '아! 왜 나는 이것을 이제 깨우친 것일까?'라고 늦게 공감하게 되는 경우가 있다. 나이가 듦에 따라 독자가 그만큼 직간접적으로 많은 경험을 축적했기 때문에 저자와의 대화에 긍정적으로 공감할 수 있게 되는 것이다. 이러한 경험은 실제적인 삶 속에서 획득한 것들일 수도 있고 독서를 통해 습득한 지식 경험일 수도 있다. 이들 두 경험 중에 시간적으로나 경제적으로 독서를 통한 경험 축적이 훨씬 쉽다는 사실은 누구나 알고 있는 것이다.

　그러나 사람들은 경제적인 이유보다는 시간적 여유가 없어서 책을 읽지 못한다고 말한다. 책을 잃지 않는 사람도 매일같이 글자는 읽으며 살아간다. 휴대전화로 메일을 확인하거나 인터넷 사이트를 둘러보며 날마다 글귀를 읽는다. 같은 글자인데 휴대전화나 인터넷 글은 편안한 마음으로 읽으면서 독서라고 하면 왜 멀리하려는 것일까? 휴대전화나 인터넷 글을 읽는 대신에 책을 읽는다면 독서량은 자연스럽게 늘어나게 된다. 이제는 휴대전화 글 대신에 언제 어디서나 책을 읽어야 한다.

　편집공학연구소 소장 마쓰오카 세이고는 자타가 공인하는 독서의 달인이다. 그는 책을 무리하게 읽을 필요는 없으며 마음이 내킬 때 읽어야 한다고 말한다. 그는 독서가 외출이나 여행과 비슷하기도 하고 때로는 밥을 먹듯이, 커피나 와인을 마시듯이 책을 읽기도 하고 목욕하러 들어가듯이 책을 읽을 때도 있다고 한다. 이와 같이 그에게 독서는 생활의 일부가 된 것이다.

우리도 언제 어디서나 책을 읽겠다는 마음을 가져보자. 독서에는 저항이 있으며 가속도가 존재할 것이다. 평소 하지 않던 독서 생활을 새로 시작하려면 여러 가지 저항을 많이 받게 된다. 자동차나 기차의 초기 속도가 지면이나 철도의 저항에 부딪쳐 늦는 것처럼 우리의 독서도 우리 인식의 저항으로 인해 초기 독서력이 떨어질 수밖에 없다. 그러나 책을 읽다 보면 자신도 모르게 가속도가 생겨나 있을 것이다. 가속도를 기대하며 언제 어디서나 적은 분량이라도 책을 꾸준히 읽어가며 독서를 생활화하자.

책의 빈 공간은 저자와의 대화 공간

책은 종이의 묶음 형태인 하드웨어와 활자 기호 형태인 소프트웨어로 이루어져 있다. 책은 하드웨어 디자인보다 소프트웨어인 책 내용이 더 중요시되는 것이 사실이다. 최근에는 책이 잘 팔리게 할 의도로 출판사 측에서는 디자인에도 정성을 쏟고 있다. 책을 구입할 때에 디자인이라는 요소도 상당히 크게 작용한다. 책 표지 디자인만 보아도 책 내용을 대략 짐작할 수 있을 뿐만 아니라 독자들로 하여금 책을 열어보고 싶은 호기심을 갖도록 한다. 특히 하드커버인 경우에는 책 내용도 알차게 꾸며 있는 것 같은 느낌을 갖게 한다.

사람마다 책을 다루는 습관이 다르다. 어느 사람은 행여 겉표지가 상할까 봐서 책을 살살 놓기도 하고 특히 책 안의 페이지가 구겨질까 봐 접지도 않고 꼭 책갈피를 사용하기도 한다. 겉표지에 붙어 있는 광고성 표지까지 떼어버리지 않고 책을 읽는 사람도 있다.

그러나 어떤 사람은 새 책을 대할 때에 페이지 사이를 손바닥으로 꾹꾹 눌러서 책이 잘 펴지도록 하고 다음에 읽을 곳을 표시하기 위해서는 책갈피 대신에 그 페이지를 접어두기도 한다.

책을 다루는 습관이야 어떻든 중요한 것은 저자가 나타내려는 의미를 파악하여 자신의 것으로 만들어야 한다는 점이다. 이를 위해서는 책을 지저분하게 읽어도 상관없고 오히려 책의 줄 간이나 빈 공간을 저자와의 대화 공간으로 활용하는 것이 바람직하다.

중화인민공화국 정부를 세운 마오쩌둥(1893~1976)은 "학문이 있으면 산 위에 서 있는 것처럼 멀리 많은 것을 볼 수 있다. 학문이 없으면 어두운 도랑을 걷는 것처럼 더듬어낼 수도 없으며 사람을 몹시 고생스럽게 할 것이다."라고 말했다. 그는 자신이 읽은 책에 많은 부호를 표시하였는데 이들 중에는 세모, 동그라미, 빼기, 곱하기, 체크, 사선, 네모, 물결선, 한 줄 밑줄, 두 줄 밑줄 심지어 세 줄 밑줄도 있고 물음표도 있다. 그는 책을 읽으면서 자신이 품고 있던 여러 가지 생각과 의도를 부호들을 활용하여 표기해둔 것이다. 특히 물음표는 어떤 관점에 대한 회의나 반대, 심사숙고와 이해 불가를 직접 드러냈다.

책을 읽다가 중요한 문구를 발견하거나 다음에 읽을 때에 기억하고 싶은 구절을 만나면 밑줄을 치거나 커다란 동그라미로 표시해두어도 좋다. 모르는 용어를 만난다든지, 문맥이 맞지 않는 단락이 느닷없이 튀어나온다든지 하는 경우에는 물음표와 함께 자신의 의견을 간단히 메모해둘 수도 있다. 이렇게 책의 빈 공간을 자신의 견해, 저자와 나누는 대화 등으로 채우다 보면 책은 어느새 저자만의 책이 아니라 독자 자신의 책으로 변모하게 된다.

책은 하나의 커다란 주제를 내포하고 있다. 책 전체로 보면 일관된 논조이지만 부분적으로는 앞뒤가 맞지 않아 보이는 문맥이나 문장 혹은 단어를 발견할 수 있다. 이러한 부분들은 저자 자신도 책을 집필하면서 독자들이 다소 어려워할 것이라고 염두 해둔 곳일 수 있다. 뒤에 보다 상세한 설명이 이어진다는 문구를 넣어둠으로써 독자들을 안심시킬 수 있겠지만 저자 자신도 그 문구나 단어가 너무나도 당연하다고 여긴 나머지 그만 빠트릴 경우가 있다.

따라서 독자들은 읽기로 작정한 책이라면 저자를 끝까지 믿고 최대한 인내심을 발휘하여 저자에게 물어야 한다. 앞에서 의문점을 발견하면 책의 여백에 기록해두어 뒷부분에서 그 의문이 풀릴 것을 기대해야 한다. 책이 소중하다고 하여 무조건 깨끗하게만 읽지 말고 책의 빈 공간을 저자와의 대화 공간으로 활용하여 저자의 의도와 경향을 충분히 파악할 수 있어야 할 것이다.

책은 몇 번까지 읽어야 좋은가?

좋아하는 음악은 몇 번이고 듣게 된다. 카세트테이프로 음악을 듣던 시절에는 어찌나 반복해서 들었던지 테이프가 축 늘어지는 경우도 있었다. 감동을 준 영화도 두 번 이상 보는 사람이 있다. 영화 속의 멋있는 장면이 머리에 아른거려 뚜렷이 생각나지 않을 때에도, 주인공의 내공 깊은 연기가 다시 보고 싶어질 때도, 재미는 있으나 영화주제가 알쏭달쏭 할 때에도 우리들은 그 영화를 다시 보게 된다.

　어떤 책을 읽고서 크게 감동을 받았다면 그 책을 한 번 더 읽을 수도 있겠으나 아무래도 음악이나 영화만큼은 그 횟수가 적을 것이다. 마쓰오카 세이고는 『독서의 신』에서 자신의 경험을 통해 '책은 두 번 읽지 않으면 독서가 아니다'라는 결론을 내렸다고 한다. 책의 내용과는 별도로 언제, 어디서, 어떤 기분으로, 어떤 감수성으로 읽었는지 등이 독서에 밀접하게 영향을 미치기 때문에 과거에 읽었던 책을 다시 읽으면 책 내용과 함께 처음 읽던 당시의 감상까지를 오늘의 시점에서 새롭게 돌아보게 된다는 것이다. 책을 두 번 읽어보면 처음 읽었을 때 느꼈던 느낌과 전혀 다른 인상, 즉 '틈'이 생긴다고 한다. 그는 요사 부손, 나쓰메 소세키, 프란츠 카프카, 도스토예프스키 등의 소설 작품들은 한 번 읽은 것으로 만족하는 경우가 많았으나 언젠가 다시 읽어보았을 때 전혀 다른 느낌을 가진 이후로는 모든 책을 두 번 이상 읽는 것을 원칙으로 삼는다고 한다.

　우리가 책을 읽는 이유에는 여러 가지가 있다. 학교 공부를 위해서 읽기도 하고 논문 연구를 위해서도 책을 읽는다. 무료함을 달래기 위해서 눈에 띄는 활자를 닥치는 대로 읽는 때도 있고 작품을 감상하기 위해서 시, 소설, 수필 등을 읽을 때도 있다. 독서의 목적에 따라 책을 읽는 횟수도 달라지기 마련이다.

　공부나 학문을 위해서 책을 읽을 때에는 한 번이 아니라 수십 번까지 읽어야 하는 경우도 있다. 조선 후기의 실학자 홍대용(1731~1783)은 독서가 외우는 것을 귀하게 여기지는 않지만 공부를 시작하는 사람이 외우는 것을 버린다면 기대할 바가 없다고 말했다.

그는 과거 시험을 준비 중이었던 중국 선비 조욱종에게 독서의 방법을 적어 보낸 편지에서 독서는 읽기-외우기-보기를 한 세트로 해서 이것이 끝나면 다시 동일한 순서로 되풀이해야 한다고 했다. 처음에는 또박또박 소리를 내서 찬찬히 읽어야 하고 다음에는 책을 보지 않고 조금 전에 읽은 글을 암송해야 한다. 무조건 암기하는 것은 효과적인 학습방법이 아니긴 하지만 초학의 경우라면 우선은 외우는 것이 먼저이고 의미를 캐는 것은 그다음이라는 것이다. 암기 단계 다음은 보기 단계로서 소리를 내지 않고 눈으로 책을 읽는 것인데 이것은 방금 외운 것에 착오가 없는지 확인하는 절차이다. 이렇게 외운 것을 누적시켜서 책 한 권이나 절반이 끝났을 때 통째로 서너 번을 되풀이해야만 비로소 전체 글의 구조가 일목요연하게 잡혀진다고 한다.

요즘 학생들은 칼라 펜으로 교과서나 참고서에 줄을 쳐가며 읽고 암기한다. 외국어 공부는 무조건 암기가 우선이다. 외국어 공부에서 왜라는 의문을 갖기 시작하면 그야말로 한도 끝도 없게 된다. 수학 과목도 암기가 필요한 것을 보면 학문은 곧 암기라고 말해도 틀린 말은 아닐 것이다.

책을 몇 번까지 읽어야 좋을지는 누가, 어느 책을, 왜 읽어야 하는지에 따라 달라진다. 수험생이 공부를 위해서는 두 번이 아니라 수십 번까지 읽고 암기해야 할 것이며 잡지나 정보지는 한 번 읽는 것으로 족할 것이다. 좋은 시를 만날 때면 은은한 향기의 차나 커피를 맛보듯이 구절 하나하나를 음미하게 된다. 소설의 경우에는 두 번째에도 처음부터 끝까지 완독할 수도 있지만 가물가물한 기억을 더듬으며 중간 중간 찾아 읽는 경우도 있다. 이와 같이 독서의 목적에 따라 동일한 책을 반복적으로 읽는 횟수가 달라지는 것이다.

독서 활동의 저항 물리치기

독서 계획 단계에서 어떤 책을 읽을 것인지를 선택하여 독서 시나리오를 작성한 후에 막상 독서 활동 단계에서 책 읽기를 실천으로 옮기려 하면 여러 가지 어려움이 닥치게 된다. 모든 변화에는 늘 저항이 따르기 마련이다. 책 읽기를 시작하려는 것도 변화의 일종이다. 변화의 방향과 크기가 크면 클수록 저항도 비례하여 커진다. 평소에 책을 멀리해왔던 사람이 자신의 틈새를 발견하고 이를 채우기 위해 새로운 열정으로 독서를 하고자 할 경우에 물리쳐야 할 저항이 만만치는 않을 것이다.

변화는 평형 상태에서 또 다른 상태로의 천이를 의미한다. 독서는 긍정적 변화를 위한 준비 단계에 해당한다. 긍정적 변화는 준비 단계의 상태가 시간이 흐름에 따라 우리가 목표로 세운 결과지점으로 접근하고 있는 과정이다. 이러한 긍정적 변화는 오르막길을 오르는 자동차에 비유할 수 있다. 평지에서 자동차가 전진하려 할 때 야기되는 저항은 자동차 바퀴와 땅 사이의 마찰력뿐이다. 그러나 자동차가 비탈길을 오를 때에는 마찰력뿐만 아니라 위치에너지 저항력이 발생하게 된다. 이러한 마찰력과 저항력을 극복하고 비탈길을 오르는 데에는 액셀러레이터가 필요하다. 긍정적 변화를 이끌기 위한 독서에서는 우리의 열정이 액셀러레이터에 포함된다. 문제는 열정만으로는 독서 활동의 저항을 물리칠 수 없다는 데에 있다.

자동차의 마찰력은 움직이지 않으려는 관성이다. 독서 활동 중에 이러한 관성을 극복하기 위해서는 환경을 바꿔야 한다. 책을 읽고 있다가도 응접실에서 들려오는 TV 프로그램에 더 호기심이 생겨서 책 읽기를 그만둔다면 이는 기존 생활의 관성으로부터 벗어나지 못하고 있는 상태이다. 독서 활동의 마찰력 저항을 물리치기 위해서는 환경적 공간을 교체해야 한다. 집안의 TV를 없애든가 아니면 TV로부터 차단된 나만의 독서 공간이 있어야 한다.

프랑스의 철학자 몽테뉴는 친구와 아버지, 남동생, 어린 자식을 죽음으로 잃고 자신마저도 죽을 고비를 넘기면서 새로운 삶을 결심하고 자신 집의 마당 한구석에 서 있던 자그마한 원형 탑을 서재로 바꾸었다. 그는 자신의 서재를 '완벽한 자유를 만끽할 수 있는 자기만의 뒷방'이라고 불렀다. 그의 서재는 세상과 떨어져 있었지만 자신의 내면을 들여다보며 세계와 다르게 소통한 자신만의 은밀한 장소였던 것이다. 몽테뉴는 새로운 환경적 공간, 즉 서재를 만듦으로써 긍정적 변화를 위한 마찰력 저항을 극복하려 했다.

신화학자 조셉 켐벨은 박사 학위 취득을 위해 논문을 써야 한다는 학교의 제도와 방식의 틀에 갇히기를 거부하고 자신이 원하는 일을 위해 숲 속 오두막으로 들어갔다. 그는 박사학위를 얻지 못했지만 아무것도 없는 상태에서 살아가는 방법을 배웠고 자유로웠으며 그저 책만 읽고 또 읽으면서 노트 필기를 했다. 오두막은 켐벨만을 위한 시간을 만들어준 매우 특별한 장소가 되었던 것이다.

긍정적 변화를 목적으로 책을 읽기 위해 '원형 탑'을 만들거나 생계를 등지고 무작정 '오두막'으로 들어갈 수 있는 사람은 많지 않다.

몽테뉴와 켐벨과 같은 특별한 사람들은 자기만의 공간을 확보하여 마찰 저항력을 물리쳤다. 그들은 독서 활동에 대한 관성을 이기기 위해서는 환경적 공간이 필요하다는 것을 알고 실천으로 옮겼다.

독서 공간은 지하실에 방을 만든다거나 옥탑방을 개조하여 마련할 수도 있다. 그러나 마찰력 저항을 극복하기 위한 독서 공간을 마련할 수 없는 사람들은 어떻게 해야 하는 것인가? 독서 공간을 꼭 집 안에 둘 필요는 없다. 집 근처에 있는 도서관을 활용하면 얼마든지 독서 공간을 확보할 수 있기 때문이다. 도서관에는 책 읽는 사람들이 많아서 독서의 동기가 강화될 뿐만 아니라 독서가들의 책장 넘기는 소리가 책 읽기의 자극제가 되어주기도 한다.

독서 활동의 위치 에너지 저항은 환경적 시간을 마련함으로써 극복해야 한다. 독서 공간이 마련되었다고 해도 책 읽는 시간을 할애하지 않으면 위치 에너지 저항으로 인해 비탈길을 오르지 못하고 멈춰서거나 혹은 뒤로 미끄러져 내려갈 수가 있다. 책 읽는 시간 확보는 독서 습관과 관련이 있다. 책 읽는 시간은 미리 만들어둔 독서 공간에서만 만들어지는 것이 아니다. 독서 습관은 장소를 불문하고 아무때나 책을 읽을 수 있는 Anywhere와 Anytime의 책 읽기 인 것이다.

독서 활동의 저항 물리치기에서는 마찰 저항력, 즉 독서 공간 확보보다는 위치 에너지 저항력, 즉 독서 시간 확보가 훨씬 극복하기 어려운 객체이다. 독서 공간이 마련되면 다행스러운 일이라 하겠지만 책 읽을 장소가 없다고 하여 책을 못 읽는 것은 아닐 것이다. 화장실 안에서나, 버스 안에서나, 지하철 안에서나, 공원 벤치에서나 읽을 수 있고 심지어 걸으면서도 읽을 수 있기 때문에 독서 활동의 저항을 못 물리칠 어떠한 핑계도 있을 수 없다.

독서 활동의 세 과정

독서 활동은 3단계, 즉 지각→학습→행동 등의 과정으로 이루어진다. 책을 읽는 행위는 책을 보는 것도 아니고 책을 소리 내어 읽는 것도 아니다. 책 읽기는 책 속의 글자들을 지각하는 행위인 것이다.

지각은 눈, 귀, 코, 혀, 피부 등의 감각으로부터 우리의 신체 바깥 세상을 알아차리는 것이다. 지각은 시각, 청각, 후각, 미각, 촉각 등의 감각기관으로부터 입력되는 정보를 처리하는 과정인데 독서는 시각, 청각, 촉각 등을 활용한다. 최근에는 성우가 읽어주는 소리를 듣고 지각하는 독서법이 널리 퍼져 있다. 아직 글자를 모르는 아이에게 책을 읽어줌으로써 어휘력을 향상시키고 이야기에 흥미를 가지도록 청각 독서가 활용되어 오고 있다. 촉각은 점자를 통한 독서에서 활용되는 지각 활동이다.

독서 활동의 대부분은 시각을 통해 책 속의 글자를 입력하게 된다. 시각 체계에서 물체들이 무엇인지를 파악하는 일이 중요한데 이것을 패턴 재인이라고 한다. 예를 들어서 '가'라는 글자의 패턴을 재인할 때에 'ㄱ'과 'ㅏ'의 패턴을 재인한 후에 이들의 조합으로 글자 '가'를 인식하게 된다.

심리학자들은 인간의 정보처리에 순차적 병목이 있다고 말한다. 예를 들어서 걷기와 말하기와 같이 운동 체계가 서로 분리된 행위를 동시에 수행하기는 쉽지만 오른손으로 동그라미를 그리고 왼손으로 네모를 그리는 것과 같이 손이 두 개이지만 하나의 운동 체계가 작용하는 경우에는 동시에 처리하기가 어렵게 된다. 이렇게 순차적 병목 현상이 발생할 때에는 어떤 정보에 주의를 기울일 것인지 그리고 어떤 정보를 무시할 것인지를 선택해야 한다. 이를 통해 우리는 책을 읽을 때에 TV를 보는 것은 독서에 집중할 수 없도록 하는 방해 요소임을 알 수 있다.

사람들은 한 번에 하나의 생각 갈래를 따라갈 수 있지만 동시에 두 가지 생각을 수행할 수는 없다. 예를 들어서 더하기 셈 문제들과 곱하기 셈 문제들이 있을 때에 순차적으로 처리하는 것이 동시에 처리하는 것보다 시간이 적게 소요된다. 이와 마찬가지로 책을 읽을 때에는 글자와 문장들을 보는 데에 집중해야 하고 다른 생각은 제쳐둔 채로 오로지 문장 해석에만 열중해야 한다.

독서 활동의 두 번째 과정은 학습이다. 독서 활동의 과정은 학습의 순간에 빛을 발한다. 학습은 저자의 의도를 알아차리고 자기만의 시선을 발견하는 일이다. 동일한 책이라고 해도 읽는 사람마다 저자의 메시지를 다르게 해석할 수 있다. 읽는 사람들의 상황과 경험, 의견이 다르기 때문이다. 따라서 독서 활동의 학습은 우선 저자의 소리를 집중하여 들어야 한다. 학습은 저자의 지식과 지혜를 내 것으로 만들려는 부단한 노력의 연속이다.

학습은 우리 뇌의 인지 활동에 해당한다. 책 속의 단어와 문장을 읽으면 우리는 뇌 속의 기억정보를 꺼내서 이들을 해석하게 된다. 마치 컴퓨터의 단어 검색 기능과 비슷하다고 말할 수 있다. 책을 읽을 때에 자신이 모르는 단어나 문장이 나타날 때는 그만큼 해석 과정이 늦어지게 됨에 따라 앞 문장으로 나가기에 대한 저항으로 작용한다. 책을 많이 읽는 사람은 이미 뇌 속에 다양한 어휘와 문장을 기억해두고 있기 때문에 학습을 위한 해석 과정에 어려움 없이 책을 빨리 읽을 수 있는 것이다.

학습의 해석 과정 다음으로는 자기의 방식으로 번역하는 작업이 따른다. 번역 과정은 저자의 메시지를 그대로 받아들일 것인지, 거부할 것인지, 수정할 것인지를 결정하는 단계이다. 이러한 번역 과정이야말로 저자의 경험, 지식, 의도, 사상 등을 우리 것으로 만들어 나가는 중요한 프로세스이다. 책을 읽어가는 도중에 저자의 숨은 의도가 생생하게 느껴지는 그 순간은 숨을 죽이고 저자와 호흡을 같이 해야 한다. 저자가 말하고 있는 단어, 핵심 문장, 단락 등을 만나는 그 지점은 매우 강렬한 섬광이 일어나는 부분이다. 저자가 자신의 속마음을 내보이는 곳이고 섬세한 감수성을 드러내는 순간이며 치열한 논리의 구조를 밝히는 순간이다. 비로소 내가 저자와 만나서 고요 속에서 서로 응시하는 순간인 것이다.

저자의 생각이 우리로 하여금 매우 강렬한 섬광 감동을 느끼게 하는 순간에 우리는 새로운 세계, 즉 상상력이 가동하는 지점으로 접어들게 된다. 소설 속의 주인공 모습과 장면들이 머릿속에서 심상되어 주인공과 희로애락을 함께하게 된다. 고전을 읽는 과정에서 상상력이 가동되면 우리 자신의 삶을 되돌아보게 되고 새로운 희망과 용기가 샘솟아 가슴이 뭉클해짐을 느끼게 된다. 때로는 저자의 아이디어로부터 상상력을 동원하여 자신만의 새로운 아이디어를 창출할 수 있는 계기가 될 수 있다. 이런 느낌을 맛보고자 한다면 책을 읽을 수밖에 없다.

번역 과정이 끝나면 결과물을 우리 뇌에 기억하는 단계로 넘어간다. 기억 단계에서는 보다 오래 기억하기 위해 펜을 사용하기도 한다. 책을 읽는 동안에 문장 밑에 밑줄을 긋는다든지, 단어나 문장에 동그라미나 세모 표시를 해둔다든지, 의문부호를 적어둔다든지 하는 방식은 책 내용을 나중에 다시 접할 때에 좋은 기억의 길잡이가 된다. 또한 번역 과정에서 자신의 상상력을 발휘하여 새로운 의견이 도출될 경우에 문장의 여백에 이를 표기해두는 것도 중요한 기억 활동에 해당한다.

독서 활동의 마지막 과정은 행동이다. 행동은 한 권의 책을 읽고서 우리가 바깥으로 나타내는 모든 행위이다. 저자의 의도에 공감하여 그의 뜻에 따라 우리 자신을 되돌아볼 수도 있고, 운동을 할 수도 있고, 독서 계획을 짤 수도 있고, 학업 계획을 수립할 수도 있고, 책 내용에 감동한 나머지 일상생활에서도 기쁜 얼굴 혹은 슬픈 얼굴을 띨 수도 있다.

운명의 책을 만날 경우에는 우리 삶의 방향을 새로운 길로 안내함으로써 과거와는 전혀 다른 삶을 시작할 수도 있다. 한 권의 책을 읽고서 그 책 저자의 저서를 모두 읽겠다는 결심을 할 수도 있고 동일한 분야의 다른 책들을 섭렵할 수도 있다. 나아가 읽기 과정을 통해 자신의 경험, 지식, 사상 등을 남에게 전달하기 위해 책을 쓸 수도 있다. 책을 쓸 때에 우리가 읽은 책 속에 표기해둔 밑줄, 네모, 세모, 물음표 등과 함께 책의 여백에 남겨둔 메모들이 소재의 보완재들이 되어줄 것이다.

암울한 때에도 독서를 해야 한다

독서는 육체적 행위라기보다는 정신적 활동에 속한다. 집중하지 않고는 절대로 책을 읽어 내려갈 수 없다. 따라서 걱정되고 불안한 일이라도 생기면 읽고 있는 책도 멀리하게 된다. 일반적으로 독서는 우리 삶 속에서 우선순위가 그다지 높지 않게 설정되어 있는 것이 사실이다. 그런데도 우리 선조들은 암울한 때에도 책을 놓지 마라는 가르침을 후손들에게 강조한다.

이상주는 그의 저서 『조선 명문가 독서교육법』에서 유성룡(1542~1607)은 '비록 세상이 어지럽고 위태로워도 남자라면 공부를 중단해서는 안 된다.'라는 글을 그의 아들에게 주며 당부했다고 서술한다. 유성룡의 집안은 그가 명종 때 벼슬길을 나선 것을 포함하여 고종 때까지 종손 9대가 내리 벼슬을 했다고 한다. 아들이 열 살 때에 임진왜란이 일어났는데 전쟁 중에도 틈틈이 아들에게 글을 읽어주었고 전쟁이 끝나자 본격적으로 글 지도를 했다. 유성룡은 원나라 학자 허형(1209~1281)이 역사적 변고로 인해 이곳저곳에 숨어서 살 때나 전쟁으로 어수선한 상황에서도 학업을 그만두지 않았음을 사례로 들면서 아들에게 본받을 것을 당부했다.

유성룡은 아들들에게 보낸 편지에서 '요즘 서울의 젊은이들은 마치 저잣거리에서 물건을 파는 상인처럼 빠르게 성공하는 기술만 찾는다. 옛 성현의 글은 읽지 않고 매일처럼 남의 비위나 맞추는 글을 찾는다. 그리고 그 말을 도둑질 하여 시험 감독관의 눈에 띄도록 글을 지어 성공한 사람들이 많다.'고 말하며 조급한 성취 심리를 경계할 것을 강조했다. 유성룡은 그의 저서 『서애선생문집』에서 '학이사위주(學以思爲主), 즉 생각하는 것을 중심으로 공부한다.'라고 단언하면서 독서는 생각이 중심이며 생각하지 않고서는 아무리 많은 책을 읽어도 소용이 없다고 말했다. 다섯 수레의 책을 입으로 줄줄 외우지만 글의 뜻과 의미를 알지 못한다면 이는 생각하지 않으면서 책을 읽었기 때문이라는 것이다.

그는 또한 책의 본 내용에 앞서 해설서를 보면 자기 나름의 새로운 사고력을 넓히는 데 실패하기 때문에 해설서를 먼저 보지 말라고 말했다. 그는 아들에게 세상의 좋지 못한 모습에 빠지지 말고 생각하며 책을 읽고서 이를 실천하는 사람이 되기를 당부했다. 그는 영의정으로 서울에서 오랜 시간 머물렀지만 자신의 재산은커녕 자신의 이름으로 된 집도 남기지 않았다. 유성룡은 스스로 독서에 정진하였고 책에서 배운 것을 몸소 실천에 옮겼으며 아들들에게도 생각하는 책 읽기를 교육시킴으로써 대대손손 명문가의 전통을 만들어냈던 것이다.

조선 후기 문신 김수항(1629~1689)은 숙종 때에 영의정을 지냈으나 기사환국으로 남인이 재집권함에 따라 진도에 유배되었다. 그곳에서 그는 사약을 마시기 전에 아들들에게 '언제나 겸퇴(謙退)의 뜻을 지니고 집안에 독서하는 종자가 끊이지 않게 하라.'라는 말을 남겼다. 김수항의 맏아들 김창집 역시 신임사화가 일어난 1721년에 거제도에 유배되었다가 다음 해에 성주로 옮겨진 뒤 사약을 마시기 이틀 전 아들 김제겸에게 '굽어보고 우러러보매 부끄러움이 없으니 웃음을 머금고 지하에 들어갈 것이나 다만 너의 생사를 모르는 것이 한스러우니 부디 살아남아 달라.'는 유언을 남겼다고 한다. 김제겸도 죽음을 예감하고 열여섯 살인 아들의 공부가 끊길 것을 걱정하여 장인을 통해 학문을 계속 하라고 유언을 남겼다.

3대가 한결같이 '글 읽기에 매진할 것'을 유언으로 남긴 것은 김수항의 의연한 모습에서 영향을 받은 것이다. 김수항은 죽음을 앞두고 조카에게 '자신이 진정으로 원한 것이 정치가로서 출세하는 것이 아니라 한적한 곳에서 책을 읽고 공부를 하는 것'이었다고 말했다. 성공하기 위해 책을 읽는 것이 아니라 배움을 터득하여 삶 속의 나침반으로 삼기 위해 책을 읽어야 한다. 선조들처럼 죽음을 앞에 둔 암울한 때에도 독서를 게을리하지 않음이야말로 우리를 평안함과 행복으로 이끌어주는 인도자인 것이다.

아무리 바쁠 때라도 책을 읽어야 한다

직장인들이 책을 읽지 않는 이유 중의 하나는 회사 일이 바쁘기 때문이라는 것이다. 아침 일찍 출근하여 눈코 뜰 새 없이 일하다가 근무시간이 끝나도 회사에 남아 야근을 한다. 회사 잔업이 없어서 일찍 퇴근할 수 있는 날에는 회사 동료들과 단합대회라고 하여 저녁 식사와 함께 술 한잔 하게 된다. 영업 직원들은 마시고 싶지 않은 술도 억지로 마셔야 할 때가 많다. 주말에는 평일 동안에 모자랐던 잠을 챙기느라 하루 종일 낮잠을 자기도 하고 밀렸던 TV 프로그램을 시청하기도 한다. 이런 생활환경에서는 그야말로 책을 읽을 틈이 조금도 생길 것 같지 않다.

그러나 과연 회사 일이 그리도 바빠서 다른 시간 낼 틈은 없는 것일까? 만일 갑자기 저녁에 사랑하는 사람을 만난다든지 혹은 오랜만의 친지를 만나야 할 경우에는 회사 업무 시간에 일처리 속도가 평소와는 분명히 다를 것이다. 온 정신을 집중하여 일을 처리하기 때문에 동일한 일이라도 빨리 처리할 수 있게 된다. 일을 열심히 해본 사람이라면 공감하겠지만 회사의 핵심 업무는 집중적으로 투자하면 하루 3~4시간이면 충분하다. 자신의 핵심 업무는 집중해서 처리할 수 있어도 다른 부서와의 커뮤니케이션이나 절충, 대기, 준비, 점검, 보고 등과 같은 일들이 남아 있기 때문에 특별히 하는 일 없이도 시간만 흘려보내게 된다.

회사 업무 중에서 다른 사람과의 일처리 시간이 비정상적으로 비대해지면 조직의 업무 효율에 문제가 생긴 것이다. 회사 조직원들의 공통 업무에는 반드시 업무 수행 매뉴얼이 있기 마련이다. 매뉴얼은 그럴싸하게 만들어놓았지만 실제로는 그와 동떨어지게 업무를 처리하기 때문에 비효율적으로 진행될 수밖에 없다. 다른 사람 혹은 다른 부서와 공동으로 업무를 처리하려면 우선 자신의 일을 완벽하게 마쳐야 함에도 불구하고 일단 상대방을 만나면서부터 일을 시작하는 직원도 있다. 이러한 회사 조직은 회사원들의 스트레스를 높이게 되어 업무 효율을 가중으로 떨어뜨리게 된다.

회사는 현시점에서 아무리 바쁘더라도 미래에 투자해야 한다. 그날그날 업무에 쫓기면서 수익을 높일 수 있다고 해도 회사의 미래 아이템 개발에 대한 투자가 없다면 5~10년 후의 비전은 기대하지 못한다. 그러한 회사에 몸담고 있는 회사원들은 회사와 함께 용도폐기의 길을 걷게 될 것이다.

어느 직장의 유능한 직원은 3-3-3 원칙으로 회사 일을 수행한다고 한다. 업무 시간의 1/3은 자신의 핵심 업무를 처리하고 1/3은 다른 직원들과 업무 소통을 위해 소비하며 나머지 1/3은 책상에서 자신의 업무 방향을 곰곰이 생각한다고 한다. 생각하는 시간이 많을수록 실제의 업무 효율은 높아진다. 머리를 식히고 발상을 전환하여 이전과는 다른 무엇인가를 고안해낼 시간을 남겨두어야 한다. 각 직원의 이러한 업무 태도는 결국 회사의 미래를 밝게 해주는 잠재력을 가지게 되는 것이다.

이러한 원리는 우리 개인의 삶에도 그대로 적용될 수 있다. 학교 공부 때문에, 회사 업무 때문에, 사업 일처리 때문에 조금도 시간이 나지 않는다는 이유로 정신없이 보내다가는 우리의 미래는 어두워진다. 이러한 상황에서는 성장이 더디거나 멈추기 마련이다. 전문가들이 쓴 책을 읽거나 전혀 다른 분야의 발상을 참고하여 지식을 축적해야 한다. 이렇게 축적된 지식들을 서로 연결 구성해야만 창의적 아이디어를 창출할 수 있다. 현재의 반복적인 업무 시스템에서 벗어날 수 있는 길은 오로지 독서를 통한 창의적 발상에서 비롯된다.

항상 바쁘게 일하는 사람이 성공하는 것은 아니다. 정신없이 바쁜 사람은 지금 당장 돈을 벌 수 있을지 모르지만 틀 속에 갇혀 생활한다면 결국에는 가난해진다. 수입이 오래 지속적이지 못할 뿐만 아니라 많은 돈을 벌어도 돈 관리에 실패하기 때문에 나중에는 빈털터리가 된다. 항상 바쁘다는 것은 고정된 틀에 휘둘리고 있는 것이다. 이러한 고정 틀로부터 벗어나도록 노력하여 독서 시간을 만드는 사람은 폭넓은 지혜를 얻고 자신이 원하는 목표를 달성하게 된다.

전직이나 미취업으로 인해 무슨 일을 해야 할지 모를 때에도 책을 읽어야 한다. 누군가 초조함과 막연함으로 시간만 허비하고 있을 때 우리는 그 시간을 독서라는 전략을 통해 미래 우리 일에 투자해두는 셈이다. 아직 일이 정해지지 못하여 무력한 나날을 보낼 때나 바쁜 업무처리로 시간이 나지 않을 때나 우리는 독서에 집중해야 한다. 바빠서 책을 읽지 않는 사람은 근본적으로 고정 틀에서 벗어나려 노력하지 않는 게으른 사람이다. 아무리 바쁘더라도 자신의 업무에 열성적으로 집중한다면 독서 시간은 충분히 찾을 수 있다. 독서야말로 바쁜 생활로부터 우리를 벗어나게 해주는 해결사인 것이다.

5.3. 독서 달성

독서 달성 단계는 자기 발견

독서 달성 단계에서는 계획 단계에서 설정했던 목표 지점에 최종적으로 도달하는 과정이다. 목표지점은 각 개인의 장기적인 계획에 따라 달라지기 마련이다. 목표지점의 예로는 수험 과목 성적 향상, 각 분야의 정보 수집, 전문 분야 지식 습득, 성현의 가르침 학습, 스토리 감동, 삶의 지혜 발견 등이 있다.

독서의 목표지점에 도달하는 과정에서 우리는 우리 자신을 발견할 수 있게 된다. 누구나 무슨 일이든지 실제로 수행해보지 않으면 그 일의 어려움, 복잡함, 속사정 등을 알 수 없다. 그 일 속에 파묻혀 본 사람만이 자신이 얼마나 부족했던가를 알 수 있게 된다. 그 일의 바깥에서 쳐다만 봤을 때에는 전혀 짐작도 할 수 없었던 사실들을 발견할 수 있게 된다. 우리가 세운 목표 과제를 수행하면서도 사전에 예상하지 못했던 일들이 툭툭 튀어나오면서 일의 진행을 막기 일쑤이다.

책 읽기를 통해 이루려고 했던 우리의 목표지점 정복이 완전하게 달성되지 못하고 몇 가지 측면에서 부족함을 발견하게 된다. 예를 들어서 수험 과목 성적 향상의 목표에서는 자신의 실력 부족과 함께 노력 투자가 부족했었던 점을 반성하게 되고 전문 분야 지식 습득의 목표에서는 꼬리에 꼬리를 무는 광범위한 전문지식의 양에 허탈해 할 수 있으며 성현의 가르침 학습 목표에서는 우리 자신의 삶이 너무 쾌락적이고 나태하다는 사실을 깨우치게 된다. 이와 같이 독서 달성 단계에서는 우리 자신의 현 위치를 발견하여 더욱더 노력을 경주해야겠다는 의지를 굳건히 해야 한다.

고대 그리스 델포이의 아폴론 신전 입구에 새겨져 있는 '너 자신을 알라.'라는 문구를 본 소크라테스는 자신의 무지(無知)를 자각하는 자만이 참다운 지식을 얻을 수 있다고 역설하였다. 프랑스 철학자 미셸 푸코는 '자신을 아는 것'은 '자신을 돌보는 것'에서 시작한다고 보았다. '자신을 돌보는 것'이란 스스로 자신에 대해 관심을 두고 자신에게 전념하며 자신의 변화를 실천하는 행동을 의미한다. 이것은 외부의 시선과 요구로부터 자기를 아는 것이 아니라 스스로 자기를 알아가고 변화시키려는 주체의 실천 노력인 것이다. 자신의 삶에 전념하고 관심을 가질 때에 비로소 우리 자신을 알 수 있게 된다.

책 읽기를 통해 자기를 발견한 후에는 우리 자신을 돌보기 위해 또 다른 책 읽기로 이어져야 한다. 독서를 수행함으로써 자신이 얼마나 그 분야에 관해 무지(無知)한지를 깨우치면 자신을 변화시키는 책 읽기를 실천 전략으로 삼아야 한다. 독서 달성 단계에서 자기를 발견한 후에는 독서 목표 지점에 따른 행동이 이어져야 한다.

수험 과목 성적 향상이 독서 목표 지점이었다면 동일한 책을 반복하여 학습할 필요가 있다. 옛날 선비의 학습 태도와 같이 동일한 책 내용을 몇 번이고 반복하여 거의 암기할 수준까지 읽고 이해하고 또 다시 읽어야 한다. 전문 분야 지식 습득의 경우에는 거친 땅 위에 건물을 올리듯이 터를 고르고 전문지식을 차곡차곡 축적해 나가야 한다. 성현의 가르침 학습이 독서 목표 지점이었다면 올바른 마음가짐과 생활태도에 관한 문구들을 잊지 않도록 틈나는 대로 읽어야 한다. 스토리 감동의 경우에는 그 스토리 속의 인물들에 대한 행동들을 거울삼아 우리 삶의 태도에 반영시키도록 노력해야 한다.

삶의 지혜를 발견하는 것이 독서 달성의 목표 지점이었다면 우리는 또 다른 독서 계획을 수립해 나가야 한다. 책은 항상 다름을 만들어낸다. 이러한 다름의 반복은 유일함을 만들어낸다. 스스로 유일해지려면 결국 책을 읽어야 한다. 우리 삶의 긍정적 변화를 만들기 위해서는 계속적으로 책을 읽어야 한다. 책을 읽으면 읽을수록 우리는 스스로 겸손해지기 마련이지만 때로는 의기소침해질 우려도 있다. 도대체 그 넓고 넓은 지식의 바다를 얼마만큼 항해해 나가야 바다의 끝인 육지가 보일까라는 망막함이 우리를 급습하기도 한다. 그러나 이러한 짜증은 우리 자신의 욕심에서 기인한다. 독서 달성의 목표를 책 읽기 자체로 세울 수 있어야 한다.

책을 읽었다고 하여 우리의 삶이 확 바뀌지 않는다. 책 읽기의 본질적인 가치는 문제에 대한 해결책을 제공하는 것이기보다는 삶에 대한 우리의 태도, 즉 마음가짐이다. 책 읽기의 즉각적인 보상을 기대하지 말아야 한다. 책은 우리에게 동력과 기반을 제공할 뿐이다. 책은 우리를 각성하게 하고 하나의 지혜를 줄 뿐이다. 책의 저자가 우리들에게 말하는 내용을 실제의 삶에 적용하는 것은 순전히 우리의 몫이다.

독서를 통해 자신의 무지를 발견할 수는 있으나 깨달음에 이르지 못할 수도 있다. 운 좋게도 저자가 말하는 의도가 우리의 경험과 일 치한다면 그 자리에서 깨달을 것이다. 자신의 경험이 저자의 지혜와 만나는 순간까지를 기다려야 한다. 기다린다고 하여 멀뚱멀뚱한 자 세로 서 있으라는 것이 아니다. 운명의 책을 만날 때까지 새로운 책 들을 계속적으로 읽어 나가야 하는 것이다.

독서 달성 단계는 쓰기

독서 달성 단계는 독서 계획 단계에서 읽고자 했던 책들을 독파한 지점이다. 책 한 권을 읽는 데 바쁜 시간을 쪼개어 자투리 시간을 활 용해온 것이다. 동일한 분야의 책이나 혹은 동일한 저자의 책들을 일정한 기간 내에 한꺼번에 읽어온 것이다. 이 단계에서는 책 읽는 것을 달성했다고는 하지만 읽는 것만으로 만족해서는 안 된다. 사람 의 기억은 한계가 있기 마련이다. 우리가 운명의 책을 만나서 저자 의 의도를 전적으로 받아들이기로 했다고 해도 그러한 다짐은 오래 가지 않아 기억 속에서 사라질 것이다. 따라서 다음의 독서 계획을 구성하기 위해서뿐만 아니라 독서를 통해 얻은 삶의 지혜를 실천하 기 위해서라도 우리가 읽은 책 내용을 어딘가에 적어두어야 한다.

이효정은 『길 끝에서 길 찾기』에서 책을 읽을 때에 두 권의 책을 사용한다고 서술한다. 한 권은 저자의 책이고 또 한 권은 그가 쓸 책 인 노트라는 것이다. 그는 빨간색 펜을 이용하여 저자의 책 여기저 기에 밑줄, 삼각형, 동그라미, 물음표 등을 표기해둔다. 또한 저자의 책을 읽어가며 번개 같은 섬광이 일어나는 지점을 포착하여 그 느낌을 재빨리 써둔다. 노트는 저자의 책을 읽고 난 다음에 쓴다. 저자의 책이 저자의 강조사항을 표시하거나 그에 대한 자신의 순간적 느낌을 받아 적는 직관의 활동이 펼쳐지는 공간이라면 노트는 읽고 난 다음에 펼치는 이성적 작업의 공간이라는 것이다.

우리는 태어나면서부터 우리가 겪은 모든 일을 머릿속에 기억한다. 우리 뇌의 뉴런들은 우리의 기억을 패턴화하도록 동작한다. 우리의 기억은 수많은 패턴들로 이루어져 있으며 이러한 기억 패턴들은 수많은 링크들로 연결 구성되어 있다. 우리가 읽은 책의 내용은 새로운 패턴으로 기억되어 연관성이 존재하는 기존의 패턴들과 링크로 구성된다. 그러나 책 읽기를 통해 획득한 지식 개념이나 삶의 지혜 등에 관한 패턴이 오랫동안 유지되지 못한다. 며칠 지나면 어느새 잊어버린다. 하나의 패턴이 단독으로 오래 기억되기란 쉽지 않다. 따라서 읽은 책 내용을 오래 기억하기 위해서는 기존의 기억 패턴들과 끈끈하게 링크를 만들어주어야 한다. 책 읽고 난 후의 노트에 우리의 느낌, 생각, 상상 등을 적어두는 것은 이와 같이 기존의 기억 패턴들을 밖으로 끄집어내어 새로운 패턴과 연결시키는 과정인 것이다.

노트에는 어떠한 내용을 써야 할까? 노트는 책을 읽고 난 후에 우리들이 작성할 내용의 공간이지만 독서 계획 단계에서 수립한 목표를 언급할 필요성도 존재한다. 이러한 측면에서 첫 번째 부분에서는 긍정적 변화 프로젝트를 작성해야 한다. 우리 삶의 목표지점을 정립하고 이를 달성하기 위한 구간지점을 설정하며 구간마다 언제, 어느 기간 동안, 어떻게 이동할 것인가를 명확히 서술해야 한다. 예를 들어서 10년 안에 저명한 강연자가 되는 것을 삶의 목표지점으로 정립한다면 출발 지점부터 1년 이내에 강연 분야 선정을 목표로 세우고 이를 달성하기 위해 한 달에 몇 권씩 관련 분야의 서적을 독파한다는 식으로 구체적인 계획을 수립할 필요가 있다. 출발 지점부터 5년 이내에는 소규모 대중 앞에서 자신의 강연을 펼쳐 보일 것이며 매년 강연하는 대중 규모를 어느 정도 키우고 강연 횟수도 어느 정도 늘릴 것인지를 자신의 노트에 작성해두는 것이다.

두 번째 부분에서는 단기 목적지를 가기 위한 우리의 지도를 그려본다. 출발점에서 목적지까지 가는 방법은 여러 가지이다. 이미 정해놓은 길일지라도 새로운 길은 없는지 혹은 길을 가면서 무엇인가 재미나는 일들은 없는지를 상상해볼 필요가 있다. 첫 번째 부분에서 작성한 변화 프로젝트가 고정적인 사고 형태라면 두 번째 부분에서 그리고자 하는 지도는 유연하고 자유로운 형태에 가깝다. 단기 목적지는 분명히 명시한 후에 이곳에 도착하기 위한 우리의 상상력은 마음대로 펼쳐야 한다. 단기 목적지로 향하는 여정에서 여러 가지 문제점들을 도출할 필요는 있으나 이성적이고 합리적인 해결책을 찾아야 할 것이며 결코 두려워하거나 자신감이 떨어지는 부정적 망상에 빠져들어서는 안 될 것이다.

세 번째 부분에서는 읽고 난 책에 대한 기록을 남겨둔다. 간단한 메모 수준이라도 적어두어야 나중에 그 책을 다시 찾을 수 있다. 쓰는 형식은 개인에 따라 달라질 수 있다. 예를 들어서 ① 제목, ② 저자, ③ 내용 요약, ④ 느낌과 아이디어, ⑤ 기억하고 싶은 문장 옮겨 적기, ⑥ 읽고 싶은 관련 서적 등으로 채운다. 자신의 책인 경우에는 책에 대한 기록을 남겨두지 않아도 추후 책에 표기해둔 자료를 참고하여 기억을 되살릴 수 있겠으나 남으로부터 혹은 도서관에서 빌린 책들은 읽고 나서 아무런 기록도 남겨두지 않으면 아마 그 책을 읽은 기억도 전혀 떠오르지 않을는지 모른다. 따라서 책 읽기를 달성한 마지막 단계에서는 읽은 책에 대한 생각을 기록해두어야 한다.

모든 사업수행과 마찬가지로 독서 달성 단계에서도 자체 평가가 이루어져야 한다. 책 읽기 과제가 성공하였다면 어떠한 자신의 특질이 도움이 되었는가를 되돌아보며 자신의 의지와 용기를 격려해주어야 한다. 하나의 성공을 바탕으로 하여 또 다른 목표에 도전할 때에 보다 큰 자신감으로 새 걸음을 시작할 수 있을 것이다. 때로는 목표지점에 도달하지 못한 채 다른 곳에 머물러 있는 우리 자신을 발견할 경우도 있다. 실패의 원인은 무엇이었는가를 스스로 반성해보아야 한다. 지루함을 인내하지 못했는가? 독서 시간을 내지 못했는가? 책 내용이 어려워 설렁설렁 읽었는가? 등과 같이 걸어온 길을 되새김질해 보아야 한다.

자신의 목표지점에 안전하게 도착하였든지 혹은 생각지도 못한 지점에 뚝 떨어져버렸든지 우리는 그 지점에서 새로운 길을 떠날 준비를 해야 한다. 우리가 안 가본 길은 너무나도 많고 길기도 길다. 없는 길이라도 새 길을 만들어가며 우리가 원하는 목표지점을 향해 한 걸음씩 힘차게 걸어가야 한다.

독서는 글짓기로 완성된다

글쓰기라고 하면 독서보다 무척이나 어렵게 생각된다. '문장은 말하듯 쓰면 된다.'라고 주장하는 사람이 있긴 하지만 문장 언어는 입으로 말하는 언어와 많은 차이점이 존재한다. 입으로 말하는 경우에는 그 사람의 목소리, 말과 말의 간격, 눈짓, 표정 등등이 함께 어울려지지만 문장에는 그러한 요소가 섞여 있지 않으므로 글쓰기 방법으로 이것들을 보충하지 않으면 안 된다. 또한 말하는 경우에는 자신의 생각을 실시간으로 표현하기 때문에 적합한 단어를 사용하지 않거나 말과 말 사이가 매끄럽지 않아도 양해받기가 쉽다. 그러나 문장 언어에서는 문법이나 구절 이음이 어색하기만 해도 반복하여 읽어보면 쉽게 이를 찾아낼 수 있기 때문에 글쓰기는 결코 말하는 것과는 다르게 어렵고 복잡한 프로세스가 요구된다.

글을 쓰고자 할 때 가장 중요한 것은 주제이다. 주제는 글을 쓰는 목적이며 사상 내용이고 작가의 인생관 노출체이다. 제재는 주제를 나타내기 위한 글의 소재를 의미한다. 예를 들어서 어떤 사람이 어려운 환경을 극복하고 훌륭한 인간으로 성공한 이야기를 들었다고 할 때에 이 이야기는 하나의 제재가 된다. 이 이야기를 듣고서 깊은 감명을 받음으로써 글을 쓰고 싶은 동기가 유발되어 '인간의 성공은 환경의 좋고 나쁨에 의해서 좌우되는 것이 아니라 자신의 의지로써 환경을 충분히 극복할 수 있다.'라는 의도로 글을 쓴다면 이것이 주제가 되는 것이다.

무엇을 쓸 것인가 하는 점에서는 소재의 선택과 주제의 설정이 중요시된다면 어떻게 쓸 것인가 하는 점에서는 글의 구성이 중요한 사항이다. 구성은 선택된 소재를 명확하게, 그리고 설정된 주제를 선명히 독자에게 전달할 수 있도록 문장 전체가 유기적인 질서 속에서 짜이도록 맞추는 작업이다. 아무리 좋은 소재나 훌륭한 주제라고 해도 구성이 잘못되면 마치 좋은 재료를 가지고 엉성하게 지은 집처럼 좋은 문장이 되지 않을 뿐만 아니라 작가의 의도도 제대로 전달되지 않는다. 따라서 구성은 문장에 있어서 매우 중요한 요건이 되는 것이다.

글쓰기에서는 어휘 선택도 중요하다. 프랑스의 유명한 소설가 플로베르는 제자 모파상에게 일물일어설(一物一語說), 즉 어떤 사물을 표현하는 데 가장 적합한 말은 단 한 가지의 어휘뿐임을 가르쳤다고 한다. 유명한 소설가나 수필가들의 글을 읽어보면 문장 구성은 물론 적재적소에 감칠맛 나는 어휘들에 놀라움을 금치 못한다. 이러한 글들에 견주어 글을 쓸라치면 그야말로 글쓰기의 동기마저 스르르 사라져버린다.

글쓰기를 전문으로 하는 프로 작가가 아닌 순수 아마추어 작가라면 글을 쓸 때에 욕심을 내려놓을 필요가 있다. 아마추어인 우리들은 구성이 엉성해도 어휘가 딱 들어맞지 않아도 나타내고자 하는 주제만 전달될 수 있다면 상관없다는 마음가짐으로 글쓰기에 임해도 좋을 것이다.

책을 읽을 때에 다른 사람에게 책 내용을 전달해야 한다든지 아니면 자신의 생각을 글로 적어둘 목표가 있다든지 하면 책 읽는 태도가 달라진다. 소위 피드백 없는 독서는 수동적 행위인지라 마음은 편할지언정 나중에 남을 것이 없다. 그러나 피드백을 고려한 능동적 독서는 글자 하나하나에 온 신경이 쓰이지만 멋있는 글 표현이나 책 내용, 저자의 의도 등을 남겨둘 수 있으므로 그만한 가치가 충분히 있기 마련이다.

일반 독자가 책 읽기를 통해 글을 쓰는 방법은 크게 두 가지, 즉 책 읽기 중의 글쓰기와 책 읽은 후의 글쓰기로 나눌 수 있다. 첫 번째로 책 읽기 중의 글쓰기에는 별도의 공간에 글을 쓰는 방법도 있지만 책의 여백을 이용하면 훨씬 편리하게 글을 쓸 수 있게 된다. 즉, 작가의 글에서 중요한 부분이나 감동적인 문장들에 밑줄을 긋고 그것에 대해 자신만의 견해를 덧붙이거나 작가와 다른 견해를 기록해두는 방식이다. 자신만의 생각들을 책의 자투리 공간에 기록해두면서 책을 읽어 나가면 책의 끝 부분에 가서는 아주 짧은 한 편의 글이 완성될 수 있다.

책을 읽을 때에는 반드시 펜을 들고 자신의 생각을 적을 준비를 해야 한다. 독서를 하면서 떠오르는 생각들은 지금 당장 기록해두지 않으면 물거품처럼 금방 사라져버린다. 유명한 작가들이 훌륭한 작품을 남길 수 있는 것도 바로 이와 같이 자투리 생각들을 바로바로 기록해두기 때문인 것이다. 조선시대 유학자 홍길주(1786~1841)는 다른 사람들이 지은 훌륭한 글을 읽을 때에 자신은 왜 이런 훌륭한 글을 짓지 못할까 하면서 크게 감탄만 하는데 이는 한 가지 사물과 대상을 상식과 다르게 바꾸어 생각해보거나 미루어 헤아리지 못하기 때문이라고 말했다.

두 번째로 책 읽은 후의 글쓰기에는 책의 내용을 요약해보는 작업과 자신만의 짧은 글을 써보는 작업 등이 있다. 책의 내용을 요약하는 과정은 글 전체의 구성과 내용을 집중적으로 분석하는 과정으로서 책을 다시 한 번 읽는 효과가 있다. 책 읽은 후의 요약 작업은 논리적 글쓰기를 위한 필수적인 과정이라고 말할 수 있다.

자신만의 짧은 글을 써보는 작업은 여러 권의 책을 읽으면서 느꼈던 부분적인 생각들을 하나의 주제나 소재로 결집시켜서 연결 짓는 과정이다. 이러한 과정에서는 읽은 책들에서 공통적인 내용을 집중적으로 발췌해야 하므로 보다 세밀한 분석이 요구된다. 작가의 서로 다른 의견들을 이 책 저 책에서 모아두는 것은 올바른 글쓰기 태도 라고 할 수 없다. 서로 다른 책 내용들이 한데 어우러져 통일된 흐름 으로 집약되어야 한다.

남들에게 보여주기 위한 글쓰기만이 중요시되는 것은 아니다. 글 쓰기는 타인을 위한 행위가 아니라 자신을 진솔하게 만나는 작업에 해당한다. 글쓰기를 처음 시작할 때에는 책 읽은 내용들을 오래 간 직하기 위함이라는 가벼운 생각으로 임해도 좋다. 글쓰기는 자신의 생각을 오래 남겨둘 수 있을 뿐만 아니라 문장력과 표현력이 조금씩 향상될 터이니 나중에 전문 작가가 될 수 있는 가능성이 열려 있는 것이다.

읽은 책을 자신의 스타일로 편집해보자

책 속의 글자들은 모두 인쇄체이기 때문에 일반적으로 신뢰성이 높아 보인다. 동일한 내용이라고 해도 인쇄체 글자들은 펜글씨 형태 보다 오자와 탈자가 없을 것으로 느껴지고 그 내용도 정확할 것으로 믿게 된다. 이는 어린 시절부터 교과서를 통해 학습을 해왔기 때문 일 수 있다. 교과서 내용이 틀릴 것이라고는 상상하지도 못한다. 책 으로 완성될 정도이면 그 내용 또한 최소한 말도 안 될 정도로 틀리 지 않을 것이라는 확신이 세워진다.

그러나 책은 저자의 생각을 글로 옮긴 후에 편집을 통해 제작된 결과물이다. 책은 저자 자신의 생각일 뿐 타당하지 않은 내용도 포 함될 수 있다. 우리는 책을 읽으면서 저자의 생각 흐름에 집중하여 따라가야 하지만 그렇다고 저자의 의견이 모두 옳은 것이라고 생각해서는 안 된다. 즉, 책은 완성형이 아니다. 책을 읽으면서 여백에 우리의 생각을 적거나 본문 어딘가에 밑줄을 긋는 작업이 필요하다.

책을 읽으면서 그 책을 우리의 스타일로 편집할 필요가 있다. 우리가 써놓은 글을 삽입하거나 수정하듯이 다른 사람이 만든 책이라고 해도 마치 우리의 책인 것처럼 수정해가면서 편집할 필요가 있다. 책을 노트라고 생각하고 독서를 편집이라고 여기는 것이다. 모든 책에는 저자 외에도 편집자의 역할이 있다. 한 권의 책이 완성되기까지는 저자의 단독작업이 아니라 편집자와의 공동작업인 것이다. 편집자는 저자가 쓴 문장을 다시 확인하고 수정하며 삭제하거나 다시 쓰도록 조언해준다. 그 밖에도 소제목을 함께 만들고 굵게 강조해야 할 부분을 정하는 등 독자가 이해하기 편리하도록 책을 꾸며 나간다.

책이 출판된 이후에는 우리도 나름대로 그 책을 편집할 수 있다. 우리는 독자인 동시에 책의 편집자가 되는 것이다. 책을 읽다가 모르는 내용이 나타나면 이는 다른 독자가 이해하기 어려울 것이라 판단하여 물음표로 표시해둔다. 이는 우리가 다시 책을 읽을 때에 한 번 더 깊게 생각할 기회를 가질 뿐만 아니라 우리 자신이 저자라고 하면 어떻게 수정해야 할까를 생각해볼 수 있다.

우리에게 필요 없는 내용이라고 생각되는 글귀는 빨간색 펜으로 삭제해버린다. 제목이 적합하지 않다고 생각되면 제목을 새로 바꾸거나 추가해볼 수 있다. 책의 핵심 주제가 포함되는 글귀는 강조하기 위해 그 글귀를 동그라미 쳐둔다.

이러한 편집 과정을 마치면 이제는 나만의 책으로 다시 태어나게 되며 책의 내용이 훨씬 더 가깝게 다가올 뿐만 아니라 오래 기억될 수 있다. 또한 우리의 논리적 사고력이 한 단계 성장하게 된다. 이를 토대로 책 내용을 다른 사람에게 이야기해 줄 때에 자신의 감동을 고스란히 상대방에게 전달할 수 있게 된다.

06_
성공으로 이끄는 독서 습관

독서는 습관이다

습관은 우리 인생에서 엄청난 영향력을 가진다. 아리스토텔레스는 "사람은 반복적으로 행하는 것에 따라 판명되는 존재이다. 따라서 탁월함이란 단일 행동이 아니라 바로 습관이다."라고 말하면서 습관이 우리를 탁월함으로 이끄는 개체라고 강조했다.

습관은 인식(knowledge), 기량(skill), 동기(motive)의 혼합체이다. 인식은 우리가 무엇을 왜 해야 하는지를 의미한다. 기량은 어떻게 해야 하는가, 즉 방법을 말한다. 동기는 행동하고 싶어 하는 마음을 뜻한다. 우리가 무엇인가를 습관화하기 위해서는 반드시 이 세 가지가 있어야만 한다.

우리가 독서 습관을 기르려면 우선 독서라는 것이 무엇이고 왜 독서가 그토록 필요한지를 인식해야 한다. 그리고 우리가 행하는 수많은 행동들 중에서 왜 독서를 선택하는지와 그 행동의 강도를 나타내는 독서 동기가 생겨나야 한다. 다음으로 어떠한 방법으로 우리가 선택한 행동을 반복적으로 이어갈 수 있을까라는 기량이 필수적이다. 독서 습관에 관한 인식과 기량은 옛 선비의 글이나 현대의 독서가들로부터 충분히 배울 수 있는 요소들이다.

그러나 동기는 우리 스스로 갖추어야 할 마음가짐이다. 비록 책 읽기의 동기가 생겨났다고 해도 그 강도가 약하면 오래 지속적이지 못하고 도중에 사라져버리기 일쑤이다. 독서 동기는 책 읽기를 출발시키지만 반복적인 책 읽기는 다시 동기를 강화시킴으로써 독서의 습관화로 이끌어지게 된다. 따라서 독서가 습관화될 때까지 우리는 책 읽기의 어렵고 반복적이고 지루함을 능동적으로 극복해내야 하는 것이다.

독서의 습관에 관해 여기에서는 기량 요소만을 서술하고자 한다. 오준호는 독서 습관의 기량으로 '독서 시간을 미리 정하자', '어디든 책을 가지고 다니자', '도서관과 친해지자', '자신의 독서 페이스를 찾자', '밑줄 긋고 메모하고 정리하자', '책에 대해 말하고 글을 쓰자' 등을 제시한다.

우리가 행하는 모든 활동은 네 가지, 즉 긴급하고 중요함, 긴급하고 중요하지 않음, 긴급하지 않고 중요함, 긴급하지 않고 중요하지 않음 등으로 구분된다. 우리는 어떤 일을 동시에 처리할 수는 없기에 모든 일에 대해서 우선순위를 두어야 한다. 대부분의 사람은 긴급함을 중요함보다 더 높은 우선순위에 두는 경향이 있다. 즉, 긴급하지는 않지만 중요한 일들이 긴급한 일 처리에 바쁘다는 이유로 점점 뒤로 밀려 나가다 이윽고 아예 관심 밖으로 버려지곤 한다. 독서가 바로 여기에 해당한다. 새해 첫날에는 독서를 하겠다고 굳게 다짐하지만 연말이 되면 사는 일로 바빠서 책을 못 읽게 되었다고 변명하게 된다.

이러한 현상을 극복하고 독서의 습관을 정착시키기 위해서는 독서 시간 관리를 철저히 이행해야 한다. 독서 시간 관리는 개인의 취향, 능력, 환경 등에 따라 스스로 정해야 한다. 새벽에 일어나서, 버스나 지하철에서, 일과 시작 전, 점심시간, 퇴근 시간 전, 퇴근 후 집에서, 잠자기 전 등과 같이 하루 중에 특정 시간을 독서 시간으로 정해야 한다. 철학자이며 문예 비평가인 롤랑 바르트는 화장실에서 읽는 책이 제일 몸에 잘 새겨진다고 말했다는데 우리도 화장실 시간을 독서 시간으로 정할 수 있다.

평일보다 주말을 이용하여 책을 읽을 수도 있다. 1년 중 한 시기에 몰아서 책을 읽는 사람도 있다. 충무공 이순신을 1인칭 주인공으로 한 『칼의 노래』의 작가 김훈은 여름휴가에 책을 한 보따리 싸 짊어지고 시내 호텔로 들어간다고 한다. 빌 게이츠는 1년에 한 달가량 연락을 모두 끊고 독서 휴가를 떠난다고 한다.

꼭 시간을 미리 정하는 것보다 그냥 틈나는 대로 책을 읽어도 독서 습관을 기를 수 있다고 생각할 수 있다. 그러나 습관의 기량은 정기성과 반복성으로 얻어진다. 독서 습관이 정착될 때까지는 매일 일정한 시간에 꾸준히 책을 읽어 나가야 한다. 그래야 독서 습관이 생겨나서 틈 날 때마다 책을 찾게 되는 것이다.

독서는 리더(Leader)의 길이다

리더십은 관리와 다르다. 길이 없는 정글 속에서 큰 칼을 가지고 잡목이나 잡초를 쳐내어 길을 만들어 나가는 집단에서 관리자는 칼날을 갈아주고 방침과 절차를 개발하며 능률개선 프로그램을 수립하고 새로운 기술을 도입하며 작업 계획과 보상 프로그램을 짜는 일을 수행한다. 그러나 리더는 가장 높은 나무 위에 올라가서 전체 상황을 살핀 후 길을 제대로 들어섰는지 혹은 잘못된 길로 가고 있는지를 판단한다.

정치, 경제, 문화, 사회 등의 각 분야에서 리더의 자질로 인지적 능력, 자신감, 예견력, 의사소통 능력 등을 들고 있다. 오늘날 급변하는 지식사회에서 국민의 뜻, 소비자들의 기호와 욕구, 관객의 취향 변화, 대중의 생각 등을 인지하고 예견할 수 있는 능력이야말로 리더가 갖추어야 할 핵심 요소인 것이다.

피터 드러커와 웨렌 베니스는 "관리하는 것은 어떤 일을 바르게 하는 것이지만 리더십은 바른 일을 하는 것이다."라고 말했다. 이와 같은 리더는 독서를 통해 탄생된다. 미국의 어느 어린이 책 읽기모임에서는 '오늘의 리더(reader)가 내일의 리더(Leader)가 된다.'라는 말을 제시했다. 실제로 세계 최고 기업의 CEO, 변화를 추구하고 존경받는 지도자들은 모두 책을 많이 읽는다. 중국의 마오쩌뚱은 전장에 나갈 때에도 읽을 책을 싸들고 다녔으며 공식석상에서 고전을 인용하거나 시를 읊는 것으로 유명했다. 빌게이츠는 성공의 비결을 '오늘날의 나를 만든 것은 동네의 공립 도서관'이었다는 말로 대신하기도 했다. 빌 클린턴 전 대통령은 재직 시절 10일 정도 휴가에 12권 정도의 책을 가지고 갔다고 한다.

독서가 리더를 낳는다고 하여 독서를 리더 되기 위한 수단으로 삼아서는 안 된다. 독서를 통해서 리더가 된 사람들은 처음부터 리더를 목표로 책을 읽은 것이 아니라 책 읽기를 좋아하다 보니 삶 속에서 인지력, 예견력, 의사 소통력 등이 향상되어 리더가 될 수 있었던 것이다. 책 읽기를 좋아해야 세상을 깨우치고 이러한 성찰로 진정한 리더의 책임을 수행할 수 있게 된다.

공자는 누구보다도 배우기를 좋아했다. 그는 '십실지읍 필유충신 여구자언 불여구지호학야(十室之邑　必有忠信　如丘者焉　不如丘之好學也)', 즉 "열 가구 정도의 작은 마을에도 반드시 나처럼 충직하고 신의를 중시하는 사람이 있을 것이다. 그러나 나만큼 배우기를 좋아하는 사람은 없을 것이다."라고 말했다. 공자는 충직과 신의를 중요하게 생각한다는 것을 우선 내비치고 동시에 자신처럼 배우기를 좋아하는 사람은 없을 것이라고 주장한다. 공자가 책 읽기를 얼마나 좋아했는가를 단적으로 보여주는 말이다. 공자에게 배움은 취미였고 기쁨이었다. 배움에 대한 그의 열정과 자신감, 당당함이 넘쳐난다.

고객이 왕인 지식사회의 리더에게는 인지력 못지않게 창의성이 중요시된다. 이제는 물건을 효율적으로 만드는 것이 중요한 것이 아니라 팔릴 수 있는 물건을 만들어내야 하는 수요자 중심의 시대가 되었다. 즉, 창의성이 경쟁력인 시대가 된 것이다. 자신이 좋아하는 일을 하는 사람과 억지로 하는 사람 사이에는 창의성 측면에서 많은 차이가 발생한다. 좋아하는 일을 하는 사람보다 즐거워하는 일을 하는 사람이 훨씬 더 창의적 측면의 경쟁력을 가질 수 있다. 왜냐하면 즐거워하는 일은 깨달음의 결과로부터 얻어지기 때문이다.

공자는 '지지자 불여호지자 호지자 불여낙지자(知之者　不如好之者　好之者　不如樂之者)', 즉 "알기만 하는 사람은 좋아하는 사람만 못하고 좋아하는 사람은 즐기는 사람만 못하다."라고 말했다. 공자는 아는 것에 대한 깨달음의 과정을 지지자(知之者), 호지자(好之者), 낙지자(樂之者) 순의 3단계로 구분한다.

1단계의 지지자는 무엇을 아는 초보적인 단계에 있는 사람이다.

운전에서 기어 조정법을 아는 사람이 이 단계에 해당한다. 2단계의 호지자는 하는 일을 좋아하는 사람이다. 자동차 기어 조정법에 익숙하여 운전하고 싶어 하는 사람이 운전 호지자에 해당한다. 3단계의 낙지자는 자신의 일을 즐기는 사람이다. 자동차 기어 조정에 신경 쓰지 않고도 자연스럽게 운전할 수 있게 됨으로써 자동차 운전보다는 창밖의 아름다운 경치를 즐기는 사람이다.

독서가 중요하다고 아는 것만으로는 부족하다. 책 읽기를 좋아해야 한다. 책 읽기를 좋아하는 것만으로는 보석이 숨겨져 있는 수많은 책들을 섭렵할 수 없다. 보석 찾는 것은 좋아하지만 찾는 보석이 없으면 금방 책을 덮어버리기 때문이다. 책 읽기를 즐겨야 한다. 어떤 책이든 일단 읽어보고 싶은 마음이 생겨야 독서를 즐기는 셈이 된다. 설사 책 속에서 어떤 보석을 찾지 못했다고 해도 실망하지 않고 다시 읽어봄으로써 눈에 띄지 않았던 보석 찾는 기쁨을 맛보는 독자야말로 책을 즐기는 사람이다. 이렇게 책 읽기를 즐기는 사람은 오늘날 지식사회의 각 분야에서 리더의 품성을 갖추게 되는 것이다.

아이들의 독서 습관 형성을 위해서는 책이 가까이 있어야 한다

부모들은 자식들이 공부를 열심히 하기를 바란다. 학교 수업만으로는 부족할 것 같은 염려 속에 방과 후에 학원 수업이나 과외 수업을 받게 하지만 부모 입장에서는 경제적 부담이 있고 자식들 입장에서는 하루 일과가 너무 바빠 피곤하기 그지없다. 이런 연유로 학생

스스로가 혼자서 공부하는 자율 학습이 각광을 받는 것이다. 자율 학습은 자율독서에서 시작될 수 있다. 따라서 초등학교 시절부터 혼자서 책 읽는 습관을 길들이는 것이야말로 부모뿐만 아니라 당사자인 자식에게도 바람직한 일이라 아니할 수 없다.

자율독서를 위해서는 무엇보다도 책을 가까이할 수 있는 방안을 마련해야 한다. '말을 물가로 끌고 갈 수는 있어도 물을 마시게 할 수는 없다.'라는 말이 있지만 먼저 우리가 확실히 해두어야 할 일은 그곳에 물을 준비하고 있어야 한다는 것이다. 그곳에 물이 있어야만 말은 그곳에 가서 물을 마실 수 있다.

첫 번째로 독서 습관을 위해서는 집에 책이 많이 있어야 한다. 책을 언제든지 볼 수 있고 읽을거리가 풍부하다면 더 많이 읽게 된다는 연구 결과가 많이 있다. 어느 연구에서 자신이 마지못해 읽는 독자라고 말한 12명은 모두 읽을거리가 부족한 환경에서 자랐지만 읽을거리가 풍부한 환경에서 자란 10명은 자신이 일찍부터 읽기에 열성적인 독자라고 말했다.

두 번째로 독서 습관을 형성하려면 학급문고가 충실해야 한다. 교실에 읽을거리가 풍부하면 아이들이 독서를 더 많이 한다. 어느 연구에 의하면 유치원 교실에 도서실 코너를 설치하자 아이들이 책을 더 많이 이용하고 자유 놀이시간에 '문학 활동'을 하게 되었다고 한다. 아이들이 손에 닿을 수 있는 곳에 책이 있을 때 그리고 책을 집으로 가져갈 수 있도록 교사가 허락할 때 아이들은 자발적으로 책을 더 많이 읽는다고 한다.

세 번째로 독서 습관을 만들려면 학교도서관이 좋아야 한다. 학교도서관의 풍부한 읽기 환경은 더 많은 독서를 하게 만든다. 도서관이 없는 학교의 아이들이 4주 동안 평균 3.8권을 읽는 데 반하여 도서관이 있는 학교의 아이들은 정확하게 그 두 배인 7.6권을 읽었다고 한다. 더군다나 도서관이 있는 학교의 아이들은 권장도서 목록에 있는 양질의 책을 읽었다. 사서 없이 책만 소장하고 있는 학교나 학급문고만 활용할 수 있는 학교에 다니는 아이들보다 도서관이 있는 학교에 다니는 아이들이 독서를 더 많이 한다고 한다. 이와 같이 학교 도서관이 좋으면 좋을수록 독서를 더 많이 하게 된다.

네 번째로 독서 습관을 위해서는 공공도서관 이용이 쉬워야 한다. 공공도서관에 대한 접근성이 아이들의 독서량에 영향을 준다. 공공도서관에 가까이 살고 있는 아이들이 더 많은 책을 읽는다는 보고가 있다. 책이 거의 없는 가정에서 자랐고 읽기를 싫어했던 어느 독자는 공공도서관 덕분에 책을 읽게 되었다고 한다.

그러나 책을 가까이할 수 있다고만 하여 독서 습관이 형성되는 것은 아니다. 비록 풍부한 읽기 환경과 리터러시 발달 사이에 긍정적 상관관계가 있다고 해도 여기에는 자발적 읽기 등의 변인이 포함되어 있다. 즉, 읽기 환경이 좋다고 해도 자발적으로 책을 읽지 않는다면 리터러시 발달에 큰 영향을 줄 수 없다는 것이다.

어느 연구에서는 단순히 책을 접할 수 있는 환경을 제공하는 것만으로는 리터러시를 발달시키는 데에 충분하지 않다는 사실을 보여준다. 어느 아이들의 부모들이 도서관을 '무료 방과 후 교실'로 생각하고 아이들을 하루 1시간에서 6시간까지 도서관에 있도록 하였지만 이 아이들은 '시간 보내기' 그 이상의 활동을 하지 않았다고 한다. 독서는 하지 않았으며 다른 아이들과 놀거나 컴퓨터 게임을 하면서 시간을 보냈다고 한다. 책을 접할 수 있는 환경을 제공하는 것은 중요하다. 그러나 책이 있는 환경을 마련해준다고 하여 모든 것이 해결되지는 않는다. 아이들이 자발적으로 책을 읽도록 유도하려면 그들에게 알맞은 독서환경 제공이 필요한 것이다.

아이들의 독서는 주변 환경이 중요하다

아이들로 하여금 책을 읽게 하려면 주변 환경이 잘 조성되어 있어야 한다. 어느 연구에서는 베개, 편안한 의자, 카펫이 있을 때 유아들이 도서 코너를 더 많이 이용하였고 도서 코너를 칸막이로 나누어 조용한 분위기를 조성할 때 더 많이 이용한다고 보고하였다. 책을 많이 읽는 아이들의 부모 중 72%가 잠자리에서도 책을 읽도록 허락한 데 반해 책을 읽지 않는 아이들의 부모는 단지 44%만이 허락하였다.

아이들에게 독서 분위기를 제공하려면 그들로 하여금 책을 쉽게 접할 수 있도록 해야 하고 책을 읽기에 적합한 아늑하고 편안한 장소가 있어야 한다. 그러나 이러한 환경을 모든 학생이 갖출 수 있는 것은 아니다. 이러한 요건을 갖춘 장소로 도서관이 있다. 책을 쉽게 접하기 어려운 학생들이 독서 활동을 활발히 할 수 있는 장소로는 도서관이 그만이다.

게이버(Gaver)는 도서관 규모가 작은 학교에 다니는 아이들보다 큰 도서관이 있는 학교의 아이들이 읽기에 더 나은 성취도를 보인다고 보고했다. 도서관 규모가 작은 학교의 아이들이라도 학급문고만 있는 학교의 아이들보다는 읽기 성취도가 더 높다고 했다. 도서관의 질은 도서관이 보유하고 있는 책의 권수와 전문 사서가 있는지 여부, 사서의 자격 등에 의해 결정되는 바와 같이 도서관의 질과 읽기 성취도는 상관관계가 있음이 밝혀졌다.

부유한 지역인 미국 비벌리힐스의 아이들은 집에 책이 평균 200여 권이 있다고 말했는데 가계 소득이 적은 와츠 지역의 아이들은 평균 0.4권의 책을 가지고 있었다고 한다. 거기에다 비벌리힐스에 있는 공공도서관은 두 배로 많은 책을 보유하고 있었고 그곳의 아이들은 서점도 훨씬 더 많이 접할 수 있었다.

어느 연구에서는 고소득층의 읽기 환경과 저소득층의 읽기 환경 사이에 놀라운 차이점이 발견되었다고 한다. 고소득층 거주 지역에는 책을 살 수 있는 곳이 많았지만 저소득층 지역에서는 청소년들을 위한 책을 살 수 있는 곳이 한 군데도 없었다. 고소득층 지역의 아이들은 훨씬 다양한 종류의 책을 서점에서 접할 수 있었다. 저소득층 지역의 아이들은 슈퍼에서 책을 가장 쉽게 구할 수 있었고 청소년을 위한 책을 찾기는 매우 힘든 일이었다고 한다. 고소득층 지역의 공공도서관은 청소년용 도서를 훨씬 많이 보유하고 있었다.

고소득층 지역에 있는 도서관은 모두 일주일에 이틀 동안은 저녁 8시까지 개방하는 데 반해 저소득층 지역의 도서관은 오후 6시 이후에는 문을 여는 경우가 없었다. 고소득층 지역에서는 거의 대부분의 간판이 읽을 수 있는 상태였지만 저소득층 지역에서는 간판이 대체로 낙서로 뒤덮여 있어서 읽기가 어려웠다. 즉, 저소득층 지역에서는 읽을거리가 많지 않았다. 고소득층 지역에는 읽기 활동에 적합한 공공장소가 많아서 그 지역 아동들은 사람들이 책을 읽고 있는 모습을 훨씬 많이 볼 수 있었다. 이상을 종합해보면 저소득층 아이들에게 음소 인식 및 철자법을 가르쳐야 한다고 주장하기에 앞서서 아이들에게 독서를 할 수 있는 책을 쥐어주어야 한다는 것이다.

고소득층과 저소득층 사이에 학급문고를 비교해보면 비벌리힐스 학교의 평균 학급문고 수는 약 400권이고 와츠 지역의 학급문고 수는 평균 50권이라고 한다. 비벌리힐스 지역에 있는 학교의 도서관은 와츠에 비해 2~3배 많은 도서를 소장하고 있다. 고소득층 지역의 모든 학교도서관에는 석사 학위를 가진 사서가 배치되어 있으나 저소득층 지역의 도서관에는 자격을 갖춘 사서가 없었다고 한다. 부유한 지역에서 학업 성취도가 높은 학교의 학생들은 개인 혹은 반 전체가 자주 학교도서관을 방문할 수 있을 뿐만 아니라 집으로 책을 가져갈 수도 있다. 성취도가 낮은 학교들 중에서 절반은 학생들이 집으로 책을 가져가는 것을 허용하지 않았다.

아이들이 좋아하는 책들은 인기가 많아서 빨리 대출되기 때문에 이용하기가 어렵다. 고소득층 가정의 아이들은 자신이 읽고 싶은 책을 학교 밖에서 구할 수 있으나 저소득층 가정의 아이들은 읽고 싶은 책을 학교 밖에서 쉽게 구할 수 없어서 오로지 학교도서관이나 학급문고에만 의존하고 있다.

학교에서 도서를 구입할 돈이 모자란다면 컴퓨터나 시험에 투자하는 재정의 일부를 도서에 투자해야 한다. 학교도서관에 예산이 부족하면 읽을 만한 책이 부족하게 되고 도서관 개방 시간이 축소됨에 따라 아이들은 책을 읽을 기회가 그만큼 줄어들게 됨에 따라 리터러시의 낙오자가 속출하게 된다. 이는 또 다른 교육투자 요구가 생겨나게 되고 결국 도서관 투자는 점점 줄어들게 됨에 따라 악순환이 반복되고 만다. 따라서 아이들에게 경제적으로 올바른 교육 기회를 제공하기 위해서는 무엇보다도 그들로 하여금 책을 가까이할 수 있는 환경을 만들어주어야 한다.

아이들의 독서 활동 늘리기 기법 – 책 읽어주기

책 읽어주기는 아이들의 독서 활동을 늘릴 수 있는 방법들 중의 하나이다. 짐 트렐리즈는 그의 저서 『하루 15분 책 읽어주기의 힘』에서 아이가 배 속에 있을 때부터 14살 때까지 책을 읽어주어야 한다고 말한다. 14살이 되기 전까지는 혼자 읽어서 이해하지 못할 복잡한 이야기라도 들으면 이해할 수 있기 때문에 14살 때까지 책을 읽어주어야 한다는 것이다.

가정에서 아이들에게 책을 읽어주면 나중에 스스로 책을 많이 읽게 된다. 또한 교사가 아이들에게 책을 읽어주고 그 이야기에 대해 토의를 하면 아이들이 스스로 책을 더 많이 읽는다고 한다. 어느 연구에서는 아이들이 읽고 싶은 책을 고를 때에 교사가 읽어주었던 책을 고르는 경향이 있다는 사실이 확인되었다. 대학생들에게 책을 읽어주고 작품에 대한 토의를 한 결과 그 학생들은 수준이 비슷한 다른 학생들보다 양질의 책을 더 많이 대출했다고 한다.

소리 내어 책을 읽어주는 것은 리터러시 향상에 도움이 된다. 이야기를 듣고 그에 대해 토의하는 것은 리터러시 발달을 촉진하는 간접적인 영향을 미치며 이야기를 듣는 활동은 리터러시 향상에 직접적인 영향을 미친다. 연구에 의하면 익숙하지 않은 단어가 포함된 이야기를 들은 후 아이들의 어휘 실력이 눈에 띄게 향상되었다고 한다. 또한 가정이나 학교에서 규칙적으로 책 읽어주기를 경험한 아이들은 독해력과 어휘력에서 매우 우수한 성적을 받는다고 한다.

6학년 학습부진아 학급을 맡게 된 할라한(Hallahan)은 첫 수업시간에 학생들에게 책을 읽어주었다. 무감각하고 자존심이 강한 남학생들은 "저희를 아기로 여기시는 겁니까?"라고 말하며 모욕감을 느꼈다. 할라한은 단지 자신이 가장 좋아하는 이야기를 학생들과 함께 나누고 싶었을 뿐이라고 설명하고는 책을 계속 읽어 나갔다. 교사는 매일 책을 읽어주면서 수업을 시작했는데 그때마다 "왜 아무도 안 하는 일을 하시는 거예요? 오늘부터는 제발 읽어주지 마세요."라고 불평이 가득한 인사를 들어야 했다.

그럴 때마다 할라한은 크게 실망했지만 계속 학생들에게 책을 읽어주었다. 몇 주가 지나자 학생들의 태도가 달라지기 시작했다. 학생들은 "오늘 책 읽어주실 거죠? 책 가지고 오는 것 잊지 마세요, 선생님."이라고 말했다. 그 책을 거의 다 읽어갈 무렵이었다고 한다. 그 학급에서 수준이 가장 낮은 남학생이 금요일 방과 후에 도서관에서 그 책을 빌려서 집에서 다 읽은 후에 월요일에 학교에 와서 이야기가 어떻게 끝나는지를 모두에게 말해주었다고 한다.

아이들의 독서 활동 늘리기 기법 – 독서 권장

아이로 하여금 책을 읽게 하려면 매우 흥미 있는 책을 접할 수 있는 환경을 제공해야 하고 책을 읽을 수 있는 능력이 있어야 한다. 6학년이지만 읽기 능력이 떨어지는 학생이라면 4학년 수준의 책을 권해야 한다. 읽기 능력이 떨어지는 학생들은 읽기를 권유받은 한 권을 다 끝낼 수 있다는 자신감이 결여되어 있다. 이때에는 아이에게 끝까지 읽을 수 있도록 격려해주어야 한다. 아이가 책 한 권 읽기에 도전하여 마침내 성공하게 되면 그 아이는 책 읽는 책 권수가 늘어나게 됨에 따라 점점 독서에 흥미를 가지게 되는 것이다.

신경외과 의사인 벤 카슨(Ben Carson)은 5학년 때 열등생이었다고 한다. 그의 어머니는 매주 책 두 권을 도서관에서 대출하여 그에게 책을 읽게 한 후 주말마다 책 내용을 보고하게 했다. 카슨은 그 일이 내키지 않았지만 어머니의 말을 따랐다. 카슨의 어머니는 그가 원하는 책은 무엇이든지 읽도록 허락했다. 카슨은 자신이 좋아하는 동물, 자연, 과학 등에 관한 책을 골라 읽은 후 과학 과목에서 매우 우수한 성적을 거두었다. 과학에 관한 책 읽기가 확장되면서 그는 과학과 관련된 분야는 무엇이든지 답할 수 있는 5학년 최고 전문가가 되었다. 그는 책 읽기를 통해 독해력과 어휘력이 향상됨에 따라 다른 모든 교과목에도 긍정적 영향을 미쳤다고 말한다. 카슨의 어머니는 그에게 딱 알맞은 정도로 독서를 장려했던 것이다. 카슨은 책을 스스로 선택할 수 있었기 때문에 읽는 즐거움을 만끽할 수 있었기에 더 이상 읽기 지도가 필요하지 않게 되었다.

학생들에게 자율독서에 관한 이론과 연구에 대해 알려주는 것도 독서를 장려하는 좋은 방법이다. 특히 전통적인 언어 교수법으로만 공부해왔고 그것이 옳다고 생각하는 고학년 학생들에게는 더욱 중요하다.

어느 연구에 의하면 학급문고에 더 많은 책이 있을수록, 학생들이 읽는 동안 교사도 함께 책을 읽을수록, 학생들에게 읽을 책을 가져오라고 요구하지 않을수록, 학생들이 특정한 책을 읽도록 교사가 의도적인 노력을 기울일수록 교실에서의 읽기 활동은 더욱 촉진되었다고 한다. 교실에서 책 읽는 시간을 별도로 주어서 학생들이 스스로 책을 읽도록 권장하는 방법도 아이들의 독서 활동 늘리기에 효과적인 것이다.

독서 활동 늘리기를 위한 또 다른 방안으로 아이들로 하여금 학교나 집에서 다른 사람들이 책 읽는 모습을 보게 하는 것이다. 보육시설이나 유치원에서 조용히 책 읽는 시간에 교사들도 함께 책 읽기를 하면 아이들이 책을 더 많이 읽는다는 사실이 밝혀졌다. 또한 부모가 여가에 책을 더 많이 읽으면 자녀가 독서를 더 많이 하는 것으로 알려졌다. 읽기에 별로 관심이 없는 부모들도 자녀의 독서를 장려하기 위해서는 부모 자신들이 책 읽는 모습을 보여주도록 노력을 기울여야 한다.

짐 트렐리즈는 단 한 번의 아주 긍정적인 읽기 경험이 열성적인 독자로 만들 수 있다고 말한다. 그는 책 읽기에 흥미를 가지도록 만들어주는 책, 즉 '홈런 북(Home Run Book)'이 책 읽기를 본격적으로 시작할 수 있는 중요한 계기가 된다고 한다. 아이들로 하여금 TV 시청하는 것보다 흥미롭게 읽기 시작하는 책을 찾아주는 것이 자율독서의 시작일 것이다.

짐 트렐리즈는 부모가 자녀의 독서를 촉진하는 방안으로 3B, 즉 책에 대한 주인의식(Book ownership), 책꽂이 마련하기(Book rack), 잠들기 전 책 읽기(Bed lamp) 등을 실천할 것을 추천했다. 자신이 소유하고 있는 특별한 책의 제목을 다른 사람들에게 말함으로써 책에 대한 주인의식을 갖도록 한다. 그는 책꽂이를 욕실에 마련하여 읽을거리를 비치해두라고 제안한다. 그는 3살짜리 아이에게도 "너는 엄마 아빠처럼 침대에서 책을 읽을 수 있을 만큼 충분히 자랐어."라고 이야기할 수 있어야 한다고 말한다.

아이들의 책 읽기 활동을 늘리기 위해서는 우선 독서 환경을 제공해야 하고 이어서 다채로운 책 읽기를 권장할 필요가 있다. 아이들을 책으로 인도하는 가장 강력한 방법은 가벼운 읽을거리를 만나게 해주는 것이다. 이러한 읽을거리에는 만화책도 포함된다. 만화책만 읽어도 어느 정도 언어 기능과 리터러시 능력을 발달시킬 수 있으나 고급 단계로 이끌지는 못한다. 그러나 만화책은 가벼운 읽을거리로서 어려운 읽기로 가는 교량 역할을 할 수 있다. 만화책 못지않게 하이틴 로맨스와 잡지를 활용하는 것도 좋은 독서 장려 방법이다.

폭넓은 자율독서를 하는 아이가 결국에는 전문가들이 말하는 좋은 책을 선택한다. 그리고 책을 많이 읽게 되면 서서히 독자의 관심 분야도 넓어진다. 또한 이들은 자신의 독서 능력보다 더 어려운 책을 선택하는 경우도 많아지게 되는 것이다.

피곤하거나 우울할 때에도 책을 읽어야 한다

육체적으로 피곤하면 만사가 귀찮아진다. 자신의 몸에 부담이 전혀 가지 않고 즐거운 일을 하고 싶어 한다. TV 프로그램 선택에서도 아무 생각 없이 그냥 보기만 해도 즐거운 것들을 시청하고 싶어 할 것이다. 심한 육체활동을 했다든가 전날 밤에 잠을 이루지 못한 경우에는 앉아 있을 기운도 없어서 잠을 청할 때도 있다.

그러나 피곤할 때에도 책을 읽어야 한다. 독서를 통해 피로를 풀 수 있어야 한다. 피곤할 때에는 우리 몸의 인식 기능과 이성적 능력이 떨어지므로 가벼운 책을 읽어야 한다. 어떠한 책이 본인에게 가벼운 책인가는 각 개인에 따라 다르다. 우리는 평소에 컨디션 상태에 따라 읽고 싶어 하는 책들을 분류해두어야 한다. 어떠한 경우라도 반드시 매일 읽어야 할 책, 피곤할 때에 가볍게 읽을 책, 울적할 때에 손에 쥘 책, 화날 때 읽을 책, 기분 좋을 때 읽을 책, 평상 시 읽을 책 등과 같이 분류함으로써 우리들의 컨디션에 알맞게 책을 선택하여 읽을 수 있어야 한다. 이것이 언제 어디서나 책을 읽을 수 있는 환경을 정비하는 일에 해당한다.

몸이 피곤할 때에는 가벼운 단편집 소설책이 적당할 것 같다. 철학적 사유를 요구하는 무거운 소설책보다는 마치 영화나 TV 드라마에서 나올 것 같은 이야기들로 구성된 단편소설이야말로 피곤함을 풀어줄 좋은 읽을거리이다. 만화책도 가벼운 읽을거리로 한 몫 할 수 있다. 만화책에 나오는 글은 그림 내용을 이해하는 데 도움을 준다. 연구에 의하면 만화책은 언어발달과 학교 성적에 부정적인 영향을 끼치지 않는다고 한다. 또한 만화책 독자는 더 많은 책을 읽게 되고 독서에 대해 긍정적인 태도를 취한다. 이와 같이 만화책은 우리의 독서 활동에 나쁜 영향 대신에 좋은 영향을 끼치므로 피곤할 때에 가벼운 읽을거리로 안성맞춤일 수 있는 것이다.

책을 읽고 싶지 않은 마음은 피곤할 때보다 우울할 때에 더 강하게 생겨난다. 우울할 때 사람의 정신적 기능은 정상 상태라고 말할 수 없다. 정신적 우울은 육체적 피곤보다 우리의 모든 행동을 억제하고 만다. 우울한 기분에서 무슨 일인들 하고 싶겠는가? 이 세상에 즐거운 일이라고는 아무것도 없으며 삶의 의미가 전혀 없을 것으로 생각하는 우울한 상태에서 책 읽기는커녕 책 쳐다보기도 싫어질 것이다.

그러나 아무리 피곤하고 우울한 기분이 들어도 우리는 책을 읽어야 한다. 이 세상에는 아주 많은 책들이 있다. 지금은 책을 읽을 기분이 아닐지라도 그런 우리들에게 도움을 줄 수 있는 책을 만나게 될 수도 있다. 우울한 기분 상태에서 좋아하는 음악을 들으며 우리의 기분을 달래듯이 책을 읽으면 우리의 기분을 전환시킬 수 있다.

도저히 책을 읽을 상황이 아닐 때, 책을 읽고 싶지 않은 기분일 때, 책을 쳐다보기도 싫을 때에도 책들은 우리에게 필요하다. 우리는 어렵고 힘들 때에 친구를 만나 수다를 떨기도 하고 하소연도 하며 스트레스를 푼다. 책 속의 저자는 우리의 친구인 셈이다. 독서는 책의 저자와 공감대를 형성하기 위한 대화이다. 우리 상황에 따라 만나는 친구가 다르듯이 평소에 우리 상황에 맞는 책들을 미리 선택 분류하여 언제나 책을 읽는 습관을 길들이도록 하자.

어려운 책도 도전하자

자신의 능력보다 너무 낮은 수준의 프로젝트는 도전 의지를 잃게 되어 자신의 발전에 도움이 되지 못하고 오히려 나태하게 만든다. 이와 반대로 자신의 실력보다 너무 높은 목표를 설정하면 자신감을 잃게 되고 도전 의지가 꺾이어 시작도 하지 않으려 한다. 목표 설정은 자신의 실력보다 약간 높아야 시도해보려는 의지가 생기고 성공의 기쁨을 기대하며 도전하고픈 욕구가 생겨나기 마련이다.

책 읽기에서도 자신의 독서력보다 약간 위 레벨의 책을 읽는 것이 그 책에 대한 호기심도 유발되고 읽어야겠다는 독서 의지도 생겨난다. 그런데 어떤 책을 펼쳐보는 데 자신의 수준을 넘어선 책이라고 하여 금방 덮어버려도 괜찮은 것일까? 자신의 독서력보다 약간 높은 책들만 만날 수는 없을 것이다. 어려운 책을 만나면 심리적으로 부담스러워지고 모르는 내용일 것 같은 불안 또는 책의 내용을 이해하지 못할 것 같은 두려움이 생겨날 수 있다.

우쓰데 마사미는 어려운 책을 만나서 '읽기'에 부담을 느낀다면 글자를 읽어야 한다는 생각을 버린 채 지나가는 풍경을 쳐다보듯 책장을 넘겨보라고 제안한다. 차창 밖으로 지나가는 풍경을 바라보듯이 페이지를 넘길 때마다 눈에 보이는 글자, 그림, 사진 등을 바라보는 것이다. 이렇게 페이지를 넘겨보는 것만으로도 책과 우리 자신과의 거리가 조금 가까워진 것을 느낄 수 있다고 한다.

어떤 대상이 마음에 들지 않는다고 하여 계속 피하기만 하면 아무리 오랜 시간이 지나도 거부감을 지울 수 없게 된다. 사람은 이성과 감성으로 외부 사물을 인식한다. 책을 읽어야 한다는 것은 우리의 이성이 판단한 결과물이지만 마음에 들지 않는다는 것은 감성으로부터 발생한 결과이다. 모든 행동이 이성만으로 결정된다면 우리는 합리적인 기계에 해당한다고 말할 수 있지만 우리들 모두는 감성의 영향으로 인해 합리적이지 못할 때가 종종 있다.

이성적으로는 친하게 대해야 올바른 태도라는 것을 알면서도 가깝게 대할 수 없는 꺼림칙함이 우리 뇌 속에 내재해 있다면 상대방에게 쉽게 접근할 수 없는 것이 사실이다. 책도 사람과 마찬가지로 표지를 펼치기가 두려울 정도로 어려운 책은 자꾸만 멀리하게 된다. 특히 잘 모르는 분야의 책, 예를 들어 철학이나 과학 분야의 전문서적들을 읽으려 할 때면 보이지 않는 벽에 부딪히는 것 같은 기분을 느끼게 된다. 어렵게 느껴진 나머지 표지 펼쳐보기도 두렵거나 싫어하는 책들을 꼭 읽어야 하는 경우에는 '바라보기'부터 시작해야 한다. 그저 바라보는 사이에 어느새 책을 읽고 있는 우리 자신을 발견하게 된다.

자기 수준에 딱 맞는 책만을 읽으면 독서력이 더 이상 향상되지 못한다. 독서 습관이 익숙해졌다면 조금 더 어려운 책이나 수준 높은 책에 도전할 필요가 있다. 관심 있는 분야의 책인데 수준이 높아서 이해하기 어려운 경우에는 그 분야의 책들 중에서 보다 쉽게 설명되어 있는 책, 즉 입문서나 해설서 등으로 바꿔서 시작하는 것이 바람직하다.

입문서에서 새로 시작했다고 해도 게임에서 난이도를 올리듯이 독서 능력도 역시 높은 수준의 책에 도전함으로써 수준이 높아진다. 어려운 책을 만나서 좌절하지 않고 극복하기 위해서는 모르는 내용에 대한 불안을 즐길 줄 알아야 한다. 모르는 내용을 호기심으로 바라볼 수 있어야 한다. 이해하지 못하기 때문에 불안해지고 조급해지기는 하지만 불안이나 조급함 또는 해답을 찾는 방황이야말로 우리 자신을 성장시켜 주는 가장 큰 원동력이라고 믿어야 한다.

혼자서 책 읽기가 성공의 지름길이다

성공 하려는 사람은 혼자 있을 줄 알아야 한다. 인간은 어릴 때에 의존적 존재로서 양육자의 도움 없이 혼자서 세상을 살아갈 수 없다. 지식 교육은 둘째치고라도 생명 유지에 필수적인 음식을 스스로 마련할 수 없기 때문에 어린 시절에는 양육자의 보살핌으로 자라날 수밖에 없다. 성인이 되어 사회생활을 시작하면서부터 스스로 삶을 유지할 수 있는 독립적 존재의 위치를 확보하게 된다.

그러나 인간은 성인이 된 후에도 생득의 친교 욕구 때문에 가까운 친지들과 자주 어울리게 된다. 어렵고 힘들 때에는 친구들로부터 위로와 격려를 받음으로써 오뚝이처럼 벌떡 일어나는 에너지를 재충전한다. 하루하루가 전쟁터와 다름없는 무한경쟁의 현대생활 속에서 스트레스를 풀기 위한 모임이 없다면 무슨 힘이 남아 있으며 어떤 재미로 내일 오기를 기대하느냐라는 입장으로 우리들은 오늘 저녁에 친구와 약속을 잡는다.

우리가 성공하기를 원한다면 혼자서도 잘 지낼 수 있어야 한다. 무리에 속해서 여기저기 어울리는 생활은 우리 자신의 발전에 결코 도움이 될 수 없다. 원만한 인간관계 유지를 핑계로 여러 사람과 자주 만나는 일은 우리의 미래에 대한 적극적인 투자 형태가 아니다. 모든 것은 정도의 문제이다. 회사의 공식적인 모임이나 혹은 중요한 만남에 참석하는 것은 상관없으나 스트레스 해소만을 위한 친교는 한번 생각해보아야 한다.

성공한 사람들은 언제나 혼자 있는 데 익숙하다. 누군가와 함께 있을 경우에는 멋있는 이성과의 만남이거나 자신이 존경하는 사람을 만나는 경우이다. 그들은 단지 혼자서 행동하는 것이지 신뢰할 수 있는 친구들이 없는 것은 아니다. 세상이 무너지는 것 같은 고독을 느낄 때에는 친구와 만나서 허심탄회하게 이야기를 나눌 수 있다. 따라서 혼자서도 당당하게 행동할 수 있다.

진심으로 신뢰할 수 있는 친구가 없는 사람은 시간만 나면 끼리끼리 어울려 다닌다. 그들은 끊임없이 불안감을 느끼기 때문에 인원수로 그 불안한 마음을 해소하는 데 급급하다. 성공 가능인 사람은 마음속 깊이 여유를 느끼기에 다른 사람들과 긍정적인 관계를 유지할 수 있다. 무리와 어울려 술자리를 갖지 않아도 따뜻한 미소로 온화한 친교를 맺을 수 있다.

성공 가능인 사람은 혼자서 무엇을 할까? 바로 책을 읽는다. 책에서 얻은 것을 어떻게 활용할 것인가를 항상 모색해가면서 스스로 깨달아간다. 책을 읽는 동안에는 저자와 끊임없는 대화를 추진하고 책을 덮고서도 책 내용에 대한 의문점을 풀어 나가려 늘 머릿속으로 생각에 잠긴다. 독서를 통한 이러한 사유는 어려운 업무를 수행해 나갈 때에 무의식적으로 응용된다. 우리가 책을 읽고서 아무런 내용이 기억되지 않는다고 해도 우리 뇌 속의 어딘가에는 책 내용이 저장되어 있기 마련이다. 단지 책 내용을 꺼낼 타이밍이 맞지 않기 때문에 기억이 떠오르지 않을 뿐인 것이다.

그러나 오래전에 책에서 읽었던 내용은 절박한 상황에 부딪치게 되면 우리 뇌 속의 그 기억이 활성화되어 '아!' 하고 저절로 떠오르게 되어 문제를 해결할 수 있다. 컴퓨터에 대량의 데이터를 저장해 놓으면 평소에는 활용되지 않는 데이터라도 언젠가 검색 조건에 부합되어 그 데이터를 액세스 하는 것과 마찬가지이다. 독서는 우리 뇌에 대량의 데이터를 저장해두는 행위일 뿐만 아니라 데이터들끼리의 연동 프로그램과 같은 창의력 발달에 크게 도움이 된다.

이러한 독서는 여러 사람과 무리지어 있으면 불가능하다. 비슷한 직책에 비슷한 연봉을 받으며 비슷한 처지에 있는 사람들은 비슷한 발상과 비슷한 고민을 하기 때문에 이런 사람들끼리는 아무리 모여 있어도 서로 배우지 못한다. 그냥 어울리면서 '인생 뭐 있어?'라며 서로를 위로하는 데 그칠 뿐이다.

책벌레가 되어보자

쉬지 않고 공부만 하는 사람을 공붓벌레라고 부른다. 사람한테 벌레라는 말을 붙인 것은 움직임이 너무 적어 마치 꼼지락거리는 벌레의 동작과 비슷함을 표현하기 위함일 것이다. 혹은 책 속에서 자리 틀고 사는 벌레를 의미할는지 모른다. 학창 시절에 공부벌레는 다른 사람한테 인기를 받지 못한다. 그러나 공붓벌레는 아무나 될 수 있는 것이 아니다. 아무리 공붓벌레라고 해도 본인도 속으로는 공부가 지겨울 것이지만 자신의 목표를 달성하기 위해 불철주야 책을 놓지 않는 것이다.

책벌레는 어떠한가? 공부벌레보다 그 수는 많을 것이다. 소설책 읽기에 흠뻑 빠져 내일모레가 시험인데도 책을 끼고 사는 학생도 종종 있다. 지나온 세월을 돌이켜보면 그렇게도 많이 치른 중간고사와 기말고사의 성적이 지금에 와서 무슨 가치로 남아 있는가? 오로지 수험학습에만 열중해온 우리들은 삶이 우리들 뜻대로 되었는가? 착실한 수험생보다는 아무 책에나 빠져 살던 책벌레였으면 하는 아쉬움이 스친다. 이제라도 우리 책벌레가 되어보는 것은 어떠한가? 그것이 어렵고 힘들면 책꾼은 어떨까? 늘 책을 끼고 사는 사람인 책꾼이라도 되어보자.

장유(1587~1638)는 조선 중기의 문신으로 천문, 지리, 의술, 병서 등 각종 학문에 능하고 서화와 문장에 뛰어나 조선 문학의 사대가(四大家)라는 칭호를 받았다. 그는 계곡만필에서 '예로부터 문장가를 보면 소년 시절에 재능을 일찍 과시한 경우도 많지만 늦은 나이에 공부하여 뜻을 이룬 사람들도 눈에 띈다. 공부는 얼마나 집중하느냐에 달려 있을 뿐이며 일찍 시작하고 늦게 시작하는 것은 논할 성격의 것이 아니다.'라고 주장했다.

그는 책벌레가 되고 싶어 했다. 그는 '독서이십운'에서 남들이 소라고 부르든, 말이라고 부르든 신경 쓰지 않고 죽으나 사나 책을 끼고 사는 책벌레가 되고자 하는 의지를 밝혔다. 또한 '불빛이 있다면 이웃집 벽을 뚫고라도 공부해야 하고 풀팔이하면서도 책은 허리춤에 차야 한다. 영고성쇠 몸 밖의 일 모두 다 내던지고 책 속의 성현들을 가까이 모시고 지내야 한다. 공명을 탐내면 창고 속의 쥐와 같고 장기와 바둑을 즐기면 도박꾼에 이를 것이니 그보다는 마음을 모아서 서책을 탐독하리라.'라고 다짐했다.

그는 '사람은 반드시 스스로를 수양해야 남의 물질을 기다리지 않고 자립한 뒤에야 남에게 의지하지 않는다. 절조가 있어야 남을 따르지 않고 불의를 부끄럽게 여겨야 남의 물건을 훔치지 않는다. 어질지 못함을 미워해야 남에게 피해를 주지 않는다. 이 모든 것을 정리하면 의로움과 이익이 됨을 구분하는 삶을 말한다.'라는 메시지를 아들과 조카에게 남겼다.

이덕무(1742~1793)는 정조 때의 박학다식한 실학자로서 서자 집안 출신인 서파(庶派)라는 신분적 한계를 가지고 있었지만 정조는 그를 초대 규장각 외각검서관으로 특별히 임명했다. 그는 스스로를 '책만 보는 바보'라는 뜻의 '간서치(看書痴)라고 했다. 눈이 충혈된 상태에서도 책을 놓지 않았고 추운 겨울 손가락에 동상이 걸리면서도 책을 읽었다.

그는 책과 관련된 모든 것을 작은 책상에서 수행하겠다는 호기로 그의 서재를 구서재(九書齋)라고 이름 지었다. 구서는 책을 읽는 독서(讀書), 책을 보는 간서(看書), 책을 간직하는 장서(藏書), 책의 내용을 뽑아서 옮겨 쓰는 초서(抄書), 책을 바로잡는 교서(校書), 책을 비평하는 평서(評書), 책을 쓰는 저서(著書), 책을 빌리는 차서(借書), 책을 햇볕에 쬐고 바람을 쏘이는 폭서(曝書)를 의미한다.

이덕무에게 책은 숭배의 대상이었다. 그는 '손가락에 침을 묻혀 책장을 넘기지 말고 손톱으로 밑줄을 긋지 말며 책장을 접지도 말라. 청소하는 곳에서는 책을 펴보지 말고 머리를 긁은 손가락으로는 책장을 넘기지 마라.'라는 글을 남겼다. 가난한 그의 집은 바람이 솔솔 들어올 정도로 허름해서 한겨울에는 잠을 자다가 추위에 깨기도 하였는데 이때마다 한서 한 질을 이불 위에 차곡차곡 덮어 추위를 다소 막았으며 논어 책으로 한밤 칼바람을 막았다고 한다. 그는 이것을 '한서 이불, 논어 병풍'이라고 부르며 자신의 책 사랑에 의미를 부여했다.

그는 남자뿐만 아니라 여성도 배워야 한다고 말했다. 아들을 가르치지 않으면 자기 집을 망치고 딸을 교육시키지 못하면 남의 집을 망친다는 것이다. 그는 효과적인 글공부를 위해 읽는 것 못지않게 직접 써보는 것이 중요하다고 말했다. 항상 소매 속에 책과 필기구를 함께 넣고 다니면서 보고 듣고 생각나는 것을 적음으로써 16종의 책을 썼다.

선조들의 학문사랑, 독서 사랑, 실천 사랑 등의 글을 읽으면 존경심이 저절로 생긴다. 글 좀 읽었다고 당파 싸움하느라 나라 살림을 챙기지 않아서 결국에는 일본제국주의에 합병되고 말았다는 비판 소리만 들어왔으나 가난한 살림 속에서도 의리를 지키고 겸손하며 남을 배려하는 마음을 가지고 늘 책 읽기에 여념이 없었던 우리 선조들이 자랑스럽기만 하다.

방대한 독서로 쌓은 지식이 지혜로 바뀌는 순간이 온다

우리들이 살고 있는 삶의 네트워크는 무수히 많은 개체들로 이루어져 있다. 이러한 개체들은 독립적이면서도 주변 개체들과 서로 상호적으로 영향을 주고받는다. 이 세상의 개체는 실체적 개체와 논리적 개체로 구분된다. 실체적 개체는 물리적으로 존재하는 개체로서 자연, 동물, 사람 등에 관한 객체들이며 논리적 개체는 비실체적으로 존재하는 개체로서 정치, 경제, 사회, 문화 등에 관한 것들이다.

지식은 각 개체의 개념 파악이나 주변 개체들과의 연관성을 아는 것이다. 예를 들어서 사자라는 동물이 어떠한 특성을 가지고 있고 다른 동물, 자연환경, 사람과의 연관성이 무엇인가를 아는 것이 바로 지식이다. 지식은 각 개체에 관해 있는 그대로의 형상을 알고 있는 것이다. 이러한 지식은 인터넷 검색만으로도 충분히 쌓을 수 있다. 우주의 나이가 약 137억 년으로 추정되고 있다는 사실을 아는 것은 지식에 해당한다. 지식은 동일 계통 안에서 머물 뿐이다.

그러나 지혜는 우리 자신의 삶에 도움이 되도록 우리가 쌓은 지식을 응용하는 능력이다. 지혜는 단순히 아는 것만으로는 발휘할 수 없다. 하나를 알고서 주변 지식을 유추할 수 있는 능력이 바로 지혜이다. 어떤 계통의 개체 지식이 다른 계통의 개체 지식과 어우러져서 새로운 계통을 만들어낼 수 있는 능력이 지혜이다. 예를 들어서 사자의 생활에 관한 지식을 바탕으로 맹수의 사냥 습관뿐만 아니라 아프리카의 미래와 인간의 대처 방안에 관한 아이디어는 지혜로부터 나온다.

지식은 단편적인 것에 불과하므로 돈이 되지 못한다. 요즘에는 원하는 지식을 다양한 매체를 통해 무료로 습득할 수 있게 됨에 따라 더더욱 그렇다. 그러나 지혜는 결코 쉽게 얻지 못한다. 지혜는 경험, 연륜, 시행착오 등에서 찾을 수 있으나 여기에는 반드시 책을 통한 지식이 축적되어야 한다. 저자의 가치관과 우리 자신의 주관이 소통하고 토론하는 200페이지 정도의 책을 읽음으로써 지식을 축적할 수 있고 이러한 지식이 쌓이고 쌓여야 비로소 지혜가 된다. 수많은 지식이 서로 충돌하고 결합하여 화학반응을 일으킴으로써 비로소 전혀 새로운 방식이나 관점이 생겨나게 된다.

독서를 통하여 지혜는 어떻게 창출되는가? 방대한 양의 책을 읽다 보면 그동안 쌓아온 지식이 지혜로 바뀌는 '순간'이 찾아온다고 한다. 센다 타쿠야는 그의 경험을 통해 지혜로 바뀌는 그 순간은 마치 어제까지 변함없는 평범한 인간이었던 자신의 존재가 별안간 전혀 다른 존재로 변해 있음을 발견한다고 말한다. 그 순간이 오기까지는 책을 읽고 습득한다는 일이 마치 기나긴 고행처럼 무의미하고 힘겹게 느껴지기도 한다는 것이다. 학문의 즐거움보다는 숙제를 한다는 무거움만이 그를 엄습할 때도 있었다고 한다.

독서가 즐거운 것은 바로 그 누구에게든 이 순간은 반드시 찾아온다는 점이다. '하나를 배우면 열을 깨우친다.'는 말은 오랫동안 쌓아왔던 수백만 개의 지식 위에 단 하나의 지식이 얹어지는 순간에 통섭의 경지에 오르는 것을 일컫는 말일 것이다. 이 세상의 수많은 개체에 관한 지식이 하나의 커다란 실타래로 엮어져서 도처에 흩어져 있던 인과관계의 법칙들이 우리 자신의 것으로 자리를 잡게 된다. 무엇을 읽어도 어렵지 않게 이해가 되고 지금 읽는 것이 과거에 읽은 어느 대목과 결합되어 시너지 효과를 낸다. 이것이 바로 센다 타쿠야의 순간을 경험한 사람의 변모한 모습이다.

이렇게 다량의 독서를 통해 얻은 값진 지혜를 가진 사람들은 주변에 긍정적인 영향을 미치고 그 대가로 지위와 재력을 얻을 수 있다. 이는 동서고금을 막론하고 어느 사회에서든 존재하는 삶의 법칙이다. 그러므로 사무실에서 야근을 하는 대신에 자신의 미래를 위해 독서에 투자해야 한다. 필요불가결한 야근이라면 모르겠지만 습관적인 야근은 낮 근무시간의 태만함에 기인한 것이다. 근무시간에 집중하여 일을 처리하면 될 것을 밤에 혼자 남아서 조용히 일을 마무리해야지 하는 나태함이 하루 일과를 밤늦게까지 몰고 오게 만든다. 일할 시간에 압축적으로 일하고 나머지 시간을 아껴서 책을 읽는 데 투자하는 것이 출세하는 지름길이며 동시에 고액 연봉을 받을 수 있는 비결이다.

독서로 미인이 되자

우리는 상대방의 얼굴만 봐도 그 사람이 착한지, 활발한지, 순수한지, 배웠는지 등을 알 수 있다. 관상가가 아니더라도 사람의 얼굴을 보면 그 사람의 직업을 짐작할 수 있다. 손을 쓰는 일을 하면 자연히 손이 거칠해지니까 육체적 노동자인지 정신적 노동자인지 구별할 수 있다. 그러나 얼굴을 보고서는 어떻게 짐작할 수 있는 것일까? 물론 햇볕에 오래 노출된 사람과 그렇지 않은 사람의 얼굴 피부가 다르긴 해도 동일한 외근 노동자 혹은 내근 노동자들 사이에도 얼굴 생김새가 천차만별이다.

'마흔이 넘으면 자신의 얼굴에 책임을 져야 한다.'라는 말이 있듯이 사람이 살아온 흔적은 얼굴에 고스란히 남아 있다. 나이 먹은 사람에 대해 속속들이 잘 알지는 못해도 그 사람의 얼굴만 보면 대략적으로 직업, 성격, 지식 정도 등을 간파할 수 있다.

포근한 인상으로 사람들이 많이 따르는 얼굴에는 공통점이 있다. 이것은 미인의 기준이기도 한데 바로 얼굴이 좌우대칭을 이룬다는 점이다. 좌우대칭 얼굴은 이마부터 턱까지 한 가운데의 세로 선을 기준으로 왼쪽과 오른쪽이 대칭을 이루는 얼굴을 말한다. 호감 가는 얼굴의 소유자들은 입 꼬리가 환하게 올라가 있고 평상시에 웃는 표정을 짓는 경우가 많다.

누구나 좌우대칭을 이루는 얼굴을 갖고 있는 것은 아니라고 한다. 거울에 비친 내 얼굴과 다른 사람에게 보인 얼굴은 많이 다른데 이는 거울에 비친 얼굴을 보는 순간 자신이 원하는 표정으로 바꾸기 때문이다. 거울에 비친 자신의 얼굴을 인식한 우리 뇌가 재빨리 감지하고서 빠른 속도로 좌우대칭에 가깝도록 바꾼다. 그러나 표정을 바꾸기 바로 전 0.1초 동안 거울에 비치는 얼굴이 평소 우리 자신의 표정이다. 거울을 통해서 바라보고 있는 우리의 얼굴은 평소에 다른 사람에게 드러나는 우리 자신의 참 모습이 아닌 것이다.

독서는 우리 자신의 얼굴을 품격이 묻어나오는 얼굴, 포근한 얼굴, 아름다운 얼굴 등으로 만들어놓는다. 책을 많이 읽으면 굳이 성형수술을 하지 않아도 미인이 될 수 있다. 좌우대칭 얼굴은 미용 전문가들이 말하는 미인의 기본 조건이다. 그런데 좌우대칭 얼굴을 만드는 비결은 좌뇌와 우뇌를 골고루 단련시키는 것이다. 좌뇌는 논리적 사고나 언어활동에 관여하고 우뇌는 공간적 사고나 예술적 활동으로 발달한다. 독서는 좌뇌와 우뇌의 기능을 모두 활용하게 되므로 책을 읽으면 양쪽 뇌가 균형 있게 단련된다. 독서를 통해 다양한 지혜를 흡수하고 상상의 나래를 펼친다면 양쪽 뇌가 동시에 발달하면서 얼굴도 좌우대칭이 된다. 독서를 통한 지적인 성숙은 우리의 이성과 사고만을 변화시키고 발전시키는 것이 아니라 외모도 함께 바꾸어놓는다.

대부분의 사람은 버스나 지하철 안에서 앉거나 서서 초점 잃은 눈으로 앞만 바라보거나 핸드폰을 꺼내 SNS나 게임을 한다. 가끔씩 신문 읽는 사람들도 눈에 띈다. 그러나 책을 읽는 사람은 그다지 많지 않다. 간혹 독서에 심취해 있는 남자나 여자를 볼 때마다 자태가 품격이 있고 얼굴이 아름다워 보인다. 그들은 다른 사람들의 태도나 행동에 전혀 개의치 않고 책 읽는 데에 집중한다. 책을 읽고 있는 사람들의 모습은 우리들 누구에게나 아름답게 느껴진다.

독서는 양쪽 뇌를 함께 발달시켜서 좌우대칭 얼굴을 만들어줄 뿐만 아니라 정신적으로 안정을 가져옴에 따라 차분한 얼굴 모습으로 바뀐다. 독서에 명상의 효과가 있는 것이다. 명상은 자신의 현재 생각을 한곳에 집중함으로써 마음의 흔들림을 없애는 활동이다. 이러한 명상은 스트레스를 없애주고 또한 안정된 정신 상태를 유지시켜 준다. 굳이 호흡 명상을 하지 않더라도 우리의 마음을 한 정점에 모을 수만 있다면 이것이 곧 명상이나 마찬가지이다.

책을 읽는 동안에는 온 정신이 책 속에 고정되어 있다. 따라서 독서는 명상의 효과를 나타내므로 몸과 마음이 평안해지고 다른 사람들에게는 차분한 모습으로 비쳐지게 된다. 이와 같이 독서는 우리들을 친근감 있고 아름다운 얼굴로 만들 수 있는 이점도 있는 것이다.

책을 많이 읽은 사람은 말 한마디로 감동시킬 줄 안다

말의 어원은 '마음의 알갱이'라고 한다. 말은 우리의 마음을 상대방에게 전달하는 수단이다. '말 한마디로 천 냥 빚을 갚는다.'라는 말이 있듯이 우리가 내뱉는 말은 상대방의 기분을 좋게도 하고 상하게도 한다. 자신의 마음을 속으로 감추고 번드르르한 말로만 상대방의 마음을 잡으려 하면 금방 탄로 나기 마련인데 이는 인간이 만물의 영장이기에 진실성을 본능적으로 알아챌 수 있는 능력을 가지고 있기 때문이다.

공자는 거짓말이나 그럴 듯한 말을 하는 사람을 조심하라고 경고하는 뜻으로 '교언영색 선의인(巧言令色 鮮矣仁), 즉 교묘한 말만 하고 보기 좋은 낯빛만 꾸미는 사람치고 어진 사람이 드물다.'고 말했다. 교언(巧言)은 과장된 말, 허황된 말, 거짓말 등을 일컫는다. 상대방의 이런 말들은 우리들이 쉽게 분간할 수 있다. 그러나 교묘한 말은 진실성 여부를 쉽게 찾아내지 못할 수 있다. 대화를 나누고서 어딘가 아쉽고 의심쩍은 마음이 들면 교언이라고 생각할 수 있다. 사기를 당한 것 같은 기분이 들면 교묘한 말이지 않을까 의심해보아야 한다.

영색(令色)은 얼굴 표정을 거짓으로 예쁘게 꾸미는 것을 말한다. 상대방을 편안하게 해주지 못하고 어딘가 지나치게 불안한 마음을 심어주면 영색이라고 할 수 있다. 인간관계에서 말은 중요하다. 또한 말 못지않게 얼굴빛과 제스처를 비롯한 태도도 인간관계의 중요한 요소이다.

교언영색으로 자신의 거짓을 상대방에게 숨기려는 의도는 책을 많이 읽은 사람에게는 통하지 않는다. 책 속에서 얼마나 많은 교언영색에 관한 가르침을 배우고 깨우침을 익혔겠는가? 독서력이 높은 사람은 축적된 지식을 받아들여서 자신의 이성으로 지혜를 연결 구성한다. 따라서 교묘한 남의 말과 간교한 남의 태도에 자신의 마음을 빼앗기지 않는다.

책을 많이 읽는 사람들은 오히려 남을 쉽게 감동시킬 능력을 가지게 된다. 책을 통해 깨우친 사람들은 세상의 이치와 사람의 관계성을 잘 이해하고 있다. 그들은 오랜 독서를 통해 수많은 현인들이 어려움에 부닥쳤을 때에 어떻게 헤쳐 나가는지와 상대방을 설득할 때에 어떻게 접근하는지를 배웠다. 그들은 상대방의 입장에서 생각하는 습관을 익혔다.

사람을 감동시킬 수 있는 능력은 오늘날 휴먼 네트워크 시대의 삶속에서 매우 중요하다. 다른 능력이나 기술은 짧은 기간 내에 습득이 가능할 수도 있지만 사람을 감동시키는 능력은 오랜 기간의 누적을 통해서만 만들어갈 수 있다. 모든 능력에 있어서 초보 단계에서 중급 단계까지는 그다지 어렵지 않게 끌어올릴 수 있지만 중급 단계에서 고급 단계 혹은 고급 단계에서 초고급 단계까지 발전시키는 데에는 이전 단계보다 훨씬 많은 노력과 투자가 요구된다. 초고급 단계 능력의 효과는 이전 단계와 비교하여 몇십 배 혹은 몇백 배로 증대될 수 있다.

센다 타쿠야는 "만족은 기대를 100% 채워주는 것이고 감동은 기대를 101% 채워주는 것이다."라고 말한다. 만족과 감동의 차이는 겨우 1%에 불과하지만 인격의 격차, 성공의 격차, 나아가 부의 격차를 10배에서 100배까지 벌릴 수 있다고 한다.

물은 섭씨 100도에서 끓는데 만약 섭씨 99도 시점에서 열을 가하는 일을 멈추고 말았더라면 인류는 증기기관차를 발명하지 못했다. 증기기관차가 없었더라면 인류 역사는 크게 달려졌을 것이다. 우리의 삶에서도 마찬가지이다. 미세한 차이가 엄청난 차이를 만들어낸다는 사실을 반드시 기억해야 한다. 100%의 만족에 1%의 열정이 더해져서 101%의 감동으로 진화한다. 이 1%를 위해서 사람들은 일을 하는 것이다. 만일 이 1%가 없으면 모든 일은 0점이 된다. 1%를 끌어올리기 위해서는 압도적으로 많은 책을 읽어야 한다. 책을 많이 읽은 사람은 1% 차이를 극복하여 한마디의 말로 남을 감동시킬 수 있으며 이에 따른 차이는 수십 배 혹은 수백 배까지 만들어낼 수 있는 것이다.

독서는 마라톤처럼 해야 한다

인생을 마라톤에 비유하곤 한다. 평평한 길, 오르막길, 내리막길 등을 달릴 때에 갖가지 어려움들에 부닥치기에 우리의 인생을 마라톤에 비유한다. 마라톤에서는 쉬는 법이 없다. 우리의 인생도 죽는 그 순간까지 쉬지 말고 최선을 다해야 하는 여정이기에 마라톤이라고 말할 수 있다.

1992년 바르셀로나 올림픽에서 황영조 선수가 금메달을 획득했다. 그는 마라톤에 걸맞은 체질을 바탕으로 치밀한 전략을 통해 1위를 차지할 수 있었다. 결승점 직전 4km까지는 1위 선수 바로 뒤에서 뛰었으나 몬주익 언덕의 내리막길에서부터 막판 스퍼트를 강행하여 결승점에 1위로 골인하였다. 그는 자신의 체력을 마라톤 코스에 맞추어 달리겠다는 전략을 수립한 후 이를 실행에 옮김으로써 금메달을 목에 걸 수 있었다.

독서에서도 마라톤처럼 전략을 수립하여 책을 읽어야 한다. 우리의 마라톤 독서 코스에는 곳곳에 급수대가 설치되어 있고 오르막길과 내리막길도 있으며 평평하게 길게 뻗어 있는 탄탄대로도 있다. 책을 읽기 전에 마라톤 코스의 지형(地形)을 조사하듯이 독서 코스에서도 독서 지형을 분석하여 해당 코스에 적합한 책 읽기를 수행해야 한다.

독서 코스는 크게 초등 코스, 청소년 코스, 성인 코스 등으로 구분된다. 초등 코스는 초등학교에서의 읽기, 쓰기, 말하기, 듣기의 교과 과정으로서 독서 마라톤의 장기 레이스를 위한 준비 단계에 해당한다. 이 코스에서는 트레이너 역할이 중요한데 마라톤 주자와 함께 동행하여 책 읽기를 좋아하게 만듦으로써 독서 마라톤에서 스스로 뛸 수 있는 자질을 함양시켜 주어야 한다. 청소년 코스는 국어, 고전, 문학, 논술 등으로 구성된다. 이 코스는 수험공부를 위한 독서가 주를 이룰 것이며 국어성적을 끌어올릴 수 있는 다양한 전술이 시도된다. 이 코스에서는 국어책을 반복하여 여러 번 읽어야 함은 물론이고 고전소설, 단편선집, 문학작품 등을 읽고서 독후감을 작성해보아야 한다. 이러한 독서력을 바탕으로 꾸준한 논술을 학습하면 수험공부에도 커다란 도움이 될 것은 분명한 사실이다.

성인 코스는 입학이나 취직을 목표로 하지 않는 독서 단계이다. 이 코스는 독서 마라톤 코스들 중에 제일 길 뿐만 아니라 자칫 코스에서 벗어날 우려가 많다. 초등 코스와 청소년 코스에서는 방학 기간이 마라톤 코스의 급수대 역할을 해주었으나 성인 코스에서는 이와 같은 오아시스 지점을 찾을 수 없다. 그야말로 급수대 없는 장기 레이스에 돌입하는 것이다. 그러나 성인 코스에서는 수험이나 취직이라는 부담감이 없는 만큼 쉬지 않고 꾸준히 달리는 의지적 책 읽기가 필요하다. 급수대가 별도로 마련되어 있지는 않지만 지금까지 달려왔던 경험을 바탕으로 코스 내에서 나름대로의 오아시스를 찾아나서야 한다. 이 코스에서는 물을 마심으로써 몸의 피로를 푸는 것이 아니라 다양한 책을 읽음으로써 독서 마라톤의 컨디션을 조절해 나아가야 한다.

책을 읽는 과정도 독서 마라톤 코스 점검처럼 전략 수립이 요구된다. 우리가 읽어야 할 책이 학습서인지, 교양서인지, 무료함을 달래줄 책인지 등과 같이 책의 지형(地形)을 파악해야 한다. 마라톤 코스에서 오르막길, 내리막길, 혹은 평탄한 길이 계속적으로 이어지면 마라토너가 달리기에 힘들다고 한다. 오르막길이 있다가 이내 내리막길이 나타나고 평탄한 길이 있다가 오른쪽 혹은 왼쪽으로 돌아가는 길도 만나야 덜 힘들고 덜 지루해한다.

독서 코스도 마찬가지이다. 학습서는 오르막길에 해당하므로 학습서를 읽는 도중에 교양서나 혹은 읽기 편안한 책 등을 준비해둘 필요가 있다. 반대로 교양서나 흥미 위주의 책들만 읽어서는 오르막길을 만날 때에 호흡이 빨라져서 쉽게 지치고 마라톤을 포기해버릴 우려가 있다. 따라서 독서 코스를 구성할 때에는 자신의 독서력에 맞게 우리 스스로 지치지 않고 지루해하지 않으며 끝까지 골인할 수 있도록 독서 코스 지형을 준비해야 한다.

독서 코스는 마라톤 코스와 달리 우리 스스로 코스를 선택하고 조절할 수 있다. 다가올 코스가 힘들 것이라고 짐작되면 스스로 만든 급수대, 즉 뇌로 하여금 휴가를 갖도록 하여 체력을 보강해둘 수 있으며 어렵고 힘든 코스를 지난 후에는 지쳐 쓰러지지 않기 위한 가벼운 책들을 읽음으로써 그동안의 고생에 대한 보상을 해줄 필요가 있다.

무한반복 독서

우리는 독서의 대상, 목적, 환경 등에 따라 책 읽는 방법이 달라진다. 잡지를 읽을 때에는 집중하지 않고서도 내용을 충분히 이해할 수 있기에 힘들이지 않고서도 가볍게 읽어 내려간다. 수험공부를 위한 참고서를 읽을 때에는 이해하며 암기하려 천천히 정독하는 방법을 취한다. 이와 같은 일반적인 독서 방법과는 달리 각 개인에 따라 책 읽는 방법이 각양각색일 것이다.

조선시대의 시인 김득신(1604~1684)은 글을 읽을 때에 1만 번 이상 읽지 않으면 멈추지 않았다고 하여 그의 서재 이름이 억만재(億萬齋)로 붙여졌다. 특히 사마천의『사기』중에서 '백이전'을 좋아하여 이 글을 1억 1만 3천 번이나 읽었다. 그야말로 무한반복 독서를 했던 것이다. 그는 어릴 때 천연두를 앓아 노둔한 편이었으나 아버지의 가르침과 훈도를 받아 주변의 힐난과 멸시를 극복하고 자신만의 특별한 공부 방법을 찾아 노력에 노력을 거듭하였다. 다른 사람이 몇십 번 읽을 때 자신은 몇백 번 혹은 몇천 번 읽었고 다른 사람이 몇백 번 읽으면 그는 몇천 번 혹은 몇만 번을 읽었다. 거의 무한반복에 가까운 독서 방법을 통해 그는 어린 시절의 어리석음을 이기고 때늦은 나이인 59세에 과거에 급제했으며 당대를 대표하는 시인의 반열에 오를 수 있었다.

김득신은 '백이전'에 대한 집착이 대단했다. 딸을 여의어 장례 행렬을 따라가면서도 그는 '백이전'을 쥐고 있었다. 아내의 상을 당했을 때도 마찬가지였다. 일가친척들이 '아이고, 아이고' 하며 곡을 하는데도 그는 곡소리에 맞춰 '백이전'을 읽었다. 정약용은 '문자가 만들어진 이래 종횡으로 수천 년과 3만 리를 다 뒤져도 대단한 독서가는 김득신이 으뜸'이라고 평했다고.

『홍길동전』의 작가 허균(1569~1618)은 책을 많이 읽어서 스물여섯 살에 정시문과에 급제했고 스물아홉 살에는 문과 중시에 장원으로 합격했으나 그의 공직생활은 순탄하지 못했다. 그는 옥에 갇히고 이리저리 내몰리는 상황일지라도 방에 책 만 권을 비치하고 읽는다면 그곳이 낙원이라고 말했다.

허균은 '학문을 하는 도(道)는 궁리(窮理)보다 앞서는 것이 없고 궁리의 요체는 독서(讀書)보다 앞서는 것이 없다.'라고 했다. 책을 읽고서 사색을 해야만 학문의 뜻을 이룰 수 있다는 의미이다. 그의 독서는 3단계로 진행되었다. 먼저 책을 읽고서 그중에서 좋은 문장들을 메모했다. 다음에는 메모한 것들을 내용별로 분류하여 책을 만들었다. 그는 저서 『한정록』에서 반찬 없는 밥을 먹는 가난 속에서 그나마 할 수 있는 것은 책을 쓰는 것이라고 서술했다.

최충성(1458~1491)은 조선 성종 때의 선비로서 산속의 절을 찾아다니며 책을 읽었기에 자신의 호를 산당서객(山堂書客)이라 지었다. 공부를 정말로 열심히 한 그는 졸음을 쫓기 위해 찬 서리가 내리는 늦가을에도 흰 눈이 내리는 겨울에도 차가운 방에서 책을 읽었다. 그는 열두 살이 채 안 되었을 때 공부에 뜻을 세우고 서울로 올라와서 성균관에서 책을 읽었다. 해마다 전국의 명산으로 책상을 지고 스승과 벗을 찾아 돌아다녔다.

최충성은 공부와 이동으로 잠시도 쉴 겨를이 없었기에 피로가 계속적으로 누적되었다. 그의 몸은 삐쩍 말라졌고 얼굴은 새카맣게 되었다. 찬 곳에 거처하면 기분이 상쾌해지고 졸음도 피할 수 있을 것으로 생각하여 이른 아침부터 밤늦게까지 늘 찬 자리에서 공부를 하다 보니 몸이 허약해지고 천식과 중풍에 걸리게 되었다. 한증막 땀내기와 같은 민간요법으로 자신의 병을 다스리려 했음에도 늘 찬 자리에 있었던 탓에 질병이 더욱 깊어져서 결국 서른네 살의 짧은 생애를 산 비운의 주인공이 되었다. 그는 공부를 열심히 하였으나 건강을 제대로 관리하지 못해 뜻을 이루지 못하였기에 요즘 학생들에게 공부보다 운동을 먼저 권할 것 같다.

독서에도 체력이 뒷받침되어야 한다. 건강관리의 중요성 또한 책 읽기를 통해 얻어야 할 지혜이다. 무한반복의 독서는 책 속의 지혜를 몸소 실천함으로써 우리 자신이 세운 뜻을 이루기 위한 지름길이다. 건강관리뿐만 아니라 업무관리, 인간관리, 자산관리 등도 책 읽기를 통해 터득해야 할 주요 덕목인바 습관으로 체화될 때까지 관련 서적들을 읽고 또 읽어야 할 것이다.

독서교육의 열정

요즘 부모들은 아이들에게 우리말보다 영어를 가르치려 한다. 우리말은 저절로 알아질 테니 골치 아픈 수험공부를 미리부터 시작해 둠으로써 나중에 좋은 대학교에 들어가는 데에 도움이 될 것이라고 생각하기 때문이다. 그러나 이러한 선행학습이 수험 학습에 이로울 것이라고 기대하는 것은 커다란 오산이다. 영어를 잘하기 위해서는 일단 국어를 잘 해야 한다. 왜냐하면 모든 말에는 어법이라는 규칙이 있고 어휘라는 각 단어의 의미가 있기에 우리나라 말을 잘하면 다른 나라 말도 쉽게 배울 수 있는 토대가 되기 때문이다. 특히 책 읽는 습관을 키워주는 것은 자율적 학습으로 물꼬를 터주는 일이기 때문에 어린 자녀들에게 독서교육은 그 어떤 가르침보다 우선시되어야 한다. 독서교육은 아이들에게 책을 읽으라고 말하기에 앞서 부모나 형제나 책 읽는 모습을 그들에게 보여주어야 한다.

조선 말기의 유학자 이경근(1824~1889)은 그가 남긴 가훈의 4편

'역학(力學)'에서 '공부를 처음 할 때는 이해하지 못해 답답하지만 계속 익히면 점점 깨치게 되어 앎의 기쁨에 빠질 것'이라고 서술했다. 그는 "무릇 아이들로 하여금 공부를 열심히 하게 하려면 먼저 반드시 아버지나 형이 공부를 해야 한다. 그 후에 아이에게 공부할 것과 금지할 것을 말해야 제대로 이루어진다."라고 말함으로써 아이들을 위해 집안에서 책을 열심히 읽을 것을 권유하였다.

그는 속담을 인용하여 "내가 귀여워한 자식은 남이 미워하고 내가 강하게 키운 자식은 남의 귀여움을 받는다."라고 말하면서 아이가 음식을 탐내면 꾸짖고 버릇이 없으면 따끔하게 혼을 내며 화를 내면 교만을 잡아주고 쉽게 울면 타일러서 분함을 참게 교육하라는 가훈을 내렸다.

이경여(1585~1657)는 세종대왕 7대손으로서 시문에 능하고 글씨에도 뛰어났으며 효종 때 영의정에 올랐다. 그는 바쁜 정무 속에서도 짬을 내어 독서를 하였고 가장으로서 가정교육에도 힘을 쏟았다. 그는 자녀들에게 구용구사(九容九思)를 생활신조로 삼을 것을 당부하면서 "시간은 빨리 가고 청춘은 다시 오지 않는다. 지금 힘써 공부하지 않으면 훗날 후회하여도 소용이 없다. 나는 50평생을 헛되어 보내고 빈곤한 생활을 한탄하고 있으니 무슨 소용이랴. 오직 너희들에게 늙은 아비가 경계하는 것이다."라고 말했다. 이경여는 12가지 지침을 아들들과 조카들에게 내렸는데 여기에는 효, 처세, 독서 등에 관한 내용이 들어있다. 장남에게 남긴 글에서도 '글을 읽으면 그 뜻을 반드시 궁구하고 글자마다 강구해서 공부를 게을리하지 마라.'라고 당부했다.

조선 후기의 유학자 정홍규(1753~1836)는 아들딸을 낳아 어른이 되게 하는 것은 잘 가르치는 데 있다고 말했다. 그는 주자의 말을 빌려서 '가난하다고 하여 공부를 포기하게 해서는 안 되고 부유하다고 하여 공부를 게을리해서도 안 된다. 가난한 사람이 부지런히 공부하면 사람으로서의 덕을 갖출 수 있고 부유한 사람이 공부하면 이름이 빛나 영예롭다.'라고 했다. 그는 맹자의 '잘 먹고 좋은 옷을 입고 안락하게 살아도 교육이 없으면 동물의 삶에 가깝다.'라는 구절을 후손에게 전했다. 또한 "붓은 칼날이고 먹은 군인과 같을 수 있다. 글이나 말로 사람을 죽인다면 칼날과 다를 바 없다. 그렇기 때문에 잘못된 글을 경계하고 신중히 써야 한다."라고 말하며 글쓰기에 신중할 것을 주장했다.

그는 공부로 성공하지 못할 경우에는 농사를 지으라고 했다. 그는 옛날 학식이 높은 사람도 밭갈이를 직접 했음을 언급하면서 "벼슬을 하지 못하거나 조정에서 뜻을 펼치지 못한다면 글공부를 한 사람으로서 할 일은 농업이 유일하다."고 말했다. 사회생활을 잘하는 방법으로는 절제된 언어 구사와 자제하는 음주를 들었다. 또한 귀함과 좋은 것은 사람이 탐내는 것이지만 올바른 방법으로 얻으라고 말하면서 출세 지향적인 사람을 경계하라는 훈계도 남겼다.

박하담(1479~1560)은 조선 중기의 학자로서 여든두 살까지 장수했는데 세상과 이별하기 하루 전에 '가훈십조(家訓十條)'를 지었다. 그가 쓴 가훈십조 중에서 아홉 번째가 '독서불가폐(讀書不可廢)'로서 '글과 시 공부를 꼭 하라. 사람이 중단해서는 안 되는 것이 시와 글을 공부하는 일이다. 이 공부를 통해 사람이 사람답게 된다.'라는 말을 후손에게 남겼다.

우리 선조들은 꾸준한 공부를 통해 몸과 마음을 다스릴 것을 훈계

했다. 낮에는 열심히 일하고 밤에는 열심히 공부해야 한다고 주장했다. 어느 순간에나 배움을 게을리하지 말고 쉴 때도 흐트러짐이 없어야 함을 주지시켰다. 조금이라도 의심이 있으면 선입견에 집착하지 말고 반드시 새로운 뜻을 알 때까지 읽고 또 읽어야 한다며 독서교육의 중요성을 열정적으로 나타내었다.

독서 습관(한비야)

홍상진은 그의 저서 『우리 시대 10인의 멘토, 그들은 어떻게 읽었을까』에서 한비야의 독서 습관을 소개했다. 한비야는 '조선일보' 정치부 기자였던 아버지가 그녀를 비롯한 4남매에게 우리나라와 세계 지도를 앞에 두고 나라 이름, 도시 이름, 산과 바다 이름 찾기 놀이를 해준 영향으로 세계 일주를 꿈꾸게 되었다고 한다. 그녀는 김찬삼이 세계 곳곳을 다녀와 쓴 책인 『김찬삼 세계여행기』를 읽고서 '한국 사람도 세계 일주를 할 수 있다.'라고 깨달았다. 또한 쥘 베른이 기구를 타고 80일 만에 세계를 한 바퀴 도는 이야기를 담은 『80일간의 세계일주』를 읽고서 '기구를 타고서도 80일이면 세계를 한 바퀴 돌아볼 수 있다.'라는 사실을 알게 되었다.

한비야는 아버지에게 자신도 어른이 되어 세계 일주하고 싶다는 꿈을 이야기하게 되었고 그녀의 아버지도 그 꿈이 이루어질 것이라고 용기를 북돋아주었다. 그녀는 미국인 위튼 부부의 도움으로 유타대 언론대학원에서 대학원 과정을 마치고 한국에 돌아와 회사 생활을 시작했다. 회사에 들어가자마자 세계 일주를 위한 구체적인 계획을 세우기 시작했다. 3년의 회사 생활을 통해 목표했던 2,500만 원이 마련되었기에 어릴 적에 아버지와 약속했던 세계 일주라는 큰 꿈을 실행에 옮기기로 했다.

아는 것만큼만 보인다는 말을 마음에 새기며 여행을 위해 책도 나름대로 많이 읽었다. 가고 싶은 대륙이나 문화권을 중심으로 일반 서적이나 사진첩은 물론이고 고등학교 교과서에서부터 대학 논문집까지 다양한 관점의 책을 읽음으로써 세계 각지의 여행에 철저히 준비하였다.

여행가들에게는 배낭의 무게만큼 마음도 무거워진다고 한다. 도보 여행가들은 배낭의 무게를 조금이라도 더 줄여보고자 소지한 지도의 테두리 여백을 잘라버린다. 전 세계의 어디를 가든 현지인들이 음식을 잔뜩 싸주곤 했지만 그녀는 배낭 무게를 걱정하여 늘 마음만 받았다고 한다. 어떤 이유로든 배낭이 무거워서는 안 될 일이었지만 그녀의 배낭에는 언제나 책이 있었다.

다니는 곳이 주로 오지인데다 여행경비를 아끼려는 그녀의 의지로 인해 머무르는 곳이 현지인의 집이든 호텔이든 간에 열악한 시설이었지만 여건이 어떻든 촛불을 켜서라도 책을 꼭 봐야 할 정도로 독서 습관이 늘 몸에 배어 있다. 모기와 벌레들이 몰려들어도 나그네 신분으로서 오로지 하나의 문화생활인 책은 결코 손에서 놓지 않았다고 한다.

그녀는 '김찬삼 세계여행기'와 '80일간의 세계일주'라는 두 권의 운명의 책을 만나고서부터 세계 일주라는 인생의 꿈을 설계했다. 이후 독서에 대한 열정이 강해져서 고등학교 1학년 때는 단짝 친구와 죽을 때까지 1년에 책을 100권씩 읽자고 약속하기에 이르렀다. 50

세 무렵의 어느 날 그녀는 '1년에 100권 읽기'를 해마다 달성하면서 100세까지 산다고 해도 앞으로 읽을 수 있는 책이 고작 5천 권 남짓이라는 생각에 갑자기 마음이 조급해졌다. 1년에 200권은 조금 무리라고 생각하고 20% 인상해서 120권을 읽기로 다짐한 후 한밤중에 일어나서 그동안 사놓고만 있던 책, 선물로 받아놓은 책, 여러 출판사에서 보내준 책 등 산처럼 쌓여 있는 읽지 않은 책들을 훑어보았다고 한다.

한비야의 독서 습관은 열정적인 책 읽기에서 글쓰기로 이어졌다. 그녀는 여러 권의 책을 썼고 그중에 상당수는 베스트셀러로 널리 읽혀졌다. 그녀가 글을 잘 쓸 수 있는 첫 번째 비결은 일기 쓰기이다. 그녀는 초등학교 때부터 지금까지 계속 일기를 써오고 있다. 일기를 쓰지 않으면 속이 답답해지는 증세까지 나타날 정도로 일기 쓰기는 그녀의 오래된 습관이 되어 있다. 두 번째 비결은 생각날 때마다 수첩에 바로바로 적어두는 메모 습관이다. 조끼 주머니 속에 항상 들어 있는 메모 수첩에다 지금까지 여행을 다니면서 보고 느끼고 생각한 일들을 기록해두었는데 벌써 수백 권에 달한다고 하니 그녀의 메모 수첩에는 수백 권의 책이 들어 있는 것이나 다름이 없다.

세 번째로 그녀의 글쓰기 비결은 당연히 여행에 있다. 세계 곳곳의 여행을 경험했고 그 긴 여정 속에서 단 한 번도 책을 놓지 않았던 그녀의 글은 더욱더 특별할 수밖에 없다. 네 번째로 영국인 선교사로부터 배운 '나에게 편지 쓰기'도 한 몫 했다고 한다. 힘든 결정을 내려야 할 때마다 그녀는 자신에게 보내는 편지를 우표까지 붙여서 제대로 썼다. 그리고 이 편지를 받아 읽고 나서 마음의 결정을 내리곤 했다. 그녀는 어떤 선택이나 결심을 하는 데 자신에게서 온 편지가 결정적인 영향을 주었다고 말했다. 2001년 10월부터 월드비전 긴급구호팀장으로 구호 현장 활동을 진행하고 있는 그녀는 오늘도 독서 습관에 빠져 있다. 수첩에서 출간을 기다리고 있는 그녀의 책은 평범하게 하루하루를 살고 있는 우리들에게 또 다른 커다란 힘으로 작용하여 우리들을 감동시켜 줄 것이다.

독서 습관(고도원)

고도원은 오늘도 '고도원의 아침편지'를 통해 다람쥐 쳇바퀴 돌듯이 살아가고 있는 우리들에게 꿈과 용기를 북돋아주고 있다. 그는 김대중 시절 대통령 연설담당 비서관을 지냈으며 현재는 아침편지 문화재단 이사장으로 재직 중이다.

고도원은 삶의 기본기를 독서로 다졌다. 어릴 적부터 책을 꾸준히 읽어온 그는 책을 읽다가 공감 가는 부분이 있으면 밑줄을 그어놓곤 했다. 이렇게 그어놓았던 글귀를 밑천으로 삼아서 가족들과 친구들에게 보내기 시작한 아침 편지가 수많은 사람들의 입소문을 거치고 거쳐서 오늘에 이른 것이다.

시골 교회의 목사였던 그의 아버지가 사례비로 받은 보리 한 가마나 쌀 반 가마는 3남 4녀를 포함한 온 가족이 살아가기에 턱없이 부족하였다. 그러나 그의 아버지는 끼니마저 제때에 챙기기 어려운 상황에서도 책 욕심을 멈출 줄 몰랐다. 식구들이 배고픔으로부터 조금이라도 벗어날 수 있도록 고구마 이삭을 주우러 다녔던 그의 어머니는 그의 아버지와 부부싸움을 자주 했다. 그럴 때마다 그의 아버지는 목사가 책을 보아야 생각도 하고 설교도 할 수 있다고 하며 서재에서 독서로 마음을 달랬다고 한다. 그런 아버지는 아이들을 집안의 책을 읽으라고 무섭게 다그쳤다.

그는 대학 시절 '연세 춘추' 학생 기자로서 편집국장 자리까지 올랐으나 유신이라는 시대적 상황 앞에 여러 번의 필화 사건을 겪었고 끝내 긴급조치 9호로 학교에서 제적을 당했다. 운동권 출신인지라 일자리를 구하기 힘들었기에 어느 학교 앞에서 문방구를 차렸으나 사기를 당해 수중에 있던 전 재산을 날려버렸다. 우여곡절 끝에 웨딩드레스 장사를 하게 되었으나 아내가 두 번이나 유산했기에 그 일을 그만두었다. 이후 '뿌리 깊은 나무'의 창설 멤버로서 기자가 되었으나 잡지사가 강제 폐간되는 바람에 일자리를 잃게 되었다.

그러나 그는 인생의 길을 가로막았던 그러한 끔찍한 장애물들을 자신이 꿈꾸는 길로 제대로 걸어올 수 있도록 도와준 징검다리라고 생각했다. 만약 문방구에서 사기를 안 당했다면 지금까지 학교 앞의 문방구 사장으로 살았을 것이라고 말한다. 아내가 유산을 하지 않아서 웨딩드레스 장사를 계속했더라면, '뿌리 깊은 나무'가 폐간되지 않았다면 지금과 또 다른 성공적인 삶을 살 수도 있었겠지만 그런 좌절과 고통의 장애물이 없었더라면 오늘의 '고도원의 아침 편지'가 탄생되지 않았을 것이라고 말한다.

그는 좋은 책과 나쁜 책을 가리기 전에 먼저 무조건 읽으라고 권한다. 만일 100권의 나쁜 책들 중에 한 권의 좋은 책이 들어 있으면 그 한 권의 좋은 책으로 인해 아흔아홉 권의 나쁜 책들이 차츰 밀려나는 것이 독서의 신비라고 말한다. 깊은 산속의 옹달샘에 떨어진 잉크 방울이 당장 물을 검게 만들지만 언젠가는 맑은 물에 의해 씻

겨 나가게 되는 이치와 동일하다는 것이다. 나쁜 것은 저절로 쓸려 가기 마련이란다. 모든 경험은 전부 지식이 된다. 자신에게 선별할 눈이 생길 때에는 독초도 약초가 될 수 있다. 육체의 음식은 적게 먹어야 건강하지만 마음의 양식은 포만감이 들 정도로 많이 먹어야 하는데 이는 아무리 많이 먹어도 넘쳐버리지 않기 때문이라는 것이다.

그는 꿈이 있으면 행복해지고 꿈 너머 꿈이 있으면 위대해지는 것이라고 말한다. 열심히 노력하여 부자가 되는 것이 꿈이라는 사람에게 "그 꿈을 이루면 무엇을 할 것이냐?"라고 물을 때에 그냥 편안하고 행복하게 살겠다고 대답하는 사람은 꿈 너머 꿈이 없는 것이라고 말한다. 뼈를 깎는 고통을 참고 이겨내서 성공하여 혼자만 잘 먹고 잘 살겠다는 꿈은 진정한 꿈이 되지 못한다고 질책한다. 그는 세상 사람들 모두가 저마다의 꿈을 가지기를 바란다. 꿈이 있으면 행복해지고 꿈 너머 꿈이 있으면 위대해진다는 믿음을 변함없이 간직하고 있다. 그는 독서 습관을 통해 꿈을 성공적으로 달성할 수 있었던 것이다.

독서 습관(안철수)

안철수는 1962년 부산에서 태어나 서울대학교 의과대학을 졸업하고 동 대학원에서 의학 석·박사 학위를 취득한 후에 27세에 단국대학교 의과대학에서 전임강사를 지냈다. 그는 의과대학 교수를 그만두고 안철수연구소를 설립하여 우리나라 최초로 컴퓨터바이러스 백신 개발에 성공하였으며 펜실베이니아 대학교에서 MBA를 취득한 후 KAIST 석좌교수에 임용되었다. 이후 서울대학교 차세대융합기술원장을 역임했으며 대통령 예비선거 후보까지 진출했으나 현재는 국회의원으로 의정 활동을 전개하고 있다.

그는 초등학교 1학년 때에 글을 깨친 이후부터 글자라고 생긴 것은 닥치는 대로 읽기 시작했다. 방학 때에는 아버지가 사준 전집류를 방 안에 틀어박혀 밤을 새워가며 읽었다. 책이라면 무엇이든지 좋아했다. 그는 "모든 사람이 처해 있는 환경이 다르고 그들의 경험과 지식이 모두 다르기 때문에 어느 상황에 딱 들어맞는 해답을 주는 책은 존재하지 않는다."라고 말한다. 책에서 해답을 찾으려고 한다면 백이면 백 실망만 할 것인데 이는 정답은 자기가 찾아야 하는 것이기 때문이라는 것이다.

그는 1982년에 처음 접한 애플컴퓨터로부터 커다란 문화적 충격을 받고서 독학으로 컴퓨터를 공부하게 되었다. 일반 사람들은 컴퓨터 사용법만을 익히려했지만 그는 운영체제와 같은 컴퓨터의 기초부터 탄탄하게 익힌 다음에 워드프로세서 사용법을 배웠는데 이는 문제가 생겼을 때 스스로 해결할 능력을 갖추기 위함이었다고 한다. 그가 컴퓨터바이러스를 막는 백신프로그램을 개발할 수 있었던 것은 컴퓨터의 기본 언어인 '기계어'를 공부했기 때문이었다. 기초가 튼튼하면 초기 행보는 느릴지라도 장기적으로는 오히려 앞설 수 있는 저력이 생기게 된다고 그는 말한다.

그는 컴퓨터 책을 읽다가 모르는 부분이 있으면 빨간 줄을 그어놓고 모르는 채 놓아두고 계속 책을 읽어 나갔다. 한 권의 책을 다 읽고서 그 책을 다시 읽는 것이 아니라 동일한 주제의 다른 책을 사서 보았다. 다른 시각에서 설명하거나 더 쉽게 풀어놓은 책들을 읽음으로써 이해하지 못했던 부분을 자연스럽게 이해할 수 있었다고 한다.

그는 살아가면서 취미 하나쯤 있어야겠다는 생각으로 바둑을 배우기로 했다. 의사라는 직업 앞에 놓인 숙명과 같은 피로와 스트레스를 이겨낼 정신 수양으로 도움이 될 것 같아서 바둑을 택했다. 일반적으로는 바둑을 배우고자 하면 기원을 제일 처음으로 찾아가지만 그는 서점에 들러서 바둑 관련 서적들을 샀다. 50권 정도의 바둑 책을 읽고 중요한 정석은 모조리 외워버렸더니 처음에는 10급에게 9점을 놓고 100점 이상을 졌으나 1년 후에는 아마추어 1, 2단 수준까지 오를 정도로 기량이 급격하게 향상되었다고 한다.

그는 평소 독서를 많이 하는데 책을 읽다가 떠오른 생각은 반드시 메모를 해둔다. 이러한 메모들을 정리하여 회사 홈페이지에 글을 올리고 전 직원들에게 이메일을 보내곤 했다. 직원들에게 보내는 이메일은 조직의 융합과 회사에 대한 애정을 공고히 했으며 그가 가진 정신을 사람들과 공유할 수 있는 매개체 역할을 해주었다.

그는 책이 가장 훌륭한 스승이라고 확신한다. 그것의 첫 번째 이유로는 이미 알고 있던 것이라 해도 다시 한 번 그 '무엇'을 스스로 깨달을 수 있는 계기를 마련해주는 것이 바로 책이기 때문이라고 한다. 두 번째 이유로는 책을 읽다가 잘 이해되지 않는 부분을 발견하거나 새로운 미지의 영역이 열리는 것을 느낄 때에 자신의 부족한 부분을 깨닫게 되고 발전의 계기로 삼을 수 있기 때문이라는 것이다.

그는 정독주의자이다. 책을 한 번 들었다 하면 까만 것은 무엇이든지 주시해 읽고 본다. 표지부터 찬찬히 살피고 나서 목차는 거의 다 외울 정도로 정독한 다음에 본문에 들어간다. 본문은 한쪽 넘길 때마다 쪽수도 모두 읽은 후에 다음 글을 읽을 정도이다. 그리고 본문을 읽으면 출판사 이름과 주소, 발행인, 날짜, 정가까지 모두 확인해서 읽는다. 그는 항상 글 쓰는 사람들에 대해 존경하는 마음을 가진다. 책 저자들이 글을 잘못 썼으리라는 생각은 전혀 하지 않은 채 비판적인 글 읽기가 아닌 무조건 수용하는 자세로 책을 읽는다고 한다.

그는 "한 권의 책이 평범한 사람의 인생을 바꿔놓고 역경을 이기는 힘의 원천이 된다. 내가 중년의 나이에도 새로운 일에 도전할 수 있는 힘의 근저에는 책이 있었다."라고 말한다. 오늘날 그의 성공은 관심 있는 분야의 책들을 꼼꼼히 읽어버리는 독서 습관에 기인한 것이다.

참고문헌

김무곤 저, 『종이책 읽기를 권함』, 더숲, 2011.

김병완 저, 『오직 읽기만 하는 바보』, 브레인스토어, 2013.

김삼웅 저, 『독서독본』, 현암사, 2012.

김은섭 저, 『책 앞에서 머뭇거리는 당신에게』, 지식공간, 2012.

김을호 저, 『꿈과 끼를 키우는 행복 독서법』, 푸른영토, 2013.

마쓰오카 세이고 저, 김경균 역, 『독서의 신』, 추수밭, 2013.

박성후 저, 『포커스 리딩』, (주)한언, 2012.

사토 도미오 저, 이수미 역, 『배우고 익히면 즐겁지 아니한가』, (주)위즈덤하
우스, 2009.

샤를 단치 저, 임명주 역, 『왜 책을 읽는가』, 이루, 2013.

센다 타쿠야 저, 이지현 역, 『인생에서 소중한 것은 서점에 있다』, 에이미팩
토리, 2012.

스티븐 코비 저, 김경섭 역, 『성공하는 사람들의 7가지 습관』, 김영사, 2010.

스티븐 크라센 저, 조경숙 역, 『크라센의 읽기 혁명』, 도서출판 르네상스,
2013.

양명숙, 이규환 역, 『양자심리학』, (주)학지사, 2011.

양병무 저, 『행복한 논어 읽기』, 21세기 북스, 2009.

오준호 저, 『소크라테스처럼 읽어라』, 미지북스, 2012.

오창환 저, 『세상을 바꾸는 IT 100선』, 서울사이버대학교 출판사, 2008.

오창환 저, 『인간과 컴퓨터 이해』, (주)한국학술정보, 2011.

오창환 저, 『디지털 3.0 시대의 상식 사전』, (주)한국학술정보, 2012.

오창환 저, 『유비쿼터스 이해』, (주)한국학술정보, 2012.

오창환 저, 『인간과 성공』, (주)한국학술정보, 2015.

우쓰데 마사미 저, 김욱 역, 『수만 가지 책 100% 활용법』, 북포스, 2011.

윤성화 저, 『1만 페이지 독서력』, 한스미디어, 2012.

이상주 저, 『조선 명문가 독서교육법』, 다음생각, 2011.

이효정 저, 『길 끝에서 길 찾기』, 초록물고기, 2014.

정민 저, 『오직 독서뿐』, 김영사, 2013.

최인호 저, 『지독재독(遲讀再讀)』, 프라하, 2012.

헤르만 헤세 저, 김지선 역, 『헤르만 헤세의 독서의 기술』, 뜨인돌, 2012.

홍상진 저, 『그들은 어떻게 읽었을까』, 북포스, 2012.

오창환

고려대학교 전자공학 학사
고려대학교 공학대학원 석사
일본 오사카대학교 정보공학 박사
한국전자통신연구원 책임연구원
광주과학기술원 연구교수
(주)네트리 대표이사
현) 서울사이버대학교 컴퓨터정보통신학과 교수

『컴퓨터 구조』(2006)
『데이터베이스 기초』(2008)
『세상을 바꾸는 IT 100선』(2008)
『ZigBee 개발 핸드북』(2009, 공역)
『데이터통신』(2010)
『인간과 컴퓨터 이해』(2011)
『유비쿼터스 이해』(2012)
『디지털 3.0 시대의 상식 사전』(2012)
『디지털 논리회로 이해』(2013)
『인간과 성공』(2015)

Priority Control ATM for Switching Systems, IEICE Trans. on Communications, Oh C. H., Murata M., and Miyahara, September 1992.

Circuit Emulation Technique in ATM Networks, IEICE Trans. on Communications, Oh C. H., Murata M., and Miyahara, June 1993.

Performance Evaluation of a High-Speed ATM Switch With Multiple Common Memories, IEEE Transactions on communications, Vol. 50, No. 2, February 2002.

Performance Enhancement of Mobile IP by Reducing Out−of−Sequence Packets Using Priority Scheduling, IEICE Trans. on Communications, Lee D. W., Hwang G. Y., Oh C. H., August 2002.

독서습관 성공의 비결

초판인쇄 2015년 11월 6일
초판발행 2015년 11월 6일

지은이 오창환
펴낸이 채종준
펴낸곳 한국학술정보㈜
주소 경기도 파주시 회동길 230(문발동)
전화 031) 908-3181(대표)
팩스 031) 908-3189
홈페이지 http://ebook.kstudy.com
전자우편 출판사업부 publish@kstudy.com
등록 제일산-115호(2000. 6. 19)

ISBN 978-89-268-7102-7 93040